지장경을 읽는 즐거움

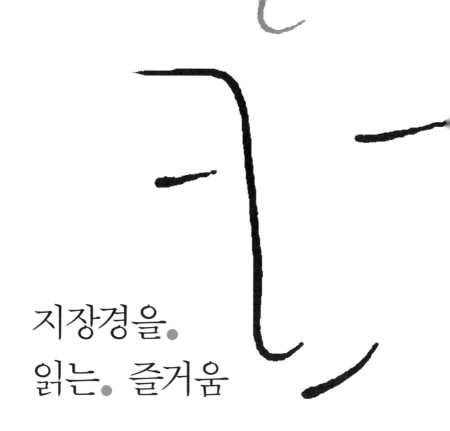

지장경을. 읽는. 즐거움

정현 스님 지음

민족사

추천의 글

중생을 다 제도한 다음에야(衆生度盡)
마침내 도를 깨달을 것이요(方證菩提)
지옥을 텅 비우지 못한다면(地獄未空)
맹세코 성불하지 않으리라(誓不成佛).

이 거룩한 게송은 지장보살의 대비서원(大悲誓願)이 얼마나 크고 간절한가를 말해 주는 말씀이다. 지장보살이 위대한 원력보살로 칭송받는 이유는 『지장보살본원경』에 잘 나타나 있다. 이에 따르면 "대승보살 가운데 문수·보현·관음·미륵은 그 서원이 다하는 때가 있지만, 지장보살의 서원은 다할 때가 없으니 그것은 중생의 고통이 다 끝나지 않기 때문"이라는 것이다.

지장경을 읽는 즐거움

고대로부터 이웃에 대한 무한봉사를 통해 불도를 완성해야 한다는 지장사상은 대승불교의 가장 중요한 신앙적 요체로 인식됐다. 또 지장보살의 서원행(誓願行)은 수많은 영험담과 설화를 낳기도 했다. 중국의 대표적 지장성지인 구화산 화성사 육신보전에 얽힌 설화도 그 중 하나다.

옛날 중국 안휘성에서 있었던 일이다. 장사를 나섰던 상인들이 구화산에서 길을 잃고 헤매다 짐승을 잡으려고 파놓은 함정에 빠졌다. 사람들은 놀라서 아우성치며 서로 먼저 나가려고 했다. 그러나 구덩이가 깊은데다 서로 먼저 나가겠다고 남의 발목을 잡는 바람에 아무도 빠져 나올 수 없었다. 그때 학문이 깊은 어떤 유교의 학자가 구덩이 곁을 지나다가 이들을 발견했다. 학자는 사람들을 보며 이렇게 훈계를 했다.

"얼마나 어리석고 조심성이 없었으면 이렇게 깊은 구덩이에 빠진단 말이오? 구덩이에서 나오거든 항상 발밑을 잘 살펴서 다니도록 하시오."

그가 혀를 차고 떠나자 이번에는 오랫동안 양생술을 닦은 도교의 도사가 지나가다가 이들을 발견했다. 도사는 구덩이 안으로 손을 내밀며 말했다.

"내가 손을 내밀 테니 당신들도 팔을 뻗으시오. 손만 잡으면 나올 수 있을 거요."

그러나 구덩이가 너무 깊어 손이 닿지 않았다. 도사는 헛심만 쓰다가 모든 게 팔자소관이라며 가던 길로 떠났다.

모든 사람들이 절망에 빠져 있는데 마침 어떤 스님이 이 광경을 보았다. 스님은 자초지종을 묻지 않고 스스로 구덩이 속에 들어가 사람들을 목말을 태워 밖으로 내보냈다. 자신은 먼저 나간 사람들이 새끼를 꼬아 던져준 칡넝쿨에 매달려 맨 나중에 구출됐다. 구덩이에서 빠져나온 상인들은 장사를 잘해 큰돈을 벌었다. 상인들이 감사의 뜻을 전하려고 구화산 화성사를 찾아갔더니 스님은 육신보전의 지장보살로 앉아 있더라는 것이다.

이 설화에서 보듯이 지장보살의 대비원력은 자기를 희생하여 남을 구제하겠다는 것이다. 말로만 자비가 어떻다고 이러쿵저러쿵하거나, 남을 돕겠다고 하다가도 힘에 부치면 금방 포기하는 사람들과는 다르다. 곤경에 처한 이웃을 보면 스스로 몸 바쳐 어려움을 해결해 주고, 그 공덕으로 자기도 구원될 것으로 믿고 실천하는 것이 지장보살이다. 그리고 이 가르침을 따르는 불자가 지장행자(地藏行者)이다.

이 같은 지장보살의 대비구제 원력을 앞장서 실천하는 스님이 있다. '한국의 지장도량'으로 유명한 철원 심원사 정현 스님이다. 스님은 오랫동안 지장보살의 본원(本願)을 자신의 본원으로 삼고 어려운 이웃을 도와주는 보살행을 남 몰래 실천해 왔다. 모든 사람을 지장행자로 만들려는 원력으로 지장기도를 하는 틈틈이 지장신앙을 전파하는 데 주력했다. 특히 지난 2009년부터 시작한 불교텔레비전을 통한 『지장보살본원경』 강의는 많은 불

자들에게 큰 감동을 주었다. 강의의 핵심은 일상생활을 통해 지
장보살의 서원을 실천해야 한다는 것이었다.

이 책은 그때 정현 스님이 강의한 거룩하고 훌륭한 설법을 엮
은 것이다. 읽으면 읽을수록 입에서는 향기가 나고 귀에서는 음
악 소리가 들리는 듯하다. 어찌 기쁜 마음으로 찬탄하지 않을
수 있겠는가. 이에 지장전 기둥에 걸린 주련의 게송으로 대원본
존 지장보살의 공덕과 지장신앙을 널리 펴려는 원력으로 정진하
는 정현 스님의 공덕행을 받들어 찬탄하는 바이다.

> 지장보살의 거룩한 서원과 위신력(地藏大聖威神力)
> 어떤 말로도 다 표현할 길이 없네(恒河沙劫說難盡).
> 잠깐 우러러 뵙고 예배만 하여도(見聞瞻禮一念間)
> 한량없이 온 세상을 이롭게 하시네(利益人天無量事).

불기 2554년 가을

설악무산(雪嶽霧山) 합장

머리말

　　　　　　불교(佛敎)는 불심(佛+心)과 교훈(敎+訓, 가르침)으로 부처님께서 출현하신 이후 지금까지 2천 6백년 이상 이어져 오고 있으며, 전 세계의 많은 사람들의 마음속에 살아 있는 가르침으로 자리 잡고 있습니다.

불교의 가르침은 처음부터 끝까지 중생의 올바른 이익을 위하여 존재하고, 중생의 고통스러운 삶을 행복과 안온함으로 인도하고, 생명의 실체를 깨닫게 하여 밝은 생활을 열어가는 데 꼭 필요한 삶의 지침이며, 인생의 나침반입니다.

불경은 그 무엇으로도 비견할 수 없는 귀중한 인류사적 자산으로, 사람이 본래 지니고 있는 생명의 실상을 깨닫게 해 주는 무한 광대한 힘을 지닌 에너지의 문이며, 범부중생이 부처가 되는 길을 열어주는 부처님 말씀입니다.

그동안 이러한 부처님 말씀을 일반대중들이 알기 쉬운 경전 공부를 통해서 익히고 마음속에 새길 수 있도록 하기 위해 경전 강의를 해 왔습니다. 이 책은 불교텔레비전에서 지장보살본원경을 강의한 내용과 그 외 자료 등을 모아 새롭게 한 권의 책으로 엮은 것입니다.

책머리에 '추천의 글'을 써주신 설악산 조실이신 무산 큰스님께 진심으로 감사드리며, 책을 출판해 주신 민족사 윤창화 대표님과 원고 정리에 도움을 준 사기순 주간님, 그리고 인연 있는 모든 불자님들에게 마음 깊이 감사의 인사를 드립니다.

모든 분들에게 지장보살님의 위신력이 함께하시길 발원하는 마음으로 이 책을 출간하게 되었습니다.

이 책을 통해 인연이 있고 없음을 불문하고 모든 분들이 지장보살본원경을 좀 더 쉽게 이해하고, "지금 이 순간마다 나는 좋아지고 있다"는 진리를 자각하여, 풍요롭고 행복한 삶이 영글어지시길 거듭 발원합니다.

사랑합니다. 감사합니다.

2017년 입추

정현(正現) 합장

지장경을 읽는 즐거움

• 차례 •

지장경을 읽는 즐거움

해제

—

1.
지장경은 어떤 경전인가?

지장경은 어떤 경전일까요? 지장경이 어떤 경전인지를 알려면 먼저 제목을 한 글자 한 글자 세세하게 살펴보면 됩니다. 경전에서 가르치려는 의미를 경전 제목에 담아 놓았기 때문에 경전의 제목만 봐도 그 경의 핵심적인 내용을 미루어 짐작할 수 있습니다. '대방광불화엄경', '나무묘법연화경' 등 경전 제목을 사경하고 외우는 수행이 있는 것도, 경전 해설서마다 맨 처음에 제목을 해설하는 해제부터 시작하는 것도 다 그런 까닭입니다.

지장경의 본래 이름은 '지장보살본원경(地藏菩薩本願經)'입니다. 줄여서 '지장본원경'이라고 하기도 합니다. 지장경은 경전의 이름에서도 알 수 있듯이 지옥중생을 구제하기 위해 성불을 미루고 계신다는 지장보살의 원력과 공덕을 찬탄한 경전입니다. 지장보살이 누구인지 알면 지장경이 어떤 경전인지 바로 알 수 있습니다. 먼저 지장보살님에 대해 알아보고, 지장보살님이 세상에 어떻게 출현했으며, 지장보살의 공덕은 어떻게 이루어지고 있는지, 지장보살 수행은 어떻게 해야 하며, 그 공덕은 무엇인지 차근차근 알아보도록 하겠습니다.

'무불시대(無佛時代)'에 중생을 구원해 주는 대원력의 지장보살

대승불교에는 불보살, 곧 부처님과 보살들이 아주 많습니다. 그중에서 대표적인 분이 바로 관세음보살과 지장보살입니다. 지장(地藏)은 산스크리트어인 크시티가르바(Ksitigarbha)를 한역(漢譯)한 것으로 '대지(大地)의 태(胎)', '자궁(子宮)', 즉 땅을 감싸고 있다는 뜻을 갖고 있습니다. 지장보살은 인간을 비롯해서 자연 만물을 생장 발육시키고 삶의 터전이 되어주는 대지(大地)의 보살인 것입니다. 대지야말로 헤아릴 수 없는 덕을 갖추고 있지요. 한편 지장에는 깊은 믿음으로 땅을 파고 들어가서 그 안에 감춰진 보물을 만난다는 뜻도 가지고 있습니다.

지장보살은 석가모니 부처님이 반열반에 드신 뒤에 미래불인 미륵 부처님이 다시 오실 때까지 우리 중생들을 구원해 주는 분

지장경을 읽는 즐거움

입니다. 석가모니 부처님께서 지장보살에게 '무불시대(無佛時代)'에 고통 받는 6도(六道) 중생들을 제도하여 해탈케 하라고 부촉하셨습니다. 지장보살님은 다겁생 동안 사바세계의 모든 고통을 덜어 주어야겠다, 치유해 주어야겠다, 중생을 기쁘게 해 주어야겠다, 지옥중생을 다 구제하기 전에는 성불하지 않겠다는 큰 자비의 원력(願力)을 세웠습니다.

지장보살은 석가모니 부처님의 전신인 정광명여래 이전부터 생이 있었고, 그 오랜 세월 동안 남자 또는 여자, 천신 혹은 노예의 몸으로 태어나 큰 원력을 다져왔습니다. 지장보살의 원력은 말로 형언키 어려울 정도로 대단해서 지장보살의 음성을 듣거나 찬탄했거나 조성했거나 예경하였거나 참배를 하였거나 그 어떤 공덕을 지었더라도 3악도(三惡道)를 멸한다고 했습니다. 3악도는 대표적인 고통의 세계로 지옥도·축생도·아귀도를 말합니다. 앞서의 예처럼 지장보살의 음성을 듣거나 찬탄하거나 하는 행위는 나 자신을 보다 건강하고, 건전하고, 지극히 평안하고 평화로운 행복의 세계로 인도해 주기 때문에 결단코 3악도에 떨어질 일이 없습니다.

지장경을 공부하기 전에 먼저 알아두셔야 할 내용이 있습니다. 경을 배울 때 이것을 '보다'라고 말하고 '듣는다'라고 말합니다. 나아가 '얻는다'라고 하고 '앎을 건질 수 있다'라고도 합니다. 이를 견문득지(見聞得知)라고 합니다. 즉 경은 읽고 보는 데 그치는 것이 아니라 보고 듣고 앎을 얻어내는 과정으로 이해해야 합니다. 누가 보고 듣고 느끼고 있을까요? 바로 나 자신입니다.

똑같은 현상도 보는 사람의 마음에 따라 달라 보입니다. 고통과 행복 역시 마찬가지입니다. 주위 사람들과 대화를 나누다 보면 고통과 행복의 수치를 오해하는 분들이 많은 듯합니다. 행복을 10% 내로 보고 90% 이상이 고통이라고 오해하며 살아가는 분들이 아주 많습니다. 그런데 사실은 불편하고 고통스러운 것은 5% 미만이며, 행복해지고 잘 살 수 있는 요소가 95% 이상입니다. 이렇듯 거꾸로 알고 있는 것이 우리 인간입니다. 그렇기 때문에 반야심경에서는 원리전도몽상(遠離顚倒夢想)이라고 했습니다. 이렇게 뒤바뀌어 있는 잘못된 견해를 바로잡기 위한 지장보살의 가르침이 바로 지장경입니다.

지장경은 지장보살의 원력을 알고 지장보살을 찬탄하는 것만으로도 큰 공덕이 되어 신통한 세계가 열린다는 것을 천명하는 것으로 시작됩니다.

신행(信行), 보배 창고를 여는 법

지장보살은 우리의 현실을 들여다보고 고통을 면해주고 보살펴주기 위해 다겁생 동안 원력을 세웠다고 이미 말씀드렸습니다. 지장보살의 원력은 이름에서도 알 수 있습니다. 지장의 '지

(地)'는 현상의 세계를 뜻합니다. 눈에 나타나는 모든 현상이 지의 세계입니다.

'지(地)'가 나타난 현실이라면 '장(藏)'은 감추어진 보배창고로서 미래세계를 뜻합니다. 지혜로운 이는 자기 안에 들어 있는 보물창고에서 얻을 수 있는 모든 것을 얻어냅니다. 우리는 복과 지혜가 충만합니다. 또한 불보살과 연결되어 무한공급을 받을 수 있습니다. 수도꼭지를 틀기만 하면 물이 나오듯이 부처님과 지장보살의 복과 지혜가 나와 연결되어 있습니다. 수도꼭지를 틀어 공급받는 능력과 의지가 나에게 달려 있다는 말입니다.

그런데 세상에 좋고 나쁜 것이 구분되어 따로 존재하지 않습니다. 따라서 좋고 나쁨, 옳고 그름을 가려 소화하는 것도 중요한 문제입니다. 흔히 자기 입장에서 보면 옳아도 타인의 입장에서 보면 옳지 않은 삶을 살게 되는 경우를 볼 수 있습니다. 그러므로 지혜로써 괴로운 행위를 반복적으로 하게 되는 상황을 피해야 합니다. 무한공급이란 이런 의미에서 이해해야 합니다.

진귀한 것은 숨겨놓아 눈에 잘 띄지 않듯 보배창고는 감추어져 있는 법입니다. '장'은 숨겨져 있는 보배창고입니다. 왜 감출 장을 쓰는지 이제 아시겠습니까? 그렇다면 보배를 보기 위해서, 또 얻기 위해서 어떻게 해야 할까요? 감춰져 있는 보물을 보려면 신행(信行)을 해야 합니다. 다시 말해 부처님과 지장보살님의 말씀을 믿고 행해야 한다는 것입니다. 말씀이 곧 '경(經, sūtra)'입니다. 다시 말해 지장경은 석가모니 부처님과 지장보살의 말씀을 믿고 따라서 실천해 가는 신행의 내용을 모아놓은 것입니다.

그렇지만 어리석은 사람들은 자신의 입장에서 해석하고 처신하려 합니다. 그래서 금강경에서는 이를 지적하여 '아상(我相)'을 내려놓으라고 강조합니다. 아상을 내려놓으면 현실이 보이기 때문입니다. 어떠한 상태의 고통이라도 들여다보면 도리천궁의 안목이 생기게 됩니다. 그렇지만 자기 생각, 자기 입장에서 현실을 들여다보면 잘못 보게 되고 고약한 말로 옮기게 됩니다. 지장경은 이 같은 세상을 들여다보는 기본부터 말씀하고 있습니다.

여러분은 이러한 대원력의 지장보살의 가르침이 담긴 지장경을 읽는 것만으로도 금생에 더할 수 없는 복을 짓게 된다는 사실을 알아야 합니다. 지장경을 보고 듣고 읽는 것 자체가 큰 공덕이 됩니다. 지장경을 읽는 순간부터 대단히 좋은 일이 일어난다는 것을 이미 체험한 분들도 있을 것입니다. 혹여 아직까지 체험하지 못했다면 이 책을 읽으면서 체험할 수 있으리라 장담합니다.

바르게 알면
큰 이익이 생긴다

지장경은 모두 13품으로 이루어져 있습니다. 지장경의 첫머리에 「도리천궁신통품」이 나옵니다. 도리천궁의 세계가 신통한 보

지장경을 읽는 즐거움

물창고입니다. 각 품의 이름에도 그 뜻을 담아 놓았기 때문에, '도리(忉利)'라는 이름을 가진 하늘 궁전의 신통에 대한 것이로구나' 하는 것을 유추할 수 있을 것입니다. 그런데 도리에서 '도'를 살펴보면 심방변(忄), 즉 마음 심(心)자에 '칼 도(刀)'자가 붙어 있습니다. 이는 마음을 칼같이 예리하게 잘 헤아리면 이익이 생긴다는 뜻입니다. 즉 바르게 보고 바르게 이해하면 바르게 깨닫게 되므로 이익이 생긴다는 말입니다.

그렇다면 불교에서 말하는 가장 큰 이익은 무엇이겠습니까? 바로 복덕과 지혜입니다. 우리가 절에 가고 법당에서 기도하고 수행하는 것은 더 지혜로워져서 복을 받고 덕을 베풀기 위함이라 해도 과언이 아닙니다. 부처님은 지혜와 자비, 복덕을 구족하신 분입니다. 지장경 첫머리에 도리천궁의 세계를 밝힌 도리천궁신통품을 배치한 것은 이 경전을 만난 것만으로도 복덕이 가득해지고 지혜가 충만해지는 이익을 받는다는 뜻을 함축하고 있는 것입니다.

도리라는 이름과 같이 마음을 잘 갈아놓은 칼처럼 예리하게 바라보면 바른 이해가 생기고 바른 안목이 생기고 바른 깨달음이 있으므로 큰 이익, 즉 부처님의 이익이 생긴다는 것입니다. 한마디로 부처님의 안목이 생기고 부처님의 지혜가 생김으로써 복덕 또한 무한히 증장한다는 것이지요. 지장경의 다음과 같은 내용에서도 잘 알 수 있습니다.

"지장보살을 찬탄하거나 또는 첨례(瞻禮: 도와주고 참여하고 더하는 것, 예를 다하거나 질서에 따른다는 뜻)하거나, 또 지장보살을 칭명하고 공양하거나 내지 그림으로 형상을 그리거나 조각하여 만들거나 칠을 해 올리거나 하는 사람은 백 번이라도 마땅히 33천에 나고 영원히 악도에 떨어지지 않을 것이다."

행복을 무한 공급해 주는
지장경

불교의 6도윤회에 대해 잘 아실 것입니다. 이 세상의 생명 있는 존재들이 6도(지옥, 아귀, 축생, 인간, 아수라, 천)를 돌아다니며 생사를 거듭한다는 것입니다. 그런데 도리천은 이 6도윤회를 벗어난 세계인 욕계 6천의 하나로서 제석천(帝釋天: Indra)이 머물면서 다스리고 있는 곳입니다. 도리천은 33천이라고도 하는데, 세계의 중심인 수미산의 정상에 있는 세계를 말합니다. 도리천에서 '천(天)'은 내재세계를 의미하고, 궁은 우주(宇宙)를 뜻합니다. 한편 우주의 주(宙)는 '집'이라는 뜻을 가진 궁(宮)과 같은 개념입니다. 다시 말해 내재된 하늘세계를 우주라 표현하는데 '우'가 시간적인 종적 개념을 가지고 있다면 '주'는 공간적인 횡적 개념을 갖고 있습니다. 우주는 일만 상을 받아들이는데, 이를 섭리라고 말하고 법칙이라고도 말합니다.

한마디로 도리천궁은 신통(神通)의 세계입니다. 우리가 도리천궁에 내재돼 있는 신통력을 갖게 된다는 것 또한 이런 뜻이라고 할 수 있습니다. 누군가 설법을 한다면 듣는 것은 나입니다. 지장경은 2천 6백 년 전에 석가모니라는 훌륭한 선각자가 남기신 법문을 결집해 놓은 것입니다. 누구나 원만하고 완전한 생명세계를 구현토록 하는 길을 일깨워주신 석가모니 부처님의 말씀은 지장경이라는 시간과 공간의 구조 속에도 머물러 있습니다.

우리가 현재 살고 있는 우주와 사회, 국가와 가정 등은 모두 시간과 공간의 구조 속에서 수신처 기능을 갖고 있다 할 것입니다. 부처님의 말씀으로 이루어진 우주가 발주처라면 현재의 세계는 수신처라는 말씀입니다. 그런데 이 같은 부처님의 법문을 듣고 실천하는 것은 다름 아닌 '나[我]'입니다.

그러면 나는 누구인가? 나는 무엇을 하는 사람인가? 나는 지금 행복한가? 질문해 보십시오. 그리고 만일 자신의 삶이 어렵다, 고통스럽다고 한다면 이를 극복하고 행복하게 해 주는 기틀을 찾아야 할 것입니다. 행복의 기틀은 어디에 있을까요? 눈에 보이지는 않지만 우주공간에 전파처럼 퍼져 있는 부처님의 말씀을 받아들이는 데 있습니다. 부처님의 말씀을 수신할지, 반송할지에 대한 선택은 자기 자신에게 달려 있습니다. 몸뚱아리·생각·감정·질서·품성에 따라 어떤 사람은 더 받아들이고 어떤 사람은 덜 받아들이고 하는 것입니다. 사람에 따라서 열어서 받아들이거나 닫고서 막아버립니다.

앞에서 설명한 얘기를 다시 한 번 풀이하자면, 천궁은 내재돼 있는 세계요, 내재된 세계의 '무한한 공급'이라고 표현할 수 있습니다. 그러므로 도리천에서 경을 바르게 이해하고 듣고 실천하고 수행하면 복과 지혜가 가득한 생명체계를 이해하게 되고, 그로 인해 여러 가지 이익이 생기므로 행복한 세계가 열린다는 것입니다. 또한 무한공급의 세계인 도리천궁에 살고 있으므로 이익이 한층 더 배가되는데, 그 이익이란 다름 아닌 복과 지혜의 증장입니다.

경전은 대부분 질문에 대해 대답하는 형식으로 이루어져 있습니다. 지장경도 '왜 고통 속에서 사는가? 왜 지옥 속에서 살아야 하는가? 왜 가난 속에서 사는가?' 등등의 질문에 대해 어떻게 하면 해결할 수 있는지에 대한 답변으로 이루어져 있습니다.

앞에서 말씀드린 것처럼 '지장경(地藏經)'의 '지'는 우리의 지평 안에, 즉 현실을 뜻합니다. 현실이란 무엇일까요? 현실은 조건에 따라 환경이 작용하고 있는 것입니다. 환경에 의해서 우리의 삶이 조건이 있게 되고 관계될 수밖에 없는 상황이므로 우리 모두 현실 위에서 산다고 말합니다. 그런데 우리의 현실은 늘 고통이 따라다닙니다[生活苦]. 사람이 살고 있는 곳에는 늘 번뇌가 따라다닙니다[煩惱苦]. 다르게 표현하자면 사회라는 곳에는 항상 고통이 존재합니다[社會苦].

우리가 살고 있는 세상의 수많은 삶을 들여다봅시다. 2천 6백

지장경을 읽는 즐거움

년 전이나 지금이나 갈등과 대립은 계속되고 있습니다. 이러한 상황에서 법문을 듣고 경전을 배우고 기도 수행하는 것은 대단한 복을 누리는 것입니다. 참으로 보통 법은(法恩)이 아닙니다.

지장경,
기적 · 약속 · 선행 · 원력의 경전

지장경을 공부하거나 이해하거나 수행하게 되면 기적이 생깁니다. 그래서 지장경을 '기적(奇蹟)의 서(書)'라고 표현하기도 합니다. 우리가 평소 입버릇처럼 말하는 '안 된다, 늙는다, 불행해진다'라고 하는 것은 착각이요, 전도된 생각이라고 앞서 말씀드렸습니다. 지장경을 공부함으로써 뒤바뀐 생각을 멈추고, 바로 듣고 보고 이해하고 깨닫는다면 복덕과 지혜가 충만해지고 행복해지는 기적을 몸소 경험하게 됩니다. 사람들 가운데 남편 원망, 자식 원망, 아내 원망, 시부모와 일가친지 원망하면서 허송세월을 보내며 박복하게 살아가는 분들이 많습니다. 그러나 지장경을 공부하고 그 가르침을 실천하면 두텁던 업장이 사라지고 안 좋던 운도 활짝 열리게 됩니다.

지장경은 또 '약속(約束)의 서(書)'라고 합니다. 신행(信行)을 바르게 하면 반드시 원하는 바를 이루어 준다는 것입니다. 한편 지장경은 '선행(善行)의 서(書)'요, '원력(願力)의 서(書)'입니다. 그러므로 지장경을 공부하다 보면 반드시 경이로운 경험을 하게 될 것입니다. 무엇이든지 발원하고 수행하고 선행을 하고 원력을 세우면 기적 같은 결실을 약속받을 수 있다는 애기입니다.

지장경은 당나라 때 인도의 우전국에서 온 실차난타(實叉難陀) 스님이 한문으로 번역했습니다. 현장 스님이 번역했다는 설도 있지만 확인된 바는 없습니다. 우리나라에서는 영조 38년(1762년)에 언해본(諺解本)이 처음 나왔습니다. 지장경 언해본에는 각종 신통력이 담겨 있는 지장설화가 다량 수록되어 있습니다. 또한 중생들로 하여금 선업을 닦도록 실천 수행을 제시하며 독려하고 있는 것이 지장경, 즉 지장보살본원경입니다.

세상에는 어떤 것이든 살아 있는 것으로 이해하시면 됩니다. 즉 변하지 않는 것이 없다는 것입니다. 여러분이 불교를 공부하시면서 꼭 알아두셔야 할 것이 고정 불변의 실체는 없다는 사실입니다. 무엇이든 살아 움직인다고 이해하시면 됩니다. 어디에 살아 움직이는가? 지금 나에게 살아 있는 것입니다. 모든 출발은 나로부터 시작됩니다. 나의 선행이 살아 있고 나의 원력이 살아 있어야 합니다.

여러분이 지장경을 공부하면서 꼭 챙겨야 할 것은 기적입니다. 좋은 일이 열릴 거라는 것, 공부를 하고 나면 반드시 밝고 행복한 미래세계가 약속돼 있다는 것입니다. 수행을 하면 할수록 원력이 생기고 원력이 생기면 생길수록 살아 있는 '나'로 다가옴을 느끼실 수 있습니다.

지장경을 읽는 즐거움

사람에게는 '선'이 하나 있습니다. 마음의 선입니다. 지장의 '지'가 현실이라면 '장'은 본질입니다. 본질이란 감춰진 자기세계를 말합니다. 언제든 '장'에서 '지'로 옮아갑니다. 즉 '지'가 현실의 세계로 부부와 형제 등을 일컫는다면 '장'은 감춰진 자기세계로 부모나 조상을 일컫습니다. 다른 말로 표현하자면 '지'가 나무라면 '장'은 뿌리입니다. 따라서 나무가 잘 크려면 뿌리가 튼튼해야 합니다.

뿌리가 튼튼하려면 거름도 주고 물도 줘야 합니다. 이것이 공덕입니다. 공덕을 지으면 지을수록 나무가 무성하게 자라듯이 현실의 세계는 번영과 행복이 활짝 열린다는 것입니다. 지장신앙은 바로 이런 것입니다. 그래서 지장경은 부모에게 잘해야 하고 조상을 잘 받들어야 한다고 강조하는 것입니다.

일례로 우리가 몸에 병이 났을 때 양방에서는 치료에 앞서 사진을 찍습니다. 그런데 검사 당시에는 아무런 징후가 없었는데 일주일 후에 보니 암이 생겼습니다. 그 환자는 이미 오래 전부터 암의 요인을 가지고 있었으나 나타나지 않으니까 병이 아닌 것이었습니다. 하지만 한방에서는 사진에 나타나지 않더라도 암이 있다는 것을 확인하는 일이 있습니다. 이처럼 우리도 어리석어서 눈으로 봐야만 믿는 경향이 있는데, 지장경 공부는 눈으로 드러나지 않더라도 문제가 있는 것을 확인하여 해결해 줍니다.

심즉지옥(心卽地獄)이라는 말도 있고 그와 반대로 심즉극락(心卽極樂)이라는 말도 있습니다. 어떻게 마음을 갖느냐에 따라 지옥이 되기도 하고 극락이 되기도 한다는 말입니다. 이 말을 떠올리면서 마음자세를 갖고, 지장경을 공부한다면 큰 진전이 있을 것으로 기대합니다.

2.
우리가 지장경을 받아 지닌다면?

경전을 공부한 분들은 잘 알겠지만, 경전을 펼치면 제일 먼저 서문이 나옵니다. 서문에 보면 대체로 지장경에 대한 풀이를 해 놓습니다. 그런데 서문보다 먼저 나오는 내용이 있습니다. 경전 제일 앞쪽을 보면 지장경 계청(地藏經啓請)이 나옵니다.

만약 사람이 지장경을 받아 가진다면(若有人 受持地藏經者)
먼저 모름지기 정성을 다해 염할지로다(先須至心念).
정구업진언(淨口業眞言)을 말한 후(然後)
머리를 기울여 8금강을 청하다(啓請八金剛).

라고 되어 있습니다. 정구업진언(淨口業眞言: 구업을 맑히는 진언)은
다 아시다시피 "수리 수리 마하 수리 수수리 사바하(修利修利摩
訶修利修利娑婆訶)"인데, 풀이하자면 '수리'는 길상존(吉祥尊), 길
하고 상서로운 존귀한 분이라는 뜻이고, '마하'는 '크다, 높다, 넓
다'는 뜻입니다. '마하수리'는 대길상존(大吉祥尊)으로 크게 길하
고 상서로운 분이라는 뜻이지요. '수수리'는 '지극하다'는 뜻이
고, '사바하'는 원만(圓滿) 성취(成就), 이미 성취했다, 완성되어 있
다는 뜻입니다. 다시 말해 "길상존이시여, 길상존이시여, 지극한
길상존이시여, 원만 성취하소서."가 됩니다.

그런데 저는 언젠가 수리 수리 마하 수리 수수리 사바하를
염하면서 저도 모르게 '수리하자. 수리하자. 크게 수리하자. 지극
한 마음으로 수리하자. 우리 모두 이미 성취되어 있는 것을 깨닫
자'라는 생각이 들었습니다. 흔히 세속에서 '사바사바한다'는 말
이 있지 않습니까? 일을 도모한다는 의미인데, 직장 상사에게
손을 부비며 사바사바하면 안 될 일도 되는 경우가 많습니다.

다시 얘기를 돌려 '수리하자, 수리하자'라는 말은 '고쳐가자,
고쳐가자'라는 말입니다. 우리 스스로를 '불행하다, 혹은 모자라
다, 시원찮다'라고 생각한다면 이런 구조를 좋게 고쳐보자는 것
입니다. 다시 말해 '수리'는 좋은 쪽으로 고쳐가자는 뜻이므로
'좋다'는 의미가 됩니다. 그렇다면 "수리 수리 마하 수리 수수리
사바하"는 "좋아지고 있고 좋아지고 있어서 앞으로 크게 좋아
질 것이다"라고도 해석할 수 있겠습니다. "나는 좋다(修利), 정말

좋다, 크게 좋다[마하수리], 거듭 좋다[수수리], 좋은 것이 이미 성취되었다[사바하].”라고 해석해도 됩니다.

경전을 볼 때는 언제나 정구업진언 '수리 수리 마하 수리 수수리 사바하'를 먼저 독송하고 오방내외안위제신진언(五方內外安慰諸神眞言: 존재하는 모든 것을 편안하게 하는 진언) '나무 사만다 못다남 옴 도로도로 지미 사바하'를 외운 다음에 머리를 기울여 8금강을 청하면 됩니다.

'나무 사만다 못다남 옴 도로도로 지미 사바하'를 풀이하면, '나무'는 귀명(歸命), 즉 목숨 바쳐 귀의합니다, '사만다'는 원만한 분, '못다남'은 최상자(最上者), 즉 가장 높으신 분인 부처님을 뜻합니다. '옴'은 근원적인 소리의 어머니이자 소리의 왕을 뜻하며, '도로도로'는 신성(神聖), 즉 신비하고 성스럽다는 뜻이고, '지미'는 항상 밝음, '사바하'는 성취하게 해 달라는 뜻입니다.

오방내외안위제신진언 "나무 사만다 못다남 옴 도로도로 지미 사바하"는 "온 우주에 충만하신 가장 높은 부처님들께 목숨 바쳐 귀의하오니, 신비하고 성스러운 모든 신장님들께서는 항상 밝고 편안하시옵소서"라는 뜻입니다. 천수경에 의하면, 우리가 따로 신장님들을 모시지 않더라도 오방내외안위제신진언 "나무 사만다 못다남 옴 도로도로 지미 사바하"를 외우면 8금강이 오신다고 합니다.

한편 4대보살(四大菩薩)인 문수보살·보현보살·관세음보살·지장보살의 명호를 부르고 공부하게 되면(四菩薩名號), 이른바 처하는 곳마다(所在之處) 항상 마땅히 8대 금강이 옹호해 준다(常當擁護)는 게송을 한 다음 이어서 계수삼계존(稽首三界尊)을 합니다. "머리를 수그려 삼계존에 받들어 올린다"는 뜻입니다. 삼계는 욕계(欲界)·색계(色界)·무색계(無色界)를 이르는 말로 유형 무형의 세계 전부를 뜻합니다. 형태가 있든 없든 온 우주에 이 지장경을 공양해 올린다는 의미입니다.

귀명지장왕(歸命地藏王)

아금발홍원(我今發弘願)

지차지장경(持此地藏經)

상보사중은(上報四重恩)

하제삼도고(下濟三塗苦)

약유견문자(若有見聞者)

실발보리심(悉發菩提心)

지장왕보살님께 목숨 바쳐 귀의합니다.

제가 지금 크게 발원하오니

이 지장경을 지녀서

위로는 네 가지 큰 은혜를 갚게 되고

아래로는 3도의 고통을 제도할 수 있게 해 주소서.

만약 이것을 보고 듣는 자가 있다면

정성을 다해 보리심을 발원하게 해 주소서.

지장경을 읽는 즐거움

참고로 4중의 은혜는 부처님께서 말씀해 주신 우리 중생들이 입고 있는 네 가지 큰 은혜를 뜻합니다. 지장경을 지니는 것만으로도 4중은(四重恩: 첫째, 부모의 은혜, 둘째, 스승의 은혜, 셋째, 국가의 은혜, 넷째, 사회의 은혜)을 갚을 수 있다 하니 지장경을 공부하고 기도 수행하는 공덕은 말로 표현할 수 없을 정도로 큽니다. 그런 다음에 개경게(開經偈: 경을 여는 게송)가 나옵니다.

개경게(開經偈)

무상심심미묘법(無上甚深微妙法)
백천만겁난조우(百千萬劫難遭遇)
아금문견득수지(我今聞見得受持)
원해여래진실의(願解如來眞實意)

위없이 깊고 깊은 미묘한 법을
오랜 세월 동안 만나기 어려운데
내가 이제 듣고 보고 받아 가지니
원컨대 여래의 진실한 뜻 알아 지이다.

개경게는 경전을 열 때 반드시 염해야 하는 게송입니다. 백천만겁에도 만나기 어려운 불법을 만났으니 여래의 진실한 뜻을 반드시 깨닫겠다는 감사와 원력의 마음을 담아서 절절하게 개경계를 읊고 경전을 읽으면 경안(經眼)이 더욱 빨리 열릴 것입니다. 여기에서 여래는 아시다시피 석가모니 부처님을 뜻하므로 지장경에 석가모니 부처님의 마음과 진실한 뜻이 담겨 있음을 반증합니다.

이어서 개법장진언(開法藏眞言: 법장, 곧 경전을 여는 진언) "옴 아라 남 아라다"를 독송합니다.

'옴'은 소리의 어머니, '아라남'은 무쟁삼매(無諍三昧: 온갖 번뇌와 잡념이 사라지고 갈등과 다툼이 없어 편안하고 행복한 삼매), '아라다'는 '만족'이라는 뜻을 갖고 있으니, "옴 아라남 아라다"를 풀이하면, '번뇌와 잡념이 사라지고 갈등과 다툼이 없어 편안한 마음으로 진리의 기쁨과 행복 속에서 만족한다'고 할 수 있습니다.

이렇게 개법장진언을 외움으로써 지장경의 본문인 지장보살본원경 제1품 도리천궁신통품을 여는 것입니다.

지장경을 읽는 즐거움

제1 도리천궁신통품

忉 利 天 宮 神 通 品

—

도리천궁에서 지장보살의
신통력을 찬탄하시다

忉利天宮神通品

제1 도리천궁신통품
切 利 天 宮 神 通 品

—

도리천궁에서 지장보살의
신통력을 찬탄하시다

 지장경은 「도리천궁신통품(切利天宮神通品)」, 부처님께서 어머니 마야부인을 위하여 도리천에 올라가서 설법을 하실 때 신통을 보여준 내용으로 시작됩니다. 이미 말씀드렸듯이 도리천은 욕계 6천 가운데 2천(두 번째 하늘, 33천이라고도 함)으로 남섬부주(사바세계) 위에 8만 유순이나 멀리 떨어진 곳에 자리한 수미산 꼭대기에 있는 하늘나라입니다. 도리천의 중앙에 사면이 8만 유순씩 되는 선견성이 있고, 이 성에 도리천을 다스리는 제석천이 살고 있습니다. 이와 같이 경전에는 상상하기 힘들 정도로 헤아릴 수 없는 하늘이 존재하는데, 첨단우주과학을 연구하는 학자들의 깨달음이 깊어지면 경전 속의 수많은 하늘들이 실제로 증명될 것이라는 생각이 듭니다.

그런데 지금까지는 경전 속의 하늘들을 상징적으로 해석하고 있습니다. 이는 마음을 중시하는 불교의 특징이기도 하고, 마음이야말로 가장 중요한 것이기 때문이기도 합니다. 도리천궁은 눈에 보이지 않지만 내재된 궁궐(보배창고)이 본래 자기 자신에게 있다고 이해하시면 됩니다. 부(富)도, 번영도, 권력도 다 천궁 안에 있는 것이고, 그 자체가 신통한 일이지요. 내 마음을 갈고 닦아 바르게 이해하고 바르게 깨닫게 되면 신통한 이익이 된다는 것입니다. 「도리천궁신통품」은 한마디로 한량없는 능력과 한량없는 공덕세계를 표현해 놓은 것이라 하겠습니다.

나는 이와 같이 들었다

나는 이와 같이 들었다. 한때 부처님께서 도리천에 계시면서 어머니를 위하여 설법하고 계셨다. 그때 시방세계의 수많은 부처님과 대보살마하살들이 모여, 석가모니 부처님이 5탁악세(五濁惡世)에 불가사의한 대지혜와 신통력으로 조복하기 어려운 강강(剛强)한 중생들을 다스리고, 괴롭고 즐거운 법을 알게 해 주심을 찬탄하였다. 그리고 각각 사람을 보내어 세존께 문안을 여쭈었다.

불전의 첫머리는 대부분 '여시아문(如是我聞)'이라는 말로 시작합니다. 석가모니 부처님의 정통설법을 나타내는 말로서 대승경전인지 아닌지 구별하는 단초가 바로 이 말이기도 합니다. 부처님께서는 당신이 깨달은 법을 설법함에 있어서 본질적으로 우리에게 갖춰져 있는 것을 고려해 법석을 펴셨습니다. '여시'는 '이와 같이'라는 뜻이며, '아문'은 '내가 들었다'라는 말로 '이와 같이 나는 들었다'로 해석합니다.

한편 '여시아견(如是我見)'이라 한다면 '이와 같이 내가 보았다'로 풀이될 수 있습니다. 깨달음의 세계는 우리에게 본질적으로 갖춰져 있는 것입니다. 단지 우리 스스로 가려져 있는 안목이 문제요, 무명에 의해 보지 못하는 것뿐이니 부지런히 경전 공부를 해서 중생의 견해를 부처의 견해로 바꾸어야 합니다.

'나는 이와 같이 들었다'에서 '나'는 '아난'존자를 가리킵니다. 아난존자는 부처님의 사촌동생이자 데바닷다(調達)의 친동생입니다. 부처님께서 깨달음을 이루시던 날 밤에 태어났다고 하는데, 25살에 출가하여 25년 동안 부처님의 시자(侍者)로서 곁에서 부처님을 모신 분입니다. 기억력이 비상하여 10대 제자 가운데 다문제일(多聞第一)로 불립니다. 경전을 결집할 때 마치 녹음테이프를 틀어놓듯 아난존자가 부처님의 말씀을 기억해서 말하면 결집에 참석했던 500명의 아라한들이 자신들의 기억과 비교해 보고 인정하면서 한 글자 한 글자 경전이 결집된 것입니다. 그래서 경전마다 여시아문(나는 이와 같이 들었다)이 맨 앞에 나오는 것입니다.

아난존자가 말한 도리천이라는 하늘의 세계를 보기 위해서는 마음이 반듯해야 합니다. 한편 이때 도리천에서 설법하시는 석가모니 부처님은 전생의 부처님일 수도 있고 그 당시 현세의 석가모니 부처님일 수도 있습니다.

5탁악세에서 벗어나려면
3업을 맑히고 대긍정의 실천을…

말세에 이르러 점점 세상이 혼탁해지는 모습을 다섯 가지 징조로 분류하여 5탁이라 하고, 5탁으로 가득 찬 나쁜 세상 즉 말세를 5탁악세라고 합니다.

첫째, 겁탁(劫濁)은 전쟁·전염병·기근 등이 그칠 사이가 없어서 편안하게 살 수 없는 재난의 시대를 뜻합니다.

둘째, 견탁(見濁)은 잘못된 견해로 말미암은 사상의 혼탁을 말합니다. 즉 그릇된 견해와 삿된 사상이 만연해 혼란을 겪는 것입니다.

셋째, 번뇌탁(煩惱濁)입니다. 한마디로 고뇌가 많은 것인데, 인간 개개인의 탐욕과 분노 등으로 세상이 혼탁해지는 것입니다. 걱정 근심이 꽉 들어차니 세상을 어둡게 보게 됩니다. 욕심과 성냄과 어리석음의 탐·진·치(貪瞋痴) 3독은 마치 시한폭탄과 같아서 언제 터질지 모르는 인간의 감정입니다. 번뇌탁은 '탐·진·

지장경을 읽는 즐거움

치탁'이라고 할 수도 있습니다.

넷째, 중생탁(衆生濁)은 인간의 자질이 저하되어 인류도덕을 돌아보지 않고 나쁜 결과를 두려워하지 않으며 악한 행위를 행하여 사회악이 증가하는 것을 말합니다. 스스로 부처의 종자를 가지고 있으면서도 자신을 어리석은 중생으로만 알고 못난 행태를 보이는 것이 우리네 중생입니다. 나는 부족하다, 못났다고 자책하면서 살아가는 것이 바로 '탁'입니다. '탁(濁)'을 한자로 살펴보면 '물이 흐려졌다'는 뜻이 들어 있습니다. 중생은 스스로 보지 못하기 때문에 탁입니다. 이 탁에서 벗어나려면 스스로를 씻고, 정화하면 됩니다.

다섯째, 명탁(命濁)은 환경이 나빠져 인간의 수명이 30세, 20세, 10세 등으로 짧아지는 것입니다. 한편 오래 산다고 생각하는 것을 명탁이라고 해석하기도 합니다.

겁탁을 비롯해서 모든 탁을 정화하기 위해서는 3업(행동과 언어와 생각)을 바르게 맑히고, '대긍정의 실천'을 해야 합니다. 석가모니 부처님은 평생 동안 대긍정의 실천을 보여주신 분입니다. 우리 모두에게는 본래 불성이 있습니다. 다만 그 불성이 오염되어 있기 때문에 잘못 보고 스스로를 중생이라고 비하하고 있는 것[我見]일 뿐입니다.

생각을 전환해야 합니다. 특히 나쁜 언어를 사용하지 말아야 합니다. 그래서 무엇을 하든 정구업진언(淨口業眞言)을 맨 먼저 하는 것입니다. 천수경을 비롯한 모든 경전을 암송하기 전에 정구업진언을 하는 이유는 바른 말과 뜻을 실천하겠다는 의지를 다지고자 함입니다. 이것이 그대로 정화와 연관이 됩니다. 믿음과 의지로 정화해 나가는 것이지요.

불교는 마음의 종교라고 합니다. 불교경전에 마음 심자가 자주 등장할 것입니다. 그런데 같은 마음이라도 한자를 살펴보면 약간씩 다릅니다. 가령 의지(意志)라 할 때 '의'는 마음이 머리에 있는 것이고, '지'는 마음이 가슴에 있는 것입니다. 또한 감정(感情)의 '정'은 마음이 배에 있습니다. 감정이 뒤틀리면 시아버지고 남편이고 눈에 들어오지 않습니다. 물불을 안 가리게 됩니다. 그러므로 감정을 잘 다스려야 합니다. 사랑하는 감정을 애정이라고 합니다. 이때 사랑하는 감정이 뒤틀리면 화가 머리로 치솟아 올라 뇌졸증 등의 부작용을 겪기도 합니다. 얼마나 감정을 잘 다스려야 하는지 그 중요함을 시사하는 대목입니다.

지장경 맨 첫머리에 "5탁악세(五濁惡世)에 능히 불가사의한 대지혜와 신통력으로 조복하기 어려운 강강(剛强)한 중생들을 다스리고…"라고 했습니다.

'강강'은 한마디로 기가 세고 언행이 강하고 굽힘이 없이 단단하다는 것을 뜻합니다. 성격이 강한데다 옹고집에 막무가내인 사람을 설득하기가 얼마나 힘든 일인지 경험해 보신 분들은 잘 알 것입니다. 이런 강강한 중생을 조복시켜서 부처님께서는 고락(苦樂)의 법, 즉 진리를 알게 하신다고 하였으니 부처님의 위신력이 얼마나 크신지 일깨워주는 대목입니다.

대광명에 눈뜨고 받아들여야 한다

이때 여래께서 웃음을 머금고 백천만억의 큰 광명의 구름을 놓으셨다. 그것은 대원만광명을 나타내는 진리의 구름이며, 대지혜광명을 나타내는 진리의 구름이며, 대반야광명을 나타내는 진리의 구름이며, 대삼매광명을 나타내는 진리의 구름이며, 대길상광명을 나타내는 진리의 구름이며, 대복덕광명을 나타내는 진리의 구름이며, 대공덕광명을 나타내는 진리의 구름이며, 대귀의광명을 나타내는 진리의 구름이며, 대찬탄광명을 나타내는 진리의 구름이었다.

이와 같이 가히 말로 표현할 수 없는 광명의 구름을 놓으시고 또 여러 가지 미묘한 음악 소리를 내셨다. 그것은 보시바라밀(布施波羅蜜)의 음악이며, 지계바라밀(持戒波羅蜜)의 음악이며, 인욕바라밀(忍辱波羅蜜)의 음악이며, 정진바라밀(精進波羅蜜)의 음악이며, 선정바라밀(禪定波羅蜜)의 음악이며, 반야바라밀(般若波羅蜜)의 음악이며, 자비의 음악, 영원한 헌신과 영원한 버림의 음악, 해탈의 음악, 번뇌가 다한 음악, 대지혜의 음악, 사자후의 음악, 대사자후의 음악, 큰 구름과 번개의 음악이었다.

경전 원문의 여래 함소(含笑)가 눈에 띄는데, 함소는 '미소를 머금다'라는 뜻입니다. 부처님께서는 2천 6백 년 전에 미소를 머금으시고 이루 헤아릴 수 없는 큰 광명의 구름을 놓으셨습니다. 그때 놓으신 대광명운이 지금까지 우주 전체에 머물러 있는 것입니다. '미소를 머금으신 것처럼 대광명운을 머금고 있는 것입니다. 부처님께서 발신해 주신 광명을 받아들이는 것은 바로 '나'입니다. 장님이 빛을 보지 못하듯 광명이 있어도 받아들이지 않으면 아무 소용이 없습니다. 부처님께서 보여주신 대자비·대지혜·대반야·대삼매 광명 등을 받아들여 내 것으로 만들어야 합니다. 지장경에서 그 길을 보여주고 있습니다. 우리는 지장경을 통해서 광명을 실현해 나가야 합니다.

오늘 눈을 뜨지 않으면 내일도 뜨지 못하는 법입니다. 화엄신중 제불보살님이 우리를 지켜보시면서 보호하고 있는데 못할 이유가 없습니다. 그런데도 이를 의심하고 곡해하고 오해한다면 고통스러운 삶의 질곡에서 벗어나기 어렵습니다. 지장보살을 부르는 가장 큰 공덕은 대광명운이 우리에게 뻗쳐 있다는 것을 빨리 알아차리는 것입니다. 지장보살은 단 한 명의 중생이라도 지옥에서 고통 받는 이가 있다면 성불하지 않겠다고 하신 분입니다. 그 크신 서원이 너무나도 성스러워 '대원본존(大願本尊)'이라고 합니다. 지장경을 신봉하고 따른다면 크나큰 공덕을 받게 된다는 것을 여기에서도 강조하고 있습니다.

지장경에는 일곱 가지의 뜻과 세 가지의 덕장이 갖춰져 있습니다. 지장보살은 석가모니 부처님께서 대열반에 드신 후 미륵불이 출현하기 전까지 무불시대(無佛時代)에 6도의 중생을 교화하고 구제하겠노라 서원하신 분입니다. 앞에서도 말씀드렸듯이 지장의 산스크리트어인 크시티가르바의 어원은 '땅'입니다. "뿌린 대로 거둔다."는 속담처럼 땅은 거짓이 없습니다. 아주 작은 것이라도 심어놓으면 다 내게 돌아옵니다. 지금부터 바로 이 자리에서 지장보살의 성스러운 음성과 크나큰 원력과 말씀을 가슴에 심어 놓으십시오. 좋은 결과가 반드시 올 것입니다. 지장경의 공덕이 우리 안에 있다는 것을 가슴에 새기고 열심히 독송하고, 지장경의 가르침을 실천한다면 대광명운이 우리를 환히 밝혀줄 것입니다.

장님이 눈을 뜨고 앉은뱅이가 일어난
견불령의 기적

강원도 철원군에 있는 심원사는 지장도량으로 아주 유명한 사찰입니다. 심원사 인근에 견불령(見佛嶺)이라는 고개와 그 동네에 대광명운이 수놓아졌다고 전해지는 대광리(大光里)가 있는데, 고개 이름과 마을 이름이 생기게 된 이야기가 참으로 감동적입니다.

어렸을 때 열병을 앓고 장님이 된 이덕기라는 사람과 소아마비로 앉은뱅이가 된 박춘식이라는 사람이 한 마을에 같이 살았다고 합니다. 때마침 심원사에서 대종불사를 하는데, 어렸을 때부터 사이 좋은 친구였던 두 사람도 동참하라는 권선(勸善)을 받았습니다. 시주를 하라고 권하는 것을 권선이라 합니다.

부처님의 가피로 재앙이 소멸되고 현생에서 복을 얻게 될 것이라는 심원사 화주스님의 말씀을 들은 두 사람은 비록 본인들이 가진 돈은 없지만, 대종불사의 화주(化主)를 하기로 마음먹었습니다. 두 사람은 전국 방방곡곡을 돌아다니면서 시줏돈을 모았습니다. 장애인인 그들이 어떻게 돌아다녔겠습니까? 장님인 이덕기는 다리가 되고 앉은뱅이 박춘식은 눈이 되어 두 사람은 한 몸이 되어 돌아다녔습니다.

박춘식을 업은 이덕기가 전국 곳곳을 찾아다니면서 화주를 했습니다. 만나는 사람마다 그들의 권선을 받아들여 목표한 금액을 일찌감치 채우고 심원사로 돌아가는데, 그때 마침 종이 완성이 되어 타종소리가 더엉 덩 울렸습니다. 등에 업혀가던 앉은뱅이 박춘식이 종소리를 따라 심원사로 오다 보니 빛나는 대광명운이 보이는 것입니다. 부처님이 오시는 것을 봤다는 얘기입니다.

오색광명 속에 부처님이 오시는 걸 보는 순간 박춘식이 소리를 지르자 업고 가던 이덕기가 놀라서 "어디에 부처님이?"라고 외치는 찰나에 눈이 딱 떠졌다고 합니다. 그러던 중에 부처님을 보고 너무 좋아서 만세를 부르던 박춘식은 다리가 쭉 펴지면서 걸을 수 있게 된 것입니다. 그래서 부처님을 본 곳을 견불령이라 하고, 부처님이 오색광명으로 오셨던 그 곳을 대광리라고 부르게 되었다고 합니다.

이 이야기는 실제로 있었던 실화가 구전되어 온 것입니다. 지극정성으로 기도하면서 대종불사의 원만 성취를 위해 몸이 불편한 두 사람이 화주한 공덕으로 가피를 입게 되었다는 이 이야기는 지금도 많은 이들에게 감동을 줍니다. 이러한 설화를 간직한 지장보살을 친견하기 위해 많은 분들이 심원사를 참배하고 있습니다.

지장경에서는 우리가 사는 세계가 5탁악세처럼 모자라고 나쁜 것만 있는 것이 아니라 더 좋은 것이 우리에게 다가온다는 것을 설파하고 있습니다. 여러분은 오색찬란한 대광명운을 우리 의식과 감정에 두지 말고 가슴에 두셔야 합니다. 이미 우리들 가슴에 그 광명세계가 깃들어 있다는 것을 알아야 합니다. 지금 이 순간부터 지장보살을 부를 때마다 '감사합니다.' 하고 기도하십시오. 반드시 감응이 있을 것입니다.

생각을 풍요롭게 하라, 여래는 부처임을 알고, 중생은 부처임을 모를 뿐

이와 같이 가히 말로 설할 수 없는 음악 소리를 내어 마치 시니 사바세계와 여러 국토에 있는 무량억의 천룡귀신들도 모두 도리천궁에 모여들었다.

그들은 이른바 사천왕천(四天王天), 도리천(忉利天), 수염마천(須焰摩天), 도솔타천(兜率陀天), 화락천(化樂天), 타화자재천(他化自在天), 범중천(梵衆天), 범보천(梵輔天), 대범천(大梵天), 소광천(少光天), 무량광천(無量光天), 광음천(光音天), 소정천(少淨天), 무량정천(無量淨天), 변정천(遍淨天), 복생천(福生天), 복애천(福愛天), 광과천(廣果天), 엄식천(嚴飾天), 무량엄식천(無量嚴飾天), 엄식과실천(嚴飾果實天), 무상천(無想天), 무번천(無煩天), 무열천(無熱天), 선견천(善見天), 선현천(善現天), 색구경천(色究竟天), 마혜수라천(摩醯首羅天)이었으며 비상비비상천(非想非非想天), 용중(龍衆), 귀신들의 무리가 모두 법회에 모였다.

다시 타방국토와 사바세계의 해신(海神), 강신(江神), 하신(河神), 수신(樹神), 산신(山神), 지신(地神), 천택신(川澤神), 묘가신(苗稼神), 주신(晝神), 야신(夜神), 공신(空神), 천신(天神), 음식신(飮食神), 초목신(草木神) 등과 같은 여러 신들도 모두 법회에 모였다.

다시 또한 타방국토와 사바세계의 여러 큰 귀왕(鬼王)이 있었으니 이른바 악목귀왕(惡目鬼王), 담혈귀왕(噉血鬼王), 담정기귀왕(噉精氣鬼王), 담태란귀왕(噉胎卵鬼王), 행병귀왕(行病鬼王), 섭독귀왕(攝毒鬼王), 자심귀왕(慈心鬼王), 복리귀왕(福利鬼王), 대애경귀왕(大愛敬鬼王) 등과 같은 여러 귀왕

지장경을 읽는 즐거움

들도 모두 법회에 모였다.

그때 석가모니 부처님께서 문수사리법왕자보살마하살(文殊舍利法王子菩薩摩訶薩)에게 말씀하셨다.

"그대는 이 모든 제불보살과 천룡귀신을 보았는가? 그대는 이 세계와 저 세계, 이 국토와 저 국토에서 이곳 도리천에 모인 자들의 수를 알겠는가?"

문수사리가 부처님께 말씀드렸다.

"세존이시여, 설령 저의 신통력으로 천겁을 두고 헤아린다고 하더라도 알 수 없습니다."

우리 인간세계인 사바세계 외의 수도 없이 많은 세계의 제불보살과 신들과 귀왕 등이 도리천궁에서 열리는 법회에 참석하는 모습을 보여주고 있습니다. 그리고는 석가모니 부처님께서 문수보살에게 도리천에 모인 이들의 수를 헤아릴 수 있겠느냐고 질문하고, 문수는 신통력으로 천겁을 두고 헤아린다 하더라도 알 수 없다고 합니다. 경전을 읽다 보면 스케일이 무한대로 커집니다. 그리고 이 세상 모든 존재뿐만 아니라 우주만유의 제법실상에 대한 경외감을 갖게 됩니다.

우리 인간은 태양계 안의 지구에서 살아가고 있습니다. 우리가 살아가는 지구는 거대한 우주에서 바라보면 태양의 주위를 돌고 있는 아주 작은 별 중의 하나입니다. 대부분 보통사람들은 지구상에서 보이는 별들만 언급하거나 오직 지상에 국한된 것에 대해서만 관심을 가지고 있습니다. 하지만 우주의 실상을 깨치신 부처님께서는 일찍이 우주에 헤아릴 수 없는 무량수 무량변의 세계가 펼쳐지고 있다는 것을 보시고 우리에게 말씀해 주셨습니다.

과학이 발달하면서 부처님께서 언급하신 무량수 세계의 존재 가능성을 조금씩 입증하고 있습니다. 우주는 양자의 파동함수에 따라 끊임없이 갈라져 하나하나의 우주가 다중우주를 구성한다는 양자역학의 다중우주이론에 비추어 생각하면 부처님의 깨달음의 세계가 얼마나 대단한지 알게 되고, 마음 깊이 존경하게 됩니다. 우리의 의식을 저 우주 너머에까지 넓고 높게 확장시킬 필요가 있습니다. 우리 눈에 보이는 세계뿐만 아니라 보이지 않는 세계에 대해서도 관심을 가질 때 우리의 의식은 업그레이드될 수 있습니다.

그런데 우리는 지금 어떻게 살고 있습니까? 그저 내 마음·내 생각에만 집착하고, 작은 테두리에 갇혀서 옹색하게 살고 있습니다. 그런데 불교경전에는 지구와 멀리 떨어진 다른 세계, 불국토에 대한 이야기를 수도 없이 하고 있습니다. 아미타불이 계시는 극락만 해도 지구에서 서쪽으로 10만 억 국토나 떨어진 곳에 있는 불국토입니다. 이와 같이 경전마다 수없이 많은 지구 외의 다른 세계에 대한 이야기를 하는 것은 부처님께서 우리 중생의 의식을 우주적으로 확장시켜 주고, 깨우쳐 주기 위해서입니다.

나는 이미 성취된 사람이다

부처님께서 문수사리에게 말씀하셨다.

"나의 불안(佛眼)으로 헤아려도 오히려 그 수를 다 헤아리지 못할 것이니, 이는 모두 지장보살(地藏菩薩)이 오랜 겁에 걸쳐서 제도하였으며 지금도 제도하며 미래에도 제도할 것이니라. 또한 이미 성취[已度]케 하였으며, 지금도 성취[當成就]케 하고 미래에도 성취[未成就]케 할 것이니라."

여기에서 이도(已度)란 무엇입니까? 지장보살님이 이미 오래 전부터[久遠] 우리를 제도했다는 말씀입니다. 우리는 가난과 병과 질곡으로부터 일찍감치 제도되었다는 말씀입니다. 2천 6백 년 전에 이와 같은 위대한 법문을 하신 것입니다.

불자님들은 이미 제도를 받으셨습니다. 다만 이 마음이 자기 스스로를 풍족하고 고맙다는 생각을 갖고 있지 않아서 고통이 남아 있는 것입니다. 마음을 놓으면 이미 제도돼 있음을 알 수 있을 것입니다. 여러분은 먹고 사는 데 신음하거나 고통 받지 마십시오. 기도하고, 발원하고 예경함으로써 이미 제도 받았음을, 이미 성취되었음을 아셔야 합니다. 부처님께서는 또 앞으로 제도하거나 성취할 것이라는 말씀도 하셨습니다. 이것은 지장보살의 원력이므로 여러분은 걱정하실 필요가 없습니다. 이러한 지장보살의 원력에 대해 부처님께서는 불가설불가설(不可說不可說)

이라, 말로 설명할 수 없다고 하셨습니다.

　'이성취(已成就)', '당성취(當成就)', '미성취(未成就)'라는 대목을
눈여겨보세요. 이것은 달리 표현하자면, '나는 이미 성취된 사람
이다.' '나는 마땅히 성취한 사람이다.' '나는 꼭 성취할 사람이
다.'로 받아들이시면 됩니다. 요즘 무한경쟁시대에 고통 받고 있
는 우리 모두에게 자긍심을 주고 새로운 희망을 주는 매우 중요
한 의미가 있는 단어입니다.

'헛것'에 의지하지 말라

　문수사리가 부처님께 말씀드렸다.
　"세존이시여, 저는 과거에 오랫동안 선근(善根)을 닦아서
걸림이 없는 지혜를 얻었습니다. 그래서 부처님께서 말씀
하신 바를 듣고 곧바로 믿고 받들 수 있었습니다. 그러나
소승성문과 천룡팔부(天龍八部)와 미래세의 모든 중생들
은, 비록 여래의 진실한 말씀을 듣고서도 반드시 의혹을
품거나, 설령 가르침을 받들어 지닌다고 할지라도 때로는
비방할 것입니다.
　오직 원하옵건대 부처님께서는 지장보살마하살이 수행
시에 어떠한 행을 닦았으며, 어떠한 원력을 세웠기에 능히
이와 같은 불가사의한 일을 성취하였는지에 대하여 널리

　지장경을 읽는 즐거움

설하여 주옵소서."

문수보살님께서도 우리 중생들이 구원을 받고 성취했음에도 마음으로 이를 의심하고, 게다가 비방하는 일을 걱정하고 있는 것입니다. 왜냐하면 대부분의 중생들이 그러하기 때문입니다.

음력으로 정월이 되면, 그 해 신수와 토정비결, 사주를 보러 가시는 분들이 많습니다. 이분들은 내 운명을 내가 바꿀 수 있고 구제할 수 있다는 자기에 대한 확신이 없기 때문에 이렇게 흔들리는 것입니다. 무엇보다 부처님께서 깨달음으로써 우리 모두에게도 확신을 주신 것, 우리 모두 불성생명임을 제대로 알지 못하기 때문에 자꾸 '헛것'에 의지하려 합니다. 그러나 교육을 받고, 수행을 하고, 기도를 하고, 보살행을 통해 선근공덕을 지으면 달라집니다. 공덕을 지으면 반드시 좋은 결실을 맺을 수 있습니다. 부족한 것, 이를테면 몸·형태·재물·관계 등을 헤아리는 마음에서 벗어나지 못하고 공덕 짓는 것을 외면한다면 늘 다람쥐 쳇바퀴 돌 듯 윤회고를 면치 못합니다.

문수보살님은 이 같은 우리 중생들의 상황을 잘 아시기에 중생들이 지장보살의 원력을 의심하고 비방한다고 딱 집어서 지적하셨던 것입니다.

거듭 강조해서 말씀드립니다만, 언제 어디서든 지장보살의 명호를 들으면 '나에게 나쁜 것은 없어져 가고 좋은 것은 오고 있는 과정이구나.' 하는 것을 가슴에 담아두시기 바랍니다. 지장보살의 명호를 듣는 것만으로도 좋아지는데, 마음 깊이 염불을 하면 반드시 지금 이 순간보다 훨씬 더 좋아집니다. 지장보살을 부르는 염불을 하거나 공양을 올리면 이 공덕은 세세생생 없어지지 않고 무한히 쌓여서 크나큰 공덕이 됩니다.

먼저 자기 자신을 '사랑하라'

부처님께서 문수사리에게 말씀하셨다.
"비유컨대 저 삼천대천세계(三千大千世界)에 있는 초목과 벼
·삼대·대나무·갈대와 산의 돌과 먼지를 낱낱이 세어서
그 수만큼의 항하사(恒河沙)가 있고 또 그 가운데 한 항하
의 모래수만큼의 세계가 있다.
그리고 한 모래알로 한 세계를 삼고, 한 세계에 있는 한
티끌로 한 겁을 삼고, 한 겁 안에 있는 티끌수를 모두 채
워서 한 겁을 삼더라도, 지장보살이 10지과위(十地果位)를
증득한 이래 교화한 중생의 수는 오히려 천 배나 더 많
다. 하물며 지장보살이 성문·벽지불로 있을 때의 일이야
더 들어 무엇하리오?
문수사리여, 이 보살의 위신력과 서원은 불가사의하나니
만약 미래세의 어떤 선남자 선여인이 이 보살의 이름을
듣고 혹 찬탄하거나 혹은 우러러 예배하거나 혹은 그 이

지장경을 읽는 즐거움

름을 외우거나 혹은 공양하거나 혹은 그 형상을 채색하여 새기면 이 사람은 마땅히 백 번을 33천에 날 것이며 영원히 악도(惡道)에 떨어지지 않을 것이니라."

이 세상에서 가장 귀한 존재는 누구입니까? 지금 이 순간 만나고 있는 사람입니다. 지금 만나고 있는 사람이 제일 귀하고 지금 이 시간이 제일 귀한 시간입니다. 바로 자기 자신입니다. 일체 중생을 제도하려면 우선 나부터 제도해야 합니다. 나부터 제도가 이루어져야 다른 중생의 제도가 이루어질 수 있는 법입니다. 나의 제도는 나 자신의 신뢰로부터 출발합니다. '자기신뢰', '자기사랑'을 가져야 일체 중생을 제도할 수 있습니다.

이 세상에는 다양한 세상이 있습니다. 부처님의 세상도 있고, 마음 세계도 있고, 또 몸의 세계도 있습니다. 헤아릴 수 없이 많은 세상이 있는데, 중요한 것은 이 세상을 들여다보는 것은 바로 '나'라는 사실입니다. 내 마음의 불성이 세상을 봅니다. 이 몸과 감정, 마음을 통해서 부처님을 보는 것이 중요합니다.

"문수사리여, 이 지장보살은 저 말할 수 없이 오랜 겁 이전에 한 장자(長者)의 아들로 태어났었다. 그때 한 부처님이 계셨으니 그 부처님의 이름은 사자분신구족만행여래이셨다. 장자의 아들은 부처님의 상호가 천 가지 복으로 장엄되어 있음을 보고 곧 그 부처님께 여쭈었다.

'어떤 수행과 원력을 갖추어야만 이와 같은 상호(相好)를 얻을 수 있습니까?'

그때에 사자분신구족만행여래는 장자의 아들에게 이렇게 말했다.

'이와 같은 몸을 증득하기 위해서는 오랫동안 고통받고 있는 중생들에게 마땅히 그 고통에서 벗어나게 해 주어야 한다.'

문수사리여, 이 말씀을 들은 장자의 아들은 서원을 발하되 '나는 지금부터 미래세에 가히 헤아릴 수 없는 겁이 지나도록 죄업으로 고통 받고 있는 6도중생(六道衆生)들을 위하여, 모든 방편을 사용하여 그들을 모두 해탈케 하고서야 비로소 나 자신도 불도를 이루리라' 하였다. 그 부처님 앞에 이와 같은 큰 서원을 세웠으니 그로부터 지금까지 백천 만억 나유타(那由陀) 불가설겁 동안 항상 보살행을 닦았다."

'한 중생이라도 지옥에서 고통 받는 자가 있다면 성불하지 않겠다'는 지장보살의 서원을 밝히고 있는 대목입니다. 그렇게 서원했기 때문에 지금까지 지장보살님은 부처를 이루지 않고 보살로 계신 것입니다.

여기에서 '나'는 서원입니다. 서원은 맹세입니다. "원하는 것은 반드시 성취할 것이고 발원하는 것은 그대로 다 성취될 것이다."

지장경을 읽는 즐거움

하는 것입니다. 부처님으로부터 내 마음이 정화가 되면 편안한 정신세계로 이루어져 몸까지 비춰질 수 있게 됩니다.

진실한 마음에는 반드시 감응이 있습니다. 수행과 기도를 통해 체득하는 것이 있습니다. 이 육체만 먹이고 입히면서 살아가는 것이 아니라 기도하고 예경하고 부처님을 공경하고 수승(殊勝)한 가르침을 따르는 불자가 되어 마음을 살리면 모두 성취할 수 있습니다. 아니 이미 성취되어 있습니다. 앞에서 제가 거듭 강조한 것처럼 공부하신다면 필경에는 부처님같이 미묘하고 완전하고 원만한 불성생명이 드러남을 알 수 있을 것입니다. 그러기 위해서는 매일매일 순간순간 발원하고 수행하고 보살행을 실천해야 합니다.

그냥 지금 좋아하고, 그냥 지금 예뻐하고 행복하라

지장경 공부는 읽기만 해도 업장이 소멸됩니다. 앞에서 지장보살을 음성으로 듣는 것만으로도 과거 전생의 업보가 다 소멸되고 현세에는 복락과 지혜와 이익이 되는 삶을 구현할 수 있다고 말씀드린 바 있습니다. 지장경 공부는 읽는 것만으로도 탐욕 제거의 효과가 있고, 공덕이 생깁니다. 즉 업장은 소멸하고 탐욕은 제거하고 공덕은 쌓아나가는 것이 지장경 공부입니다.

대부분의 사람들은 지금 당장 눈에 보이는 것만 중요시하지 과거 전생에 있었던 것은 간과합니다. 앞날을 풍요롭게 열기 위해서는 지장경 공부를 해야 합니다. 지장경을 공부하고 예경하는 것은 앞날의 문을 열기 위함입니다. 보다 많은 풍요로움과 지혜로움과 행복을 가져갈 수 있다는 확신에서 출발합니다. 지장보살을 신행하면 생기는 공덕 열 가지를 다시 한 번 상기해 보시기 바랍니다.

첫째, 넓고 풍요로운 땅을 가질 수 있다.
둘째, 평안하고 안락한 마음이 유지된다.
셋째, 먼저 돌아가신 영가들이 모두 천도된다.
넷째, 건강하고 수명이 길어진다.
다섯째, 구하는 것을 마침내 얻을 수 있게 된다. 금생에 못하면 다음 생에라도 얻을 수 있다.
여섯째, 물이나 불과 관계되는 재앙을 피할 수 있다.
일곱째, 헛된 낭비가 없어진다.
여덟째, 악몽과 잡귀가 끊어진다.
아홉째, 다니는 곳마다 신장님이 보호해 준다.
열째, 훌륭한 스승을 만날 수 있다.

이 열 가지 공덕 외에도 지장경은 모든 소원을 성취시켜 주는 참으로 신통한 경전입니다. 제가 스스로 경험하고 수행하여 얻은 결과이기에 자신 있게 말씀드릴 수 있습니다. 이 열 가지 공덕은 행복의 비결이기도 합니다. 옛날식의 표현을 쓰긴 했지만, 현대의 상황에 맞춰 풀이하면 됩니다.

첫째는 물질적으로 풍족해진다는 것이고, 둘째부터 다섯째까지는 예나 지금이나 같습니다. 여섯째는 물난리(홍수)·화재·지진 등 인력으로 어쩔 수 없는 자연재해를 피해갈 수 있다는 것입니다. 일곱째는 뭐든 사고 싶어 하고 갖고 싶어 하는 사람들은 낭비가 심해 평생 물질에 허덕이며 살아가는 경우가 많습니다. 그런데 이 같은 사치와 욕심이 없어지므로 늘 편안하게 살게 된다는 것입니다. 여덟째, 가위눌림 같은 악몽을 꾸지 않게 되므로 잠자리가 편해집니다. 아홉째는 화엄신중이 보호하므로 만사가 원만하고 편안합니다. 열째, 훌륭한 스승을 만나 가르침을 받고, 중생의 안목을 부처님의 안목으로 바꾸게 되므로 진정한 행복을 누릴 수 있는 것입니다.

행복은 매달린다고 해서 이루어지지 않습니다. 지금 있는 그대로 풍요롭다고 생각하는 사람은 거기에 따른 부(富)가 따를 것이고, 지금 행복하다고 말하고 생각하고 행동하는 사람은 행복한 일이 저절로 찾아옵니다.

저의 은사스님께서는 이러한 내용의 설법을 아주 많이 해 주셨습니다. 스님께서는 늘 그냥 지금 좋아하고, 지금 그냥 예뻐하라고 하셨습니다. 지금 만나고 있는 사람이 제일 예쁘고 행복한 사람입니다. 빚쟁이를 만나더라도 가장 행복한 사람과 만나고

있다고 생각해야 합니다. 그럼 당신이 세상에서 가장 행복한 사
람입니다.

깨달으면 자유 자재롭다

또한 헤아릴 수 없는 과거 아승지겁(阿僧祇劫)에 한 부처님
이 계셨으니 그 명호는 각화정자재왕여래였다. 그 부처님
의 수명은 사백천 만억 아승지겁이었다. 그 부처님의 법이
전해지던 상법(像法)의 시기에 한 바라문의 딸이 있었으
니, 여러 생애 동안 닦은 복이 깊고 두터워서 대중의 존경
과 사랑을 받았으며 가고, 머물며, 앉고 누울 때 여러 하
늘 신들이 그녀를 도와주고 지켜 주었다.

각화정자재왕여래(覺華定自在王如來), 이 부처님의 이름에서 불
교의 핵심 용어가 여럿 나옵니다. 불교는 깨달음의 종교인데,
'깨달을 각(覺)'이 이름 첫 자에 들어 있습니다. '각'은 '안다'라는
뜻입니다. 아는 만큼 넉넉해지고 아는 만큼 행복해지고 아는 만
큼 기뻐집니다. 진리를 깨달으면 자유자재롭습니다. 설령 나쁜
일이 닥쳤다 하더라도 괴롭거나 허둥대지 않습니다. 그 원인을
알고 있는데, 누구를 원망하며 괴로워하겠습니까?
　깨달음의 주체는 자기 자신입니다. 앞에서도 말씀드렸지만 육

신의 깨달음은 조건·환경적입니다. 깨달음의 단계로 들어서게 되면 조건과 환경이 좋아지게 돼 있습니다. 좋은 감정을 불러오고, 인간관계가 좋아지고, 물질적으로 풍요로워집니다. 부처님의 세계는 광대무변의 세계이므로 좋든 싫든 집어넣기만 하면 반응하게 됩니다. 자신이 그동안 왜 박복하게 지냈는지 기도하고 정근하면서 들여다보십시오. 흰 우유를 먹어도 빨간 피가 되는 법, 아무리 박복한 사람일지라도 기도하고 정근하면 깨닫게 되고 삶의 질이 달라집니다. 이 원리를 잘 알아야 합니다.

'상법'은 부처님의 법과 근접한 때를 이릅니다. 부처님께서 세상에 머무시던 시대를 정법시대라고 한다면 그 이후 정법시대와 가장 가까운 시기를 상법시대라 하고, 지금은 말법시대라고 합니다.

'바라문'은 산스크리트어 브라만(Brahman)을 한자(漢字)로 음역(音譯)한 것으로 인도의 사성계급제도인 카스트 제도의 가장 높은 계급, 즉 제사장·성직자 계층을 뜻합니다. 그래서 이들이 숭배한 종교를 브라만교라고 했습니다.

상법시대에 한 바라문의 딸이 있었는데, 복이 많아서 대중들의 존경을 받았으며, 다니고 머물고 앉고, 눕고 하는 일상 속에서 여러 신들이 호위하였다고 합니다. 지금도 인도는 카스트 제도가 뿌리 깊이 남아 있습니다. 또한 집안의 일가친족이 자기 가문의 명예를 훼손했다는 죄목으로 여성을 살해할 정도로 성차별이 매우 심한 나라입니다. 2600년이 지난 오늘날도 이러한

데 그 옛날 인도는 어떠했을지 짐작할 수 있습니다. 비록 바라
문 계급이라 할지라도 여성의 신분은 하찮았던 시절에 숙세의
복이 심후한 덕분에 대중의 존경을 받고, 여러 신들의 호위를
받을 수 있었다는 점을 눈여겨봐야 합니다.

인과를 믿지 않는 과보

그러나 그녀의 어머니는 항상 3보를 가벼이 여겼다. 그때
이 성녀(聖女)는 널리 방편을 베풀어, 어머니에게 비유로써
권하여 바른 견해를 내도록 하였으나, 마침내 믿음을 일
으키지 못하고 오래지 않아 목숨을 마치게 되니 그는 무
간지옥(無間地獄)에 떨어지고 말았다.

국어사전에서는 사도(邪道)를 올바르지 않은 그릇된 길, 사회
에 해를 끼치는 그릇된 종교라고 풀이하고 있습니다. 불교에서
는 정도(正道)를 강조하는 것만큼이나 사도를 경계하고 있습니
다. 부처님께서는 종교라는 이름으로 행해질 때 더욱 더 무자비
한 악행을 저지를 수 있다는 것을 익히 알고 있었기에 그토록
강조하셨을 것입니다. 성녀의 어머니는 사도를 믿었기 때문에 3
보를 가벼이 여겼는데, 성녀의 지극한 권유 덕분에 한때는 정견
이 생겼지만, 완전한 믿음이 생기지 않아 무간지옥에 떨어졌다

지장경을 읽는 즐거움

는 것입니다.

그녀의 어머니는 왜 악도에 떨어졌을까요? 인과(因果)를 믿지 않았기 때문입니다. 부처님의 가르침을 믿지 않았기에 악도에 떨어진 것입니다. 우리 모두 부처가 될 수 있다는 일체 중생 실유불성을 믿지 않고, 인과의 법칙, 인연법을 믿지 않아서 무간지옥에 떨어졌다 해도 과언이 아닙니다.

> 그때 바라문의 딸은 모친이 생전에도 인과를 믿지 않았으므로, 어머니는 업에 따라 반드시 악도(惡道)에 떨어졌음을 알고, 집을 팔아서 널리 향과 꽃 등의 여러 가지 공양구를 갖추어 부처님을 모신 탑사(塔寺)에 나아가 지극한 공양을 올렸다.
> 그녀는 각화정자재왕여래의 상호가 그 절에 모셔진 불상과 벽화 중에서도 으뜸가는 위용인 것을 보고 홀로 우러러 보며 말했다.
> "부처님은 대각(大覺)이시니 일체 지혜를 갖추고 계십니다. 만약 부처님께서 세상에 계셨더라면 돌아가신 우리 어머니가 어디로 가셨는지 여쭈어 알 수 있었을 것을…."

바라문의 딸은 어머니가 인과를 믿지 않았기에 악취에 떨어질 것을 짐작하여 알고 가택을 팔아서 공양을 올리다가 각화정자재왕여래를 뵙고 오래도록 슬피 울며 어머니 계신 곳을 알게 해 달라고 염하였습니다. 그러자 각화정자재왕여래께서 바라문녀의 정이 보통사람들보다 곱절이나 되어서 알려 주겠다고 하시는 것입니다. 여기에서 불교 교리인 업감(業感)에 대해 살펴볼 필요가 있습니다. 업감은 인과를 믿지 않으면 악취에 떨어지는 것처럼 선악(善惡)의 업에 따라 고락(苦樂)의 과보를 받는 것을 뜻합니다.

업은 하나의 법칙입니다. 반면 현상은 몸과 생각·행위에 따라 달라집니다. 몸의 상태에 따라, 또 생각을 어떻게 하느냐에 따라 행위가 달라지듯이 현상이 달라지는 것입니다. 반면에 마음은 오고 감이 없습니다. 마음의 종류도 아주 다양합니다. 마음 심(心) 자가 들어간 한자만 살펴봐도 짐작할 수 있습니다.

감(感, 憾), 기(忌, 懟, 忮), 비(悲), 사(思), 서(恕), 석(惜), 성(性), 염(念), 욕(慾), 의(意), 자(慈, 恣), 정(情, 忹, 悝) 등등 마음심자가 들어간 한자는 헤아릴 수 없을 정도로 많은데, 대부분 생각·의식·느낌에 대한 것으로 이루어져 있습니다. 마음은 두뇌가 작동되는 생각이나 의식보다는 정서에 더 가깝습니다. 온갖 느낌과 감정, 기분의 상태를 정서라고 표현하는데, 생각을 어떻게 하느냐에 따라서 정서의 질서가 생깁니다. 또한 안정된 정서는 행복의 척도가 될 수 있습니다. 기분이 좋다, 나쁘다 하는 감정에 따라 행복하다, 불행하다는 감정을 느낄 수 있기 때문입니다.

하지만 위에서 살펴본 것처럼 마음 심 자가 여러 가지 의미로 쓰였듯이 변하고 흔들리는 감정을 마음이라고 하는 게 틀리지

지장경을 읽는 즐거움

는 않아요. 그러나 실제로 변치 않고 흔들림이 없는 마음도 있습니다. 불성, 근원적인 마음이 그러한 흔들림 없는 마음의 대표주자일 것입니다. 그러나 이 몸과 생각과 행위에 언제나 마음이 들어 있다는 것을 알아야 합니다. 몸·생각·행위의 주체가 마음이고, 따라서 업연의 세계를 만들어내는 작자도 마음입니다. 마음을 어떻게 쓰느냐에 따라 온갖 업연이 만들어집니다.

우리는 과거 전생과 이생의 업연으로 지금 이 자리에 있습니다. 업이라 하면 부정적인 이미지로 생각하거나 느끼는 분들이 많은데, 업연은 좋은 것도 나쁜 것도 아닙니다. 우리가 지금 이 순간 그 업연 덕분에 인간 몸을 받고 불교를 만나서 불자가 되고 신행활동을 하면서 또 다른 선업을 짓고 있기 때문입니다. 세상은 물론이고 자기 자신의 마음을 바라볼 때 한쪽에 치우치지 마십시오. 늘 다양하게 열린 시각으로 바라보는 연습을 해야 합니다.

불교에서는 식(識)과 자각(自覺)과 존재(存在)를 중요하게 여깁니다. 식(識, vijñāna-skandha)은 구별하여 아는 것을 의미하며, 감관에 의지하여 대상을 인식하는 마음을 가리키는 말입니다. 우리 현실의 세계에 나타나 있는 것을 표의식(表意識)이라고 합니다. 의식은 지금 내가 느끼고 있는 것, 잠재의식(潛在意識)은 보이지 않는 의식이며, 이보다 더 깊이 들어가서 심층의식(深層意識)이 있습니다.

이를 불교식으로 풀이하면 표의식은 눈·귀·코·혀·몸의 다섯 가지 감각 기관을 거쳐서 인식하는 5식이고, 의식은 대상을 인식하는 마음으로 여섯 번째라 하여 6식(識)이라 하며, 잠재의식은 7식 말라식(末那識, manas-vijñāna)으로 좀 더 깊은 곳에 있는 마음을 뜻합니다. 심층의식은 8식 아뢰야식으로 마음 깊은 곳에 있는 아뢰야식에 업이 씨앗처럼 자리 잡아 인간의 모든 활동의 근원이 되는 것으로 봅니다. 아뢰야식은 불성으로 이해하셔도 됩니다.

바라문의 딸은 오랫동안 부처님을 우러러보며 흐느껴 울었다. 그때 문득 하늘에서 소리가 들려왔다.

"성녀여, 슬퍼하지 말라. 내가 이제 그대의 어머니가 간 곳을 일러주리라."

바라문의 딸은 허공을 향하여 합장하고 말했다.

"어느 신덕(神德)이시기에 저의 근심을 살피시옵니까? 저는 어머니가 돌아가신 이래로 어머니가 나신 곳을 밤낮으로 생각하고 있었습니다."

그때 공중에서 말했다.

"나는 그대가 바라보고 있는 과거의 각화정자재왕여래이다. 그대가 어머니를 생각하는 것이 다른 중생의 생각보다 곱절이나 더하므로 일러주는 것이다."

바라문의 딸은 이 말씀을 듣고 스스로 몸을 부딪쳐 팔다리가 모두 상하였다. 좌우에서 사람들이 부축하여 돌보아

한참 만에 소생한 후 다시 공중을 향하여 말했다.

"바라옵건대 부처님께서는 자비로써 저를 불쌍히 여기시어 저희 어머니가 나신 곳을 속히 일러주옵소서. 저는 오래지 않아 곧 죽을 듯합니다."

바라문의 딸이 자기 어머니가 악취에 떨어질까 두려워하며 슬피 울고 있습니다. 이때 각화정자재왕여래가 그 마음을 갸륵하게 여겨 일러준다고 합니다. 바라문의 딸은 그 말씀을 듣고 곧 죽을 것 같다고 하면서 속히 알려달라고 간청합니다. 바라문의 딸을 보면서 어떤 생각이 드십니까? 효녀 중의 효녀인 바라문의 딸을 거울삼아 본받아야겠다는 마음이 들었다면 이 책을 만든 보람이 커질 것 같습니다.

이왕 거울 이야기가 나왔으니 거울 얘기를 좀 해 보겠습니다. 우리는 늘 거울을 봅니다. 그런데 거울은 왜 볼까요? 거울을 보려고 거울을 보는 사람은 없습니다. 자기 얼굴, 자기 모습을 비춰 보기 위해 거울을 봅니다. 그렇지만 아무리 거울을 본다 해도 형상만 볼 수 있을 뿐 정작 자기 자신을 보는 안목이 길러지는 것은 아닙니다. 우리가 갖고 있는 이 몸뚱이는 어떻게든 겉모습만을 보려 합니다. 하지만 정말 자기를 제대로 보려면 자기 마음을 보아야 합니다. 겉모습을 보기 위해서는 거울을 보면 되는데 마음을 보려면 어떻게 해야 할까요?

마음에도 여러 단계가 있습니다.

첫째, 내 마음을 이해할 수 있는 척도는 생각에 있습니다.

둘째, 언어를 통해 마음을 보고 이해할 수도 있습니다.

셋째, 행위에 의해 이해할 수 있고 결정될 수도 있습니다.

달리 말하면, 우리가 갖고 있는 몸과 마음은 다르지 않습니다. 이는 아주 중요한 말입니다. 거꾸로 생각하면, 몸 안에도 불성이 있고 마음에도 불성이 있습니다. 이를 더 자세히 들여다보면 마음은 인(因)으로 '씨앗', 몸은 과(果)로 '열매'에 해당합니다. 내가 몸을 갖고 살아가면서 생각하고 행동하는 그 모든 것을 다음 생까지 짊어지고 가게 됩니다. 그 무엇보다 이러한 점에 대해 먼저 인식하고 이해해야 합니다.

불교에서는 애초부터 병들고 늙고 죽는 것은 없다고 가르칩니다. 반야심경에 나오는 '무안이비설신의(無眼耳鼻舌身意)'라는 구절도 이 가르침에 기초합니다. 그런데도 부모를 만나거나 다음 생에 또 부모를 만나거나 또 다음 생에 부모를 만나거나 마음과 몸의 불성이 작용을 해서 인연을 짓게 됩니다.

이 몸 즉 5근(눈·귀·코·입·몸)이 현실이라면 마음은 본질에 속합니다. 어떤 이가 이 몸을 보면서 부족하다고 여긴다면 그것은 바로 중생심에서 비롯된 것입니다. 자신을 자꾸 불행하다고 여기고 절망하며 어리석은 행동을 하는 것 또한 중생심 때문입니다. 중생심에서 벗어나 긍정과 밝음으로 들여다보면 이와 반대로 풍요가 깃들고 사랑이 깃듭니다. 감각이 남달라지며 지혜가 넘쳐나게 됩니다.

지장경을 읽는 즐거움

사람들이 물질적 결핍이나 정신적 빈곤에 허덕이는 것은 몸과 마음을 따로따로 분리해서 보기 때문입니다. 몸은 환경의 영향을 받습니다. 이와 관련해서 석가모니 부처님께서는 "나도 부처요, 너희도 부처다. 단지 나는 부처임을 알고, 너희는 부처임을 모를 뿐"이라고 하셨습니다. 우리 스스로 5근을 가지고 들여다보면 어리석은 자는 자꾸 부족하다 생각하고, 말하고, 행동하기 때문에 신고(身苦)가 늘 따라다닙니다. 마음의 작용을 좇아 몸도 변화합니다. 따라서 정심(正心), 마음을 바르게 갖기 위해 노력해야 합니다. 8정도(八正道)만 실천해도 신수가 훤해집니다. 8정도가 내적 수도라면 6바라밀은 외적 수행입니다. 우선 내적으로 수도를 잘해야 외적 수행이 잘 뒷받침할 수 있습니다.

심여공화사(心如工畵師)	마음은 화가와 같아서
화종종오음(畵種種五陰)	오음 따라 온갖 것을 그리네.
일체세간중(一切世間中)	일체 세간의 것들을
무법이부조(無法而不造)	만들지 못하는 것이 없도다.
여심불역이(如心佛亦爾)	마음과 같이 부처도 또한 그러하고
여불중생연(如佛衆生然)	부처와 같이 중생도 그러하니
심불급중생(心佛及衆生)	마음과 부처와 중생
시삼무차별(是三無差別)	이 셋이 차별이 없도다.

화엄경의 대의가 위 게송에 담겨 있다 해도 과언이 아닌데 지

장경도 마찬가지입니다. 지금 몸과 마음이 풍요롭다고 스스로 생각하면 반드시 좋은 결과를 얻게 됩니다. 그래서 인(因)을 먼저 잘 가꿀 필요가 있습니다. 옥수수 씨앗을 심고 감자 씨를 심어 수확을 기대하듯이 마음인 '인(因)'을 잘 가꾸면 신수가 훤한 몸이 될 수 있다는 얘기입니다.

생각으로 마음을 이해하려면 먼저 자기 생각을 풍요롭게 해야 합니다. 자기 마음을 잘 들여다보려면 언어로도 행복하고 좋은 말을 자꾸 해야 합니다. 또한 고마운 마음을 가지고 감사한 행동을 늘 실천해야 합니다.

마음이 이 세계의 주인입니다. 현실의 세계를 만드는 것 또한 이 마음입니다. 몸은 마음에 따라 움직이는 꼭두각시와 같은 것입니다. 그렇기 때문에 고마운 마음, 행복한 마음, 풍족한 마음을 가지면 고맙고 행복하고 풍족해집니다. 부처님께서 대광명운을 발신하신 것처럼 무한정으로 행복을 공급해 주고 있는데 다만 우리가 그 마음을 제대로 갖지 못해서 받아들이지 못했을 뿐입니다. 우리 몸은 그냥 단순한 몸이 아니라 불성이 깃든 소중한 생명체입니다. 불성생명 자체인 이 몸과 마음을 가진 우리 모두는 부처님과 똑같은, 세상 무엇과도 바꿀 수 없는 귀하디 귀한 존재입니다.

업력으로 살 것인가?
원력과 위신력으로 살 것인가

그때 각화정자재왕여래가 성녀에게 말씀하셨다.

"그대는 공양을 마치고 일찍 집으로 돌아가서 단정히 앉아 나의 명호를 생각하면 곧 그대의 어머니가 난 곳을 알게 되리라."

바라문의 딸은 부처님께 예배하기를 마치고 집으로 돌아와, 어머니를 생각하며 단정히 앉아 각화정자재왕여래의 명호를 외우며, 하룻밤 하룻낮을 보낸 후, 자신이 홀연히 어느 바닷가에 있음을 알게 되었다. 그 바다를 보니 물이 펄펄 끓고 있었으며 온 몸이 쇠로 덮인 여러 악한 짐승들이 바다 위를 날아다니기도 하고 동서로 마구 달리고 있었다. 또한 백천만 명의 남자와 여자들이 물속에서 허우적거리다가 사나운 짐승들에게 잡아먹히고 있었다. 또 야차(夜叉)들이 있었는데 그 생김새가 각각 달랐다. 손과 발이 많고 여러 개의 눈을 가졌으며 입 밖으로 튀어나온 어금니는 날카로운 칼날 같았다.

이들은 뭇 죄인들을 몰아다가 사나운 짐승에게 죽임을 당하게 하고 또 사람들을 거칠게 움켜잡아 머리와 발을 서로 엮어 괴롭게 하는 모습이 수천 가지나 되어 차마 눈 뜨고 볼 수 없었다. 그러나 바라문의 딸은 부처님을 생각하는 마음으로 두려움이 없었다.

여기에 무독(無毒)이라는 귀왕(鬼王)이 있어서 머리를 숙여 그녀를 맞으며 말했다.

"보살이시여, 무슨 일로 이곳에 오셨습니까?"

바라문의 딸이 귀왕에게 물었다.

"이곳은 어느 곳입니까?"

무독이 말했다.

"이곳은 대철위산(大鐵圍山) 서쪽의 첫 번째 바다입니다."

성녀가 다시 물었다.

"내가 듣건대 철위산 속에 지옥이 있다고 하는데 그것이 사실입니까?"

"실로 지옥이 이곳에 있습니다."

"그렇다면 내가 어떻게 지옥이 있는 곳에 와 있습니까?"

"부처님의 위신력이 아니라면 업력에 의한 것입니다. 이 두 가지 힘이 아니면 이곳에 올 수가 없습니다."

성녀가 어머니를 생각하며 각화정자재왕여래 염불을 하면서 하룻밤 하룻낮을 지내더니 지옥이 있는 곳에 이르렀고, 위신력이 아니면 업력으로 지옥에 이르게 된다는 말씀에 눈이 번쩍 뜨이십니까? 억지로라도 뜨셔야 합니다. 위신력과 업력의 차이는 상상할 수조차 없을 정도로 큽니다.

세상살이도 마찬가지입니다. 우리는 사바세계에 살고 있습니다. 사바세계는 참고 인내해야만 하는 고통스런 세계입니다. 업력으로 살아가는 사람은 늘 고통 속에 허덕이지만, 똑같은 상황일지라도 원력과 위신력으로 살아가는 사람은 언제 어디서나 행복합니다. 불교를 통해 얻어야 할 두 가지가 있으니 그 중에 하나가 위신력입니다. 그러기 위해서는 끊임없이 수행해야 합니다. 한편 수행을 하시면서 절대 찡그려서는 안 됩니다. 기쁜 마음으로 수행하다 보면 위신력이 생기고 지옥고를 면할 수 있습니다. 지옥이 그대로 극락이 될 수 있습니다.

대부분의 중생들은 업력이 아니면 지옥에 갈 이유가 없습니다. 하지만 대승보살은 지옥 중생들을 구제하기 위해 원력으로 위신력으로 지옥에 갈 수 있습니다. 악업을 지어서 지옥에 떨어지는 것과 지옥 중생을 구원하기 위해 일부러 지옥에 가는 것은 차원이 다릅니다. 부처님의 가르침을 배우고 이해하고 깨달으면 자기 자신 안에 있는 불성생명이 위신력으로 드러나게 되어 있습니다. 그 신통묘용한 위신력이 생사를 자재롭게 하고 자기 자신은 물론이고 주위의 인연들까지 편안하게 해 줍니다.

좋은 쪽으로 되게 하라

성녀가 다시 물었다.

"이 물은 무슨 이유로 끓어오르며 어찌해서 죄인과 사나운 짐승들이 이렇게 많습니까?"

무독이 대답했다.

"이들은 남염부제(南閻浮提)에서 여러 가지 악업을 지은 중생들입니다. 죽은 지 49일이 지나도록 죽은 자를 위해서 공덕을 베풀고 고난에서 벗어나게 해 주는 이가 한 사람도 없고, 살아 있을 때에도 착한 일을 한 적이 없어서 그 업에 따라서 지옥에 가야 합니다.

지옥에 가는 중생들은 먼저 자연히 이 바다를 건너가야 합니다. 이 바다의 동쪽으로 10만 유순(由旬)을 지나면 또 바다가 있습니다. 그곳의 고통은 이곳의 배가 되며 그 바다의 동쪽에 또 바다가 있으니 그곳의 고통도 다시 이곳의 다섯 배나 됩니다. 이 고통은 3업(三業)으로 인해 받는 과보이므로 이곳을 일러 업의 바다라고 합니다."

성녀가 무독귀왕에게 다시 물었다.

"지옥은 어디에 있습니까?"

"이 세 바다 안이 모두 지옥입니다. 그 지옥의 종류는 백천 가지이지만 큰 지옥은 열여덟 곳이며 다음으로 오백 곳의 지옥이 있는데 그 고통은 한량없습니다."

"나의 어머니는 돌아가신 지 얼마 되지 않았습니다만, 혹 어느 곳으로 가셨는지 알 수 없습니까?"

"보살의 어머니는 세상에 있을 때 어떤 행업을 지으셨습니까?"

"어머니는 바르지 못한 생각으로 3보를 비방하였고 또 설령 믿었다고 하더라도 잠깐 믿고 곧 공경치 않았습니다. 돌아가신 지 며칠이 안 되었으니 태어나신 곳을 알 수 없습니까?"

"보살의 어머니 성씨는 무엇입니까?"

"저의 부모님은 두 분 모두 바라문(婆羅門)의 후손으로서 아버지의 이름은 시라선견(尸羅善見)이며 어머니의 이름은 열제리(悅帝利)입니다."

무독귀왕은 합장하고 보살에게 말했다.

바라건대 보살은 슬퍼하거나 염려하지 마시고 집으로 돌아가소서. 죄업을 지은 열제리부인이 천상에 난 지 이제 사흘이 되었습니다. 효순을 행하는 딸이 어머니를 위하여 각화정자재왕여래의 탑사에 공양하고 복을 닦은 공덕으로, 보살의 어머니뿐만 아니라 그날 이 무간지옥에 있던 죄인들도 모두 함께 천상에 태어나 즐거움을 누리고 있습니다."

무독귀왕은 말을 마치고 합장하며 물러갔다.

성녀의 어머니가 지옥에 떨어진 이유가 무엇인지 명심해야 합니다. 인과를 믿지 않고 3보를 가볍게 여겼기 때문입니다. 우리가 살아가면서 꼭 지켜야 할 것을 세 가지만 알려드리겠습니다. 첫째 불(佛)·법(法)·승(僧) 3보를 비방해서는 절대 안 됩니다. 둘째 인과(因果)를 꼭 믿고 악행을 그치고 선행을 해야 합니다. 셋째 5계를 지켜야 합니다. 이 세 가지만 실천하면 자기도 모르는 사이에 크나큰 위신력이 생깁니다. 이 세상이 무너진다 해도 이 분들은 무너지는 법이 없습니다.

업은 본래 좋고 나쁜 게 없습니다. 다만 지나온 세월 동안 감정을 표현하는 것에 따라서 나타나는 양태가 다를 뿐입니다. 관상학에도 보면, 남에게 사기를 치고 거짓말을 잘하는 사람은 안경 너머로도 보입니다. 정초기도를 하면서 일은 적게 하고 복을 많이 가져가겠다고 하면 합당한 일이겠습니까? 발원할 때 "일을 많이 하고 보시는 주시는 만큼 감사히 받겠습니다."라고 하는 것이 합당한 것입니다.

의식화, 자기화, 사회화, 현실화, 종교화 등 '화(化)'는 '되게 하는' 것입니다. 되게 하려는 이유가 무엇이겠습니까? 어떻게든 좋은 쪽으로 되게 해야 합니다. 행복하게 되고 기쁘게 되고, 좋게 될 수 있도록 마음을 향하고 선행을 하면 자기 자신도 의식하지 못하는 사이에 언제나 좋은 쪽으로 결과가 이어집니다. 향 내음이 은은히 배어들 듯 명훈가피력을 입어 좋은 쪽으로 됩니다.

"보살의 어머니뿐만 아니라 그날 이 무간지옥에 있던 죄인들도 모두 함께 천상에 태어나"라는 경전 구절처럼 우리의 수행과 복덕으로 우리의 이웃을 구원할 수 있습니다. 좋은 인연을 만나면 한순간에 지옥 중생에서 천상의 하늘 사람이 되어 즐거움을 누릴 수 있는 것입니다. 그 정반대의 경우도 있겠지요. 여러분은

지장경을 읽는 즐거움

어떤 인연을 만나시겠습니까? 이웃에게 어떤 인연이 되시겠습니까?

서원을 세우고
항상 예경하고 공양하라

바라문의 딸은 꿈인 듯 집으로 돌아와 이 일을 깨닫고 각화정자재왕여래의 탑사에 나아가 큰 서원을 세웠다.
'원하옵건대 저는 미래겁이 다하도록 죄업으로 고통받는 중생들이 있으면 널리 방편을 베풀어 제도하겠습니다.'
부처님께서 문수사리에게 말씀하셨다.
"그때 무독귀왕은 지금의 재수보살(財首菩薩)이며, 바라문의 딸은 바로 지장보살이니라."

이렇게 지장보살이 출현하게 된 인연 이야기와 부처님께 예경하고 공양하는 공덕에 대해 밝혀주고 있는 지장경 제1 도리천궁신통품의 막이 닫힙니다. 특히 가산을 모두 팔아서 공양 올리는 대목에서 '내가 지니고 있는 고약함이나 내가 가지고 있는 두려움, 어렵다고 말하는 모든 것들을 다 지장보살에게 올려라, 그러면 지장보살이 치유해 주고 해탈케 해 줄 것이다.'라는 것을 알아차려야 합니다.

우리가 서원을 세우고 불보살님께 예경을 하고 공양을 올리는 것은 자기 자신을 위해서 하는 것이기도 하지만 주변의 타인을 위한 것이기도 합니다. 우리의 공양과 예경이 주변사람들에게 '본래 고통이 없다'는 것을 깨우쳐 줍니다. 가난하여 불보살님께 공양을 올리기 힘들다는 분들이 있는데, 물질이 동반되면 좋겠지만, 물질 없이 할 수 있는 공양도 아주 많습니다.

선한 행위·언어·생각으로 공양을 올리면 됩니다. 우리는 모두 위대한 본성(本性)을 지니고 있기 때문에 정성을 다해서 불보살님 전에 예경하고 공양하면 지난날 알게 모르게 지은 악업이 다 사라져 현생에 좋은 복락을 누리게 됩니다.

지장경을 읽는 즐거움

제2 분신집회품

分 身 集 會 品

—

지장보살의 분신들이 모여들어
부처님께 수기를 받다

分身集會品

제2 분신집회품

分 身 集 會 品

—

지장보살의 분신들이 모여들어
부처님께 수기를 받다

　　지장경 제1 「도리천궁신통품」에서는 지장
보살이 출현하게 된 인연 이야기와 공양을 올리고 중생을 제도
한 크나큰 공덕에 대해 말씀하셨습니다. 제2 「분신집회품(分身集
會品)」에서는 헤아릴 수 없이 많은 지장보살의 분신(分身)들이 도
리천궁으로 모여들어 부처님께 공양을 올리고 일체 중생으로
하여금 고통에서 벗어나 열반의 즐거움을 얻게 하겠다는 서원
을 세우고, 부처님께서 기뻐하며 지장보살에게 "중생을 널리 제
도하고 마침내 깨달음을 이루리라."는 수기를 주시는 내용이 담
겨 있습니다.

지장보살의 분신들과 교화 받은
중생들이 도리천궁으로 모여들다

그때 가히 셀 수도, 생각할 수도 헤아릴 수도 없는 한량없는 아승지세계의, 모든 지옥에 있던 지장보살의 분신(分身)들이 도리천궁으로 모여들었다. 또한 여래의 위신력으로 각각의 방면에서 여러 가지 해탈을 얻어 생사의 수레바퀴에서 벗어난 수많은 자들도 모두 꽃과 향을 가지고 와서 부처님께 공양드렸다.

이와 같이 함께 모인 무리들은 모두 지장보살의 교화를 받아 아뇩다라삼먁삼보리에서 영원히 물러나지 않게 된 중생들이었다. 이들은 저 멀고 먼 과거세로부터 생사의 물결 속에서 표류하면서 6도(六道)의 고통을 받으면서 잠시도 쉬지 못하다가 지장보살의 광대한 자비와 깊은 서원으로 각각 도과(道果)를 얻었으며 도리천에 태어나게 되었다. 이들은 매우 기쁜 마음으로 부처님을 우러러보며 잠시도 한눈을 팔지 않았다.

'분신집회'는 한자 그대로 '몸을 나누어 모인다'는 뜻입니다. 지장보살은 우리 중생들이 발원하면 언제 어디에서든지 분신을 나투어 우리를 도와주고 보살펴 주십니다. 중생이 한량없이 많은 것처럼 지장보살의 분신도 헤아릴 수 없이 많습니다.

지장경을 읽는 즐거움

제2 분신집회품은 아승지세계의 모든 지옥에서 중생들을 교화하던 지장보살의 분신들이 도리천궁으로 모여들고, 여래의 위신력으로 해탈을 얻어 생사의 수레바퀴에서 벗어난 자들도 꽃과 향을 가지고 와서 부처님께 공양을 올리는 모습이 그려져 있습니다. 오랜 세월 동안 6도(지옥, 아귀, 축생, 아수라, 인간, 천상)에서 고통 받던 중생들이 지장보살의 교화를 받아 도과를 얻어 도리천에 태어나게 되었다는 것입니다. 온 우주의 한 중생 한 중생을 구하기 위해 그때그때 그 중생에게 맞는 모습으로 지장보살이 분신을 하고, 그 수많은 지장보살의 분신들 덕분에 지옥에 떨어지지 않은 수많은 중생들이 몰려오는 모습을 상상하는 것만으로도 감동적입니다.

이와 같이 지장보살은 늘 우리 곁에서 우리를 지켜주고 구해줍니다. 중생은 3악도뿐만 아니라 인간세상과 천상에서 잠깐 동안 행복하게 산다 하더라도 윤회에서 벗어나지는 못합니다. 행복이 다하면, 한생각 잘못 하고 악행을 지으면 다시금 악도에 떨어지기 때문입니다. 그러한 중생을 구해 줄 뿐만 아니라 아뇩다라삼먁삼보리의 최상의 세계, 무상정등정각(無上正等正覺)의 깨달음의 경지로 우리를 이끌어주는 분이 지장보살입니다.

그런데 지장보살님은 우리와 단 한 순간도 떨어지지 않고 우리를 구해 주고 계시지만, 제도 받는 중생도 있고, 제도 받지 못하는 중생도 있습니다. 하늘에서는 골고루 산천초목에 비를 내려주지만 그 혜택을 입는 중생도 있고, 입지 못하는 중생도 있는 것과 같은 이치입니다. 안목이 생겨야 지장보살이 보이고, 기도 수행을 해야 지장보살의 가피를 입을 수 있습니다. 날마다 기도하고 수행하면 지장보살을 볼 수 있는 안목이 생기고 최상의 깨달음의 세계에 태어나게 됩니다.

굴레는 없다, 악습에서 벗어나라

그때 부처님께서 금빛 팔을 펴서 가히 생각할 수도 셀 수도 헤아릴 수도 없는 수많은 아승지세계에 있는 모든 지장보살의 화신의 이마를 어루만지시며 말씀하셨다.
"내가 5탁악세의 마음이 거친 중생들을 교화하여 그 마음을 다스려 그릇된 견해를 버리고 바른 길로 돌아오게 하였지만 열에 한 둘은 아직도 악습에 젖어 있다.
이에 나는 몸을 천백 억으로 나투어 널리 방편을 베푸나니 혹 근기(根機, 능력)가 날카로운 자는 들으면 곧 믿고 지니며, 혹 선근을 지닌 자는 부지런히 권하여 성취케 하고, 혹 미혹한 자가 있으면 오랫동안 교화하여 귀의하게 하며, 혹 업장이 무거운 자는 우러러 공경하지 않는다."

석가모니 부처님께서 수많은 지장보살의 화신의 이마에 손을 얹고 수기를 주시는 장면입니다. 지장경을 '기적의 서'라고 했듯

지장경을 읽는 즐거움

이 이 대목이 그것을 시사해 주고 있습니다. 병들고 가난하고 힘들고 억울해 하는 사람, 그 분하고 억울해 하는 마음을 갖고 있거나 또는 현실의 고통 속에 사는 중생을 치유해 주겠다고 발원하신 분이 석가모니 부처님이십니다. 이 석가모니 부처님이 금색 팔을 펼쳐 지장보살의 이마를 어루만지시며 말씀하셨습니다. 지장보살이 깊은 수행을 통해 오랜 세월 동안 덕화를 베풀어 오셨기 때문에 석가모니 부처님께서 지장보살에게 수기를 주시는 것입니다. 여러분도 열심히 기도하고 수행하시면 언제든지 석가모니 부처님의 수기를 받을 수 있습니다.

그런데 우리는 스스로 굴레를 갖고 있습니다. 병·불행·가난·슬픔·외로움·먹고 사는 결핍 등 삶의 굴레는 본래 없던 것인데, 과거 악습에 물들어 굴레에서 벗어나지 못하고 있습니다. 인생살이에서 수많은 시행착오를 겪기 마련이지만, 진리는 굉장히 쉬운 데서 출발합니다. 굴레는 버리면 됩니다. 지나온 시행착오는 잊고 지금부터 새롭게 시작하면 되는데, 붙들고 있기 때문에 벗어날 수 없는 것입니다. 이런 이치를 모르는 어리석은 이는 짜증만 내고, 그러다 보면 재물 등 모든 것을 잃게 됩니다.

"내가 5탁악세의 마음이 거친 중생들을 교화하여 그 마음을 다스려 그릇된 견해를 버리고 바른 길로 돌아오게 하였지만 열에 한 둘은 아직도 악습에 젖어 있다."고 하시면서 몸을 천백 억으로 나투어 중생들을 교화해 주신다고 하셨습니다.

마음이 거친 중생들, 경전 원문에는 강강 중생이라 되어 있습니다. 자기 고집과 자기 중심의 사고에 젖어 있는 경우 강강하다고 하는데, 지장보살은 이 같은 강강한 중생을 교화하여 그들로 하여금 마음을 조복하여 삿된 견해를 버리고 바른 곳으로 돌아가게 하였으나 열 명 중의 한 둘은 아직도 악한 습관이 남아 있다는 것입니다. 악한 습관은 조금도 좋아지지 않는 상황을 말합니다. 지장보살의 교화를 받으면 좋아져야 하는데 전혀 좋아지지 않는 것은 업감이 두텁기 때문입니다. 지장보살님은 그런 사람들마저도 꼭 구제하겠으니 염려하지 마시라고 부처님께 굳센 의지를 밝히고 있습니다.

여러분은 불교를 만나고 지장경에서 지장보살을 만난 것을 천행으로 여겨야 합니다. 전전생부터 익혀온 나쁜 업감(業感)에서 벗어나려면 나를 바꿔야 합니다. 나쁜 습관을 바꾸고 나쁜 언어를 바꾸고 나쁜 마음가짐을 바꿔야 합니다.

부자가 되려는 사람은 '부자 되게 해 주십시오'라고 부처님께 빌지 말고 지금부터 부자라고 생각하면 됩니다. 이 생각이 반드시 부를 가져다 줍니다. 그러한 생각과 동시에 부자다운 행동을 해야 합니다. 헛된 부자는 쓸데없는 낭비를 하는 반면에 진실된 부자는 집안에 동전 하나 굴러다니는 것도 허투루 보지 않습니다. 아주 소소해 보이는 것이 삶을 편안하게 해 주고 온전하게 해 주는 법입니다.

지장경은 바로 이것을 실현시켜 주는 경전입니다. 우리가 지장경을 공부하는 것은 우리의 삶을 자유롭게 해탈시켜 주고 마땅

히 성취시켜 주는 경전이기 때문입니다. 5탁악세의 죄인일지라
도 지장보살을 믿고 의지하다 보면 모든 것을 지장보살이 지켜
주고 보살펴주신다는 것을 이 대목에서 일깨워주고 있습니다.

중생들의 근기가 달라
온갖 모습을 나타내 제도한다

"이와 같이 중생들의 근기가 각각 차별이 있으므로 몸을
나누어 제도하되, 때로는 남자 몸을 나타내고, 때로는 여
자 몸을 나타내며, 때로는 용의 몸을 나타내며, 귀신도
되고 산과 숲·내·강·연못·샘·우물로 나타나 여러 중생
을 이익케 한다.
이와 같이 제도하여 모두 해탈케 하며, 혹은 제석(帝釋)의
몸을 나타내며, 혹은 범천(梵天)의 몸을 나타내며, 혹은
전륜왕(轉輪王)의 몸을 나타내며, 혹은 거사(居士)의 몸을
나타내며, 혹은 국왕(國王)의 몸을 나타낸다.
혹은 제보(帝輔)의 몸을 나타내며, 혹은 관속(官屬)의 몸을
나타내며, 혹은 비구(比丘)·비구니(比丘尼)·우바새(優婆塞)·
우바이(優婆夷)의 몸을 나타내며, 혹은 성문(聲聞)·나한(羅
漢)·벽지불(辟支佛)·보살 등의 몸을 나타내어 교화하여 제
도하나니, 단지 부처의 몸으로만 그 몸을 나타내는 것이

아니다."

중생들마다 성격도 다르고 상황도 다릅니다. 그래서 지장보
살이 몸을 나누어 제도해 주는 것입니다. 다시 말해 지장보살
은 중생이 어떠한 형태로 있든 지장보살이 중생의 모습에 맞추
어 각기 다른 몸을 나타내어 중생을 자유롭게 해 주고 행복하
게 해 주고 번영하게 해 줄 수 있는 시스템을 갖고 있다는 것입
니다.

한역 원본에는 '실개도탈(悉皆度脫)'이라 하였습니다. '실'이란
'실다웁다' '다 들어 차 있다'는 뜻입니다. 즉 모든 것을 다 제도
하여 해탈케 해 준다는 말입니다. 이것이 지장보살의 위신력입
니다. 지장보살을 지극 정성으로 염하면 나쁜 것은 모두 빠져나
가고 좋은 것이 들어찹니다. 이렇게 믿으시면 됩니다.

우리의 운명과 삶에 영향을 줄 만큼 습관화돼 있는 죄업에서
벗어나기 위해서는 환골탈태해야 합니다. 완전히 자기 자신을
바꿀 수 있는 방법은 신해행증(信解行證), 부처님의 말씀을 믿고,
이해하고, 보살행을 하고, 기도와 수행을 통해 증득하는 것입니
다. 신해행증으로 '실개도탈(悉皆度脫)'할 수 있습니다. 무엇보다
"단지 부처의 몸으로만 그 몸을 나타내는 것이 아니다."라는 대
목에서 눈이 번쩍 뜨입니다. 이 말은 다르게 표현하면 우리 곁
의 수많은 사람들이 다른 몸을 나타낸 부처라는 것입니다.

여기서 잠깐, 석가모니 부처님은 역사상 실존인물인지라 석

가모니 부처님에 대한 믿음이 흔들리는 불자는 거의 없을 것입니다. 하지만 지장보살에 대해서는 잘 모르실 것입니다. 지장보살은 보이지 않습니다. 역사 속의 실존인물인지도 모릅니다. 하지만 우리 마음이 보이지 않지만 존재하고 있듯이 지장보살은 늘 우리 곁에 있습니다. 먼저 지장보살이 우리 곁에 있고, 우리를 지켜주고 구해 준다는 믿음을 깊이 가져야 합니다. 앞에서도 말씀드렸듯이 예경하고 공양하면 느낄 수 있고 믿음을 가질 수 있습니다. 지장보살이 과거 숙생을 지나오면서 우리에게 베풀어 온 덕화를 생각하면 우리가 얼마나 행복한 인연인지 알게 되고 법열에 감동할 것입니다.

우리는 언제 어디서나 '부처님께서, 지장보살님께서 항상 곁에 계셔서 지켜 주시고 보살펴 주시니 정말 감사합니다.'라는 마음으로 살아가면 됩니다. 특히 기도하고 난 다음 맨 마지막에 발원할 때 항상 불보살님에 대한 감사로 마무리를 하시면 감사할 일만 생깁니다.

인과를 분명히 알고
새로운 생명을 심는 자세로 살아가자

어떤 모양이나 형태로 살다보면 어려운 문제가 생기게 마련입니다. 이 사바세계에서 영적인 문제, 정신적인 문제로 고통 받는 이가 많습니다. 육체적으로 고통 받는 이도 적지 않고 먹고 사는 문제로 고통 받는 사람들도 많습니다.

중생들이 왜 악업악취의 고통을 받고 있을까요? 경전에서는 사람들이 가난해지거나 병중에 있거나 원만하지 않은 인간관계 등 그 인과의 연유에 대해 밝혀 주셨습니다. 예를 들면 살생을 많이 하는 사람은 전생의 재앙으로 단명(短命)의 과보를 받게 된다는 겁니다. 또 도둑질한 사람은 빈궁으로 인해 고초를 받는다고 하였습니다. 금생에 남에게 받기를 좋아하고 국가나 사회·가족 등 누구든 자신을 대우해 주길 원하는 사람은 가난하고 궁핍해집니다. 주고 싶은 마음을 갖고 주는 행위를 기쁘게 행한 사람들은 부자가 됩니다. 이것이 보시의 개념입니다. 부처님은 부자가 되길 원한다면 보시하라고 했습니다.

또 사음(邪淫)하는 자는 참새·비둘기·원앙의 과보를 받는다고 하였습니다. 악한 말을 즐겨하는 사람은 독한 말을 자주 합니다. 서로 악한 말을 하게 되면 권속끼리 싸우게 됩니다. 부부간에 싸우게 되고 형제끼리 싸우게 됩니다. 악한 말이 원인이 되어 싸움이 벌어지게 된다는 얘기입니다.

불·법·승 3보를 훼방하는 자는 장님·귀머거리·벙어리가 되는 과보를 받는다고 하였습니다. 절대로 부처님과 스님들과 가르침을 비방해서는 안 됩니다. 그러므로 여러분은 망녕된 가르침에 따르지 말고 정법대로 행하셔야 합니다.

우리는 흔히 어떤 불행을 당했을 때 단순하게 생각하여 억울

지장경을 읽는 즐거움

해 하고 분개하고 통탄해 하는데, 전생의 업연이 닿아서 이루어
지는 일이라는 것을 인식해야 합니다. 우리가 지장경을 공부하
는 이유는 인과를 분명히 알고 이해하자는 뜻도 있습니다. 인과
는 심은 대로 거두는 것이기 때문에 지금부터라도 선근을 심자
는 가르침입니다. 다시 말해 새로운 생명을 심는 자세로 살아가
자는 것입니다.

아무도 대신해 주지 않는다

"그대들이 보는 바와 같이 내가 여러 겁에 걸쳐서 이와
같은 수고로움을 마다하지 않고 죄업중생들을 제도하였
으나, 아직도 거친 마음을 가지고 있는 제도되지 않는 중
생들이 있다.
만약 그 죄업에 의해 악도에 떨어져서 큰 고통을 받게 된
것을 보게 되거든, 그대들은 마땅히 내가 이 도리천궁에
서 은근히 부촉한 것을 생각하여, 사바세계에 미륵불이
나타나실 때까지 모든 중생을 다 해탈케 하여 모든 괴로
움에서 영원히 벗어나게 하고 부처님의 수기(授記)를 받도
록 할지니라."

석가모니 부처님께서 지장보살에게 미륵이 출현할 때까지 일

체 중생을 모두 제도하라고 수기하시는 장면입니다. 여기에서 우리는 중생들 하나하나가 모두 미래세에 부처가 될 것이라는 확신을 가져야 합니다. '우불수기(遇佛授記)'는 이러한 의미를 담고 있습니다.

자기에 대한 것은 누가 대신해 주지 않는다는 것을 명심하십시오. 태어나는 것을 누가 대신해 줄 수 있습니까? 죽는 것을 누가 대신해 줄 수 있습니까?

어느 날 나이가 27세인 한 총각이 저에게 찾아와, "이렇게 살기도 어렵고 저렇게 살기도 어렵습니다."라고 하며 하소연을 하더군요. 그래서 총각에게 하는 일이 무엇이냐고 물으니 별로 하는 게 없다고 합니다. 노동은 할 수 있느냐고 하니 할 수 있다고 대답하기에 나가서 노동을 하라고 했습니다. 다만 노동을 할 때도 지장보살을 부르고, 일이 없을 때도 가만히 있지 말고 지장보살을 부르라고 했습니다. 잠자고 화장실 갈 때 빼고는 지장보살을 부르면서 늘 감사하다는 생각을 가지라고 당부했습니다. 고맙다는 생각을 가지라고 당부한 것은 입으로는 지장보살을 부르면서 염파로는 찡그린 마음을 내 보내서는 안 되기 때문입니다.

그 후 3개월이 지났습니다. 이 청년은 게으름을 피우지 않고 내 말대로 열심히 일하면서 지장보살을 부르고 고맙다는 생각을 가졌다고 합니다. 청년이 너무나도 성실하고 신나게 일하자 주위사람들의 청년을 바라보는 눈이 달라졌습니다. 무엇보다

지장경을 읽는 즐거움

공사장의 팀장이 청년을 보면서 문득 사위를 삼고 싶어진 것입니다. 노동일을 하는 사람에게 딸을 준다는 게 어디 쉬운 일이겠습니까? 더군다나 팀장의 딸은 중학교 수학 선생님이었습니다. 하지만 팀장은 청년이 너무나 맘에 들어서 자기 딸을 이 청년에게 소개시켜 주고 결혼까지 하게 했습니다. 지장보살을 부르며 달라진 한 청년의 일화입니다.

여러분도 흔들리지 않고 일심으로 기쁘게 정진하고 부처님을 예경하면 이생에 좋은 일이 생길 뿐만 아니라 반드시 부처님의 수기를 받을 수 있습니다. 미래세의 부처가 될 수 있다는 얘기입니다. 수기란 특정한 인물에게만 주어지는 게 아닙니다. 여러분 한 분 한 분 다 수기를 받게 돼 있습니다. 세상의 고통은 우리가 극복해야 합니다. 그간의 불화와 감정과 분노를 삭이고 행복한 삶을 이루려면 나를 바꿔야 합니다. 그러면 반드시 수기를 받게 되는 날을 맞이하게 될 것입니다.

우리는 머나먼 과거세부터 온 생명

그때 여러 세계에서 온 지장보살의 화신들이 다시 한몸이 되어 슬피 울면서 부처님께 말씀드렸다.
"저는 먼 과거세로부터 부처님께서 인도하심에 따라 불가사의한 위신력을 얻고 대지혜를 갖추게 되었습니다. 제가 저의 분신으로 하여금 백천만억 항하사 세계에 두루 다니게 하여 한 세계마다 백천만억의 중생들을 제도하여 3보께 귀의하도록 하며 나고 죽는 고통에서 영원히 벗어나게 하여 열반의 즐거움을 얻게 하겠습니다.

불법 가운데서 착한 일을 하되 하나의 터럭, 한 개의 물방울, 한 개의 티끌, 한 가닥의 머리카락에 이르기까지 제가 점차 제도하여 마침내 큰 이익을 얻도록 하겠습니다. 바라옵나니 부처님께서는 후세의 악업 중생들을 걱정하지 마옵소서."

이와 같이 세 번을 거듭 부처님께 말씀드렸다. 그때 부처님께서 지장보살을 찬탄하시며 말씀하셨다.

"참으로 훌륭하도다. 내가 그대의 기쁨을 도우리라. 그대가 오랜 과거의 겁 동안에 세운 서원을 능히 성취하여 장차 중생을 널리 제도하고 마침내 깨달음을 이루리라."

지장보살의 화신들이 부처님께 말씀드리는 내용에서 아주 중요한 대목이 있습니다. 먼 과거세로부터 부처님께서 인도하심에 의해 불가사의한 위신력을 얻고 대 지혜를 갖추게 되었다고 하는데 한역문은 아종구원겁래(我從久遠劫來) 몽불접인(蒙佛接引) 사획불가사의신력(使獲不可思議神力) 구대지혜(具大智慧)입니다.

특히 '접인(接引)'에 대해 꼭 알아야 합니다. 접인은 부처님께서 인도하심을 얻었다는 얘기입니다. 여러분이 절에 가서 기도를 부칠 때나 불사를 할 때 종무실에서 접수를 하지 않습니까? 접수를 함으로써 부처님의 인도하심을 얻겠다는 뜻입니다. 기도와 불사뿐만 아니라 일반 사회에서도 무슨 일이든 성취하기 위해서는 처음에 접수를 해야 합니다. 회사에 취업을 하고자 하거나 심지어 학원에 등록하려 해도 먼저 접수를 해야 합니다. 접수 중에서 가장 중요한 접수는 부처님의 인도하심을 얻는 접인입니다. 그런데 우리는 모두 지장보살의 화신들처럼 머나먼 과거세로부터 온 생명이고, 그때부터 접인, 부처님의 인도하심을 얻었다는 것을 명심하고, 불가사의한 위신력을 얻고 대지혜를 갖추시기 바랍니다.

지장경을 공부하면서 여러분은 새로운 희망이 샘솟을 것입니다. 한 터럭, 물 한 방울, 한 개의 티끌, 한 가닥의 머리카락에 이르기까지, 다시 말해 아주 작은 복을 지을지라도, 단 한 번 '지장보살'을 염하고 '지장수행'을 해도 지장보살과 지장보살의 화신들이 내 죄업을 소멸시켜 주고 구원을 해 주시겠다는 것입니다. 아울러 사소한 복도 간과하지 않는다고 했습니다. 다시 말해 남에게 물 한 잔 건네준 공덕도 세세생생 없어지지 않는다는 말입니다.

지장경은 믿음의 세계입니다. 어떤 보석도, 그 어떤 값비싼 보물도 그 가치를 모르면 길거리에 굴러다니는 돌멩이처럼 여기듯 믿음이 없으면 지장경의 가치, 지장보살의 가피를 알아보지 못합니다. 지장보살이 부처님께 "제가 점차 제도하여 마침내 큰 이익을 얻도록 하겠습니다. 바라옵나니 부처님께서는 후세의 악업 중생들을 걱정하지 마옵소서."라는 말씀을 믿으면 됩니다. 진실한 믿음이 있으면 지장보살이 보석 같은 값진 삶으로 인도해 주실 것입니다.

지장경을 읽는 즐거움

제3 관중생업연품

觀 衆 生 業 緣 品

—

중생의 업은 어디에서 왔을까,

왜 중생인가?

觀眾生業緣品

제3 관중생업연품
觀 衆 生 業 緣 品

—

중생의 업은 어디에서 왔을까,
왜 중생인가?

제3 「관중생업연품(觀衆生業緣品)」, '관(觀)'은 들여다본다는 뜻이니 중생의 업이 어디에서 연유되었는지 살펴보시는 품입니다. 먼저 우리는 왜 중생인가를 생각해 볼 필요가 있습니다. 왜 중생이겠습니까? 내 생각이 중생이기 때문에 중생입니다. 마음의 문을 열고 불법을 보십시오. 그러면 무한한 세계를 경험하게 될 것입니다.

앞에서도 말씀드렸지만, 심불급중생 시삼무차별, 마음과 부처와 중생, 이 셋은 차별이 없습니다. 그런데도 우리는 중생으로 살아가고 있습니다. 중생이 중생놀음만 하는 것은 업 때문입니다. 그럼 업은 어떻게 만들어진 것입니까? 대표적인 것이 신·구·의 3업입니다. 몸과 입과 뜻에 따라 업이 만들어집니다. 행동과 말·마음이 온갖 가지 업을 만들어냅니다.

문제를 알아야 해결을 할 수 있듯이 중생들을 제도하기 위해서는 중생들의 업연을 관찰해야 합니다. 이 관중생업연품에서 업연을 관찰하고, 각각 근기에 따라 제도할 수 있는 방법을 모색하는 지장보살님을 만날 수 있는 품입니다.

'지금 여기' 현실의 세계에서 만나는 지옥

> 그때 부처님의 어머니 마야부인(摩耶夫人)이 공경하는 마음으로 합장하면서 지장보살에게 여쭈었다.
> "성자여, 염부제의 중생들이 짓는 업의 차별과 받게 되는 과보는 어떻습니까?"
> 지장보살이 대답했다.
> "모든 국토에는 혹 지옥이 있기도 하고 없기도 하며, 혹 여자가 있기도 하고 여자가 없기도 합니다. 또 성문·벽지불도 그렇습니다. 혹 있기도 하고 없기도 하니 지옥의 죄업도 단지 하나뿐인 것은 아닙니다."

부처님의 생모(生母)이신 마야 부인이 지장보살에게 염부제, 즉 우리 인간세계의 중생들이 짓는 업과 과보에 대해 질문하고

지장경을 읽는 즐거움

있습니다. 여기서 한 가지 특기할 점은 "모든 국토에는 혹 지옥이 있기도 하고 없기도 하며"라는 구절입니다. 지옥은 죽어서 가는 곳이 아니라 '지금 여기'라는 현실의 세계라는 것, 지옥의 죄업도 하나가 아니라는 데 주목해야 합니다. 변하지 않는 것, 고정된 것은 없습니다. 죄업도 고정된 것이 아닙니다. 만일 죄업이 변하지 않고 고정된 것이라면 지장보살의 죄업중생을 어떻게 구원해 줄 수 있겠습니까?

마야부인이 거듭 말했다.
"사바세계에서 죄업의 과보로 나쁜 곳에 떨어져 과보를 받는 것을 듣고 싶습니다."
지장보살이 대답했다.
"성모(聖母)시여, 제가 대강 말씀드리겠습니다."
"원컨대 성자여, 말씀하소서."
지장보살이 마야부인에게 말했다.
"사바세계의 죄업을 말씀드리겠습니다.
만일 어떤 중생이 부모에게 불효하고 혹은 살해까지 하였다면 무간지옥에 떨어져 천만 겁이 지나도록 벗어날 기약이 없습니다.
만약 어떤 중생이 부처님의 몸에 피를 내거나, 3보를 헐뜯고 비방하며 경전을 존경하지 않으면, 이런 무리들도 역시 무간지옥에 떨어져 벗어날 기약이 없습니다.

만약 어떤 중생이 절의 재산에 손해를 입히거나 비구·비구니를 더럽히거나, 혹은 절간에서 방자하게 음욕을 행하거나 죽이고 해치면 이런 무리들 또한 무간지옥에 떨어져 벗어날 기약이 없습니다.

만일 어떤 중생이 마음은 사문(沙門)이 아니면서 거짓으로 사문이 되어 3보의 재산을 함부로 쓰고 신도들을 속이고 계율을 어기며 온갖 악행을 범한다면 이런 무리들도 무간지옥에 떨어져 벗어날 기약이 없습니다.

만약 어떤 중생이 절의 재물을 도둑질하여 재물이나 곡식·의복을 갖는 무리들도 무간지옥에 떨어져 벗어날 기약이 없습니다.

성모시여, 만일 어떤 중생이 이와 같은 죄를 지으면 마땅히 5무간지옥(五無間地獄)에 떨어져 잠깐만이라도 고통이 멈추어지기를 원해도 그 뜻을 이룰 수가 없습니다."

마야부인의 질문은 우리 중생들을 위한 것입니다. 잘못인 줄 모르고 저지르는 어리석은 중생들이 너무나 많기 때문에 죄업에 대한 과보를 확실히 인식시켜 주기 위해서 거듭 지장보살에게 여쭌 것입니다. 지장보살 역시 중생을 위해 자세히 대답해 주십니다. 무엇보다 가장 먼저 부모에게 불효하고 살해한 죄에 대해 언급하신 점을 눈여겨보아야 합니다. 지장경이 현생부모뿐만 아니라 전생, 과거세의 부모에게까지 영향을 미치는 진정한 효도를 강조한 경전임을 암시하는 측면이기도 합니다.

부모에게 불효하거나 부처님의 몸에 피를 내거나, 3보를 헐뜯고 비방하며 경전을 존경하지 않거나 계율을 어기며 온갖 악행을 범하면 무간지옥에 떨어진다고 했습니다. 그 고통이 쉴새없이 계속되는 무간지옥은 불교에서 말하는 지옥 중에 가장 고통스러운 지옥입니다.

쌀 한 톨에 깃든 정성

"만약 어떤 중생이 절의 재산에 손해를 입히거나(중략) 절의 재물을 도둑질하여 재물이나 곡식·의복을 갖는 무리들도 무간지옥에 떨어져 벗어날 기약이 없다."는 대목이 여러분에게는 대수롭지 않게 느껴질는지 모릅니다. 그러나 저는 이 말씀을 읽을 때마다 가슴이 서늘해집니다. 출가한 이후로 지금까지 어른스님들께 들은 말씀 가운데 가장 무겁게 다가온 것이 "시주의 은혜를 갚아야 한다. 시주의 은혜를 녹일 수 있는 이는 복덕과 지혜를 갖춘 출가대장부뿐이다."라는 말씀이기 때문입니다. 어른스님의 속내를 알기 때문에 더욱 가슴에 와 닿았을 것입니다.

불자님들이 사찰에 보시한 것을 일러 시주물이라고 합니다. 불자님들이 정성을 다해 기증한 보시물이 사사로운 한 개인의 욕심 때문에 손괴(損壞)된다면 그 죄과는 무간지옥에 떨어질 정도로 크다는 것입니다.

'일미칠근(一米七斤)'이라는 말이 있습니다. 쌀 한 톨의 무게가 일곱 근이나 된다는 말입니다. 쌀 한 톨에 깃든 정성과 땀이 얼마나 소중하고 값진 것인가를 일깨워주는 말이지요. 쌀 한 톨의 무게도 그러할진대 시주물의 무게가 얼마나 크겠습니까?

시주물은 솔직히 불·법·승 3보(三寶) 외에는 다룰 수 있는 이가 없습니다. 부처님과 부처님의 가르침은 두말할 게 없지만, 승가에 대해서는 요즘 의견이 분분한 것 같아서 민망할 때가 많습니다. 심지어 오늘날의 스님들이 시주를 받을 만한가를 따진다는 얘기까지 들으면 어쩌다 이렇게까지 되었는지 안타깝기만 합니다.

보시를 받는 사람은 시주물의 무게에 대해 더 무겁게 느끼고, 그 은혜를 갚기 위해 더욱 열심히 수행 정진하고 법을 전하며 보살행을 해야 합니다. 하지만 보시하는 사람은 정말 가볍게 해야 합니다. 아무런 기대도 하지 말고 가볍게 보시하십시오. 시주물에 마음을 머물지 말고 아주 가볍게 하면 오히려 마음속에 보배가 쌓여서 하는 일마다 잘 됩니다. 그렇게 일상생활 속에서 명훈가피력을 입다 보면 신심이 더욱 깊어지고, 신심이 깊어진 만큼 수행하게 되고, 더 기쁘게 보시하게 되고, 이렇게 향상해 가다 보면 불퇴전의 용맹심으로 정진하게 되고 마침내 신통한 위신력이 생깁니다.

지장경을 읽는 즐거움

지장보살이 무간지옥의 고통에 대해
적나라하게 표현한 까닭

마야부인이 지장보살에게 물었다.

"어떤 곳을 일러 무간지옥이라고 합니까?"

지장보살이 말했다.

"성모시여, 모든 지옥은 대철위산(大鐵圍山) 속에 있고 대지옥은 열여덟 곳이 있으며, 그 다음으로는 오백 곳이 있으되 그 이름은 각각 다릅니다. 다음으로 천백 곳이 있으되 그 이름은 각각 다르며 무간지옥은 그 지옥의 성 주위가 8만여 리이며, 그 성은 순전히 철로 되어 있습니다. 그 높이는 1만 리이며, 성 위에는 불덩어리가 잠시도 쉬지 않고 이글거리고 있으며 그 지옥성 안으로는 여러 지옥이 서로 이어져 있는데 그 이름이 각각 다릅니다.

이곳에 한 지옥이 있어서 이름이 무간지옥이니 이 지옥의 둘레는 1만 8천 리요, 그 높이는 1천 리이며 모두 쇠로 둘러쳐져 있고 불이 위에서 아래로 쏟아져 내려오고 아래서 위로 솟구쳐 올라가며, 쇠로 된 뱀과 개가 불을 토하면서 담장 위를 동서로 내달립니다.

지옥의 한가운데에는 넓이가 만 리나 되는 평상이 있는데, 한 사람이 죄를 받아도 자신의 몸이 그 큰 평상에 가득 찬 것을 보게 되고, 천만 사람이 죄를 받아도 역시 각자의 몸이 평상에 가득 찬 것을 보게 됩니다. 이는 여러 가지 죄업으로 이와 같은 과보를 받게 되는 것입니다.

또 모든 죄인이 갖가지 고통을 고루 받는데, 천백 야차와 사나운 귀신들이 있어서 어금니는 칼날 같고, 눈은 번갯불 같으며, 손에는 구리쇠 손톱이 있어서 창자를 끄집어 내어 토막토막 자릅니다.

또 어떤 야차는 큰 쇠창으로 죄인의 몸을 찌르는데 혹은 입과 코를 찌르기도 하며, 배와 등을 찔렀다가 공중에 내던져서 다시 받아서 평상 위에 올려놓기도 합니다.

또 쇠로 된 매는 죄인의 눈을 쪼며 쇠로 된 뱀은 죄인의 몸을 감아 조이고, 긴 못을 몸에다 박기도 하며, 혀를 빼서 밭을 갈 때 죄인이 끌게 하고, 구리 쇳물을 입에 붓고 뜨거운 쇠로 몸을 감아서 하루 동안에 만 번 죽었다가 다시 만 번 살아나게 됩니다.

업의 과보가 이와 같아서 억겁을 지나도 벗어날 기약이 없습니다. 또 이 세계가 무너질 때에는 다른 세계의 지옥으로 옮기고, 다른 세계가 무너지면 또 다시 다른 세계의 지옥으로 옮겼다가, 이 세계가 또 이루어지면 다시 돌아옵니다. 무간지옥의 죄보는 이와 같습니다."

지장보살이 말씀하신 무간지옥의 극심한 형벌의 모습은 읽는 것만으로도 섬뜩합니다. "쇠로 된 매는 죄인의 눈을 쪼며 쇠로 된 뱀은 죄인의 몸을 감아 조이고, 긴 못을 몸에다 박기도 하며, 혀를 빼서 밭을 갈 때 죄인이 끌게 하고, 구리 쇳물을 입에 붓고 뜨거운 쇠로 몸을 감아서 하루 동안에 만 번 죽었다가 다시 만 번 살아나게 됩니다."라는 지장보살의 말씀은 실로는 대자비심에서 우러나온 표현입니다.

무조건 감싸 안아 주는 것만이 능사가 아닙니다. 서슴없이 악행을 저지르는 거친 중생들에게는 이렇게 위협적인 무간지옥의 모습을 적나라하게 드러내 주어야 교육적인 효과가 있기 때문입니다. 더욱 무서운 것은 하루 동안에 만 번 죽었다가 다시 만 번 살아나게 되어 이러한 고통을 끊임없이 받아야 한다는 것입니다. 아무리 심한 고통도 시간이 흐르면 잊을 수 있는데, 그렇지 않고 계속 반복되어 고통에서 헤어나지 못하는 무간지옥의 고통을 어찌 형용할 수 있겠습니까?

마음의 무간지옥에 떨어지지 않는 법

"이와 같이 하여 다섯 가지로 죄업의 과보를 받으므로 5 무간지옥이라고 합니다.

첫째는 밤낮으로 죄를 받아 세월이 다하도록 끝나지 않으므로 무간이라고 이름합니다.

둘째는 한 사람의 죄인이라도 그 지옥이 가득 차고 많은 죄인이 있더라도 그 지옥이 가득 차므로 무간이라고 이름 합니다.

셋째는 죄를 받는 기구로서 쇠몽둥이·매·뱀·늑대·개·맷돌·톱·도끼·끓는 가마·쇠그물·쇠사슬·쇠나귀·쇠말 등이 있으며, 생가죽으로 머리를 조르고, 뜨거운 쇳물을 몸에 부으며, 배고프면 뜨거운 쇠구슬을 먹고, 목마르면 뜨거운 쇳물을 마시면서 해가 가고 한량없는 겁이 다하도록 고통이 끊임없으므로 무간이라고 합니다.

넷째는 남자·여자·오랑캐·늙은이·젊은이·귀한 이·천한 이·귀신·하늘·사람을 가리지 않고 죄를 지으면 그 업에 따라서 과보를 받는 것이 모두 평등하므로 무간이라고 합니다.

다섯째는 만일 이 지옥에 한 번 떨어지면 처음 들어갈 때부터 백천겁에 이르도록 하룻낮 하룻밤 동안에 만 번 죽고 만 번 살아서 잠시라도 멈춤이 없으며 악업이 다 소멸해야만 비로소 다른 곳에 태어나게 됩니다.

이와 같은 고통이 계속 끊이지 않으므로 무간이라고 이름하는 것입니다. 또한 형벌의 기구와 모든 고통을 주는 벌에 대해서는 한 겁 동안이라도 다 말씀드릴 수 없습니다."

마야부인은 이 말을 듣고 근심과 슬픔에 차서 합장하고 예배하며 돌아갔다.

지장경을 읽는 즐거움

5무간지옥에서 벗어나는 길은 오로지 믿고 수행하는 마음으로 실천해 나가는 것입니다. 무간지옥 또한 머나먼 미래의 일이 아닙니다. 만일 어제도 오늘도 내일도 개선의 여지없이 고통이 계속된다면 무간지옥에 빠졌다고 할 수 있습니다. 평생 궁핍에서 벗어나지 못하는 것, 몇 십 년 동안 병고에 시달리는 것, 지구상의 몇몇 나라들처럼 대다수 국민들이 가뭄으로 굶어죽고 끊임없는 내전으로 죽음의 공포에 시달리며 살아가는 곳도 일종의 무간지옥이라고 할 수 있습니다.

이와 같이 밖으로 드러난 무간지옥뿐만 아니라 분노조절장애·불안장애·우울증 등 마음의 무간지옥에서 벗어나지 못하는 사람들도 아주 많습니다.

이러한 무간지옥에 떨어지지 않기 위해서 어떻게 살아야 할지 이미 답은 나와 있습니다. 무간지옥에 떨어지는 악행을 저지르지 않고 보살행을 적극적으로 행하면 됩니다. 간혹 주변사람들 중에 마음씨도 착하고 행동거지도 바르고 성실한데 어찌나 고달프고 힘겹게 살아가는지 안쓰러운 사람들이 있을 겁니다. 반면에 욕심도 많고 이기적이고 인색한 사람이 부자로 잘 사는 경우가 많지요. "콩 심은 데 콩 나고 팥 심은 데 팥 난다."는 속담과 정 반대의 현상에 직면했을 때 부처님의 말씀에 의심을 품는 분들도 있을 겁니다.

그러나 쉽게 비유하자면, 은행의 통장 잔고를 생각하면 됩니다. 착한데도 고통스러운 삶을 살아가는 사람은 전생, 전 전생부터 미리 대출해서 쓴 마이너스 통장을 이생에 선업으로 단시간에 갚기 위해 그 고생을 한다고 보시면 됩니다. 그와 마찬가지로 부자들은 전생에 지은 복으로 쌓아놓은 통장 잔고를 이생에 출금해서 쓰는 중이라고 보십시오. 부자도 복을 짓지 않고 쓰기만 하면 금세 마이너스가 될 것입니다.

이러한 이치를 알면 현실적으로는 아무리 무간지옥같이 괴로운 삶일지언정 마음의 무간지옥에는 떨어지지 않을 것입니다. 마음 밖의 현상은 우리가 어떻게 할 수 없는 경우가 많습니다. 하지만 마음은 우리 스스로 얼마든지 다스릴 수 있습니다. 몸은 고통스러워도 마음만큼은 언제나 즐겁고 맑고 밝은 극락정토의 행복을 누리며 살아가시길 부처님 전에 합장 기원 드립니다.

지장경을 읽는 즐거움

제4 염부중생업감품

閻 浮 衆 生 業 感 品

—

사바세계의 중생들,
업에 따라 과보를 받다

閻浮眾生業感品

제4 염부중생업감품
闍 浮 衆 生 業 感 品

—

사바세계의 중생들,
업에 따라 과보를 받다

 제4 「염부중생업감품(闍浮衆生業感品)」에서
는 석가모니 부처님이 열반하시고 미륵 부처님이 오시기 전 무
불시대(無佛時代)에 고통 받는 중생들을 다 구제하겠다는 지장보
살의 원력에 대해 부처님께서 칭찬을 하시는 내용, 지장보살은
무슨 원력을 세웠기에 부처님의 칭찬을 받느냐는 정자재왕보살
의 질문에 답하는 내용으로 구성되어 있습니다.

　부처님께서는 과거 전생에 광목이라는 여인의 모습으로 지었
던 지장보살의 인(因)과 위신력을 말씀해 주시면서 지장경을 널
리 유포할 것을 당부하셨고, 사천왕을 위해 지장보살이 중생들
이 짓는 업에 따라 방편으로 교화하는 모습을 생생하게 보여주
셨습니다.

앞에서도 말씀드렸듯이 경전은 제목에 내용을 함축하고 있습니다. 여기에서는 업감에 방점을 찍으면 됩니다. 중생의 업은 정해져 있는 것이 아니라 조건과 환경·마음가짐에 따라 나타납니다. 악업(惡業)은 고통이라는 업보를 불러들이지만, 벗어날 수 없고 변하지 않는 업보 또한 없다는 것을 알아야 합니다. 지장보살의 전생인 광목의 어머니가 악업을 지어 지옥에 떨어지는 고통을 받았지만 광목의 크나큰 발원과 선업으로 지옥의 고통에서 벗어나는 것을 보여주는 염부중생업감품은 절망에서 벗어나 새로운 희망을 품게 하는, 지장경 전체의 대의를 표방한다 해도 과언이 아닙니다.

염부중생업감품, 이 품의 제목처럼 중생은 항상 행동하고 느끼게 되어 있습니다. 우리가 듣고 보고 느끼는 것 이외에 '무언가 특별히 따로 있을 것이다'라고 생각하는 것이 어리석음입니다. 10년, 20년 공부해서 불도(佛道)가 '뻥' 터질 것 같지만 그런 것은 없습니다. 이를 앙다물고 20년 수도하는 것보다 바로 지금 이 자리에서 기뻐하고, 감사하고 좋은 것을 느끼시는 게 더 낫습니다. 그러면 누구든지 풍요로운 세계를 만들어 낼 수 있습니다. 이것은 종이 한 장 차이로 아주 가벼운 것이지만 행동으로 옮기느냐 옮기지 않느냐에 따라 차원이 다른 삶을 살게 됩니다.

앞에서 잠시 언급했지만 사바세계는 좋게도 느껴지지만 좋지 않게 느껴질 수도 있습니다. 만일 모든 것을 나쁘게 느끼고 그 감도가 더 깊어지면 악순환이 계속됩니다. 반대로 좋게 느끼

지장경을 읽는 즐거움

고 좋은 행위를 수반한다면 풍요로움이 더해집니다. 어두운 곳에 있다 하더라도 발심하고 지장보살이 나와 함께 하는구나 생각해야 합니다. 비록 짜증나고 우울한 일이 있더라도 발심하여 지장보살을 칭명하면 지혜와 공덕이 가정과 나와 이웃과 사회에 가득 들어차게 됩니다.

업감에서 벗어나려면
좋은 자석이 되어야

염부제는 불교의 사대주[남쪽의 贍部洲, 동쪽의 勝神洲, 서쪽의 牛陀洲, 북쪽의 俱盧洲]의 하나로서 수미산 남쪽의 인간 세상을 뜻합니다. 남염부주(南閻浮州), 남섬부주(南贍部洲)라고도 합니다.

업감(業感)은 선악(善惡)의 업을 지은 과보로 고락(苦樂)의 과보를 받는 일입니다. 창조주가 세상과 인간을 창조했다는 이웃종교의 창조론과 달리 불교에서는 모든 존재와 일체 현상이 어떠한 원인과 조건으로 말미암아 일어난다는 연기론(緣起說)을 주장합니다. 연기론 중에 인간 개개인의 삶은 선악의 업이 원인이 되어 일어나는 업감연기(業感緣起)로 이루어졌다고 할 수 있습니다. 그런데 왜 업감일까요? 글자 그대로 풀이하면 업을 느끼는 것입니다.

여기 한 선(線)이 있다고 합시다. 또 '나'라는 존재가 이 선에 있다고 가정해 보십시오. 몸으로도 있고 생각으로도 있고 몸짓으로도 있습니다. 한편, 가령 내 몸을 놓고 봤을 때 가면 갈수록 '죽는다'고 생각합니다. 늙고 병들고 죽는 것은 몸이 가지고 있는 것입니다. 반면 마음은 형태의 변화가 없습니다. 우리가 행복하다고 할 때 그 행복에 실체가 있습니까? 없습니다. 형용의 문제입니다. 행복은 자기 스스로 만드는 것입니다.

예를 들어 아주 가난한 사람이 있다고 합시다. 그는 가난을 느끼는 것입니다. 가난하다 하여 무조건 고통스럽게 느끼는 것은 아닙니다. 가난 때문에 괴로울 수도 있겠지만, 죽지 않을 만큼 가난하므로 고맙다고 여기며 행복을 느낄 수도 있습니다. 고통과 행복은 동전의 양면입니다. 고통을 행복으로 바꾸려면 다른 데서 찾을 필요가 없습니다. '마음을 바꾸고 마음을 업그레이드시켜 품위를 가지면' 됩니다. 행복해지는 가장 쉬운 방법은 늘 '고맙다'고 생각하면 됩니다.

싸우고 갈등하고 대립하면 불만만 가득하여 가난할 수밖에 없습니다. 이와 반대로 늘 웃으면 부자가 됩니다. 눈도 웃고 귀도 웃고 입도 웃으면 마음이 넉넉해집니다. 밝은 에너지가 빛나게 되고 풍요로워집니다. 가난도 불행도 본래는 실체가 없습니다. 단지 그렇게 느끼니까 있는 겁니다. 이것이 업감(業感)입니다. 업감에서 벗어나려면 자기 스스로 좋은 자석(磁石)이 돼야 합니다. 자석이 쇠붙이를 끌어당기듯 늘 좋은 것만 행하고, 선한 행위를 즐기며, 좋은 생각을 유지하십시오. 이 사바세계의 일은 자기가

지장경을 읽는 즐거움

보는 대로, 움직이는 대로 만들어집니다. 다만 아무것도 하지 않으면 아무것도 이루어지지 않습니다.

실체가 없는 것에
끄달리지 말라

그때 지장보살이 부처님께 말씀드렸다.

"부처님이시여, 제가 부처님의 위신력을 입어 백천 만억의 세계에 두루 이 몸을 나타내어 모든 업보 중생을 구제하고 있습니다. 만일 부처님의 대자비력이 아니었다면 곧 이와 같은 변화를 부리지 못할 것입니다. 제가 이제 부처님의 부촉을 받아 미륵 부처님이 성불하실 때까지 6도 중생을 모두 해탈케 하겠습니다. 바라옵건대 부처님께서는 염려하지 마십시오."

부처님께서 지장보살에게 말씀하셨다.

"일체 중생이 해탈을 얻지 못하는 것은 뜻과 성품이 정해진 것이 없어서 나쁜 습관으로 업을 맺고, 착한 습관으로 결과를 맺으므로 착하기도 하고, 혹은 악하기도 하여 그 결과에 따라서 태어나게 된다. 그와 같이 6도를 윤회하여 잠시도 쉼이 없다. 또한 티끌같이 수많은 겁이 지나도록 미혹하여 마치 그물 속에 갇힌 고기가 그물 안의 물이 흐르는 물인 줄 착각하며 잠시 벗어났다가 다시 그물에 걸리는 것과 같다.

이와 같은 중생들을 내가 근심하였는데 그대가 이미 과거의 수많은 겁 동안의 서원을 실천하여 죄업 중생들을 제도하겠다고 하니 내가 다시 무엇을 염려하겠는가?”

지장보살도 부처님의 위신력을 입어 모든 업보 중생을 구제한다고 했습니다. 부처님께는 말로 설명할 수 없고 생각으로 헤아릴 수 없는 크나큰 위신력이 있습니다. 우리 모두 부처님의 위신력을 입을 수 있는 존재입니다. 지장보살이 백천 만억의 세계에 몸을 나타내어 우리 중생의 모든 업보, 즉 우리를 괴롭히는 모든 가난과 질병과 불행을 모두 다 없애 준다고 했습니다.

그런데 우리는 여기에서 ‘실체’가 갖고 있는 의미를 살펴봐야 할 것입니다. 가난과 질병과 불행 모두 실체는 없고 다만 그렇게 느낄 뿐입니다. 이것이 업감입니다. 불성을 지닌 ‘나’라는 것은 분명히 존재하는 바, 생각과 언어와 몸짓에서 변화를 이끌어내야 합니다. 어떠한 변화입니까? 불가사의한 위신력을 지니고 있는 부처님을 믿는 일부터 시작해야 합니다. 이 같은 불가사의한 부처님을 믿고 생각과 언어와 몸짓마다 늘 긍정적인 행동과 고마운 마음을 가져야 합니다. 이렇게 신행하고 실천하면 그 결과가 오게 됩니다. 이것은 불변의 진리이고 법칙이기 때문입니다.

불교는 무아(無我)를 강조합니다. 여기에서 무아란 단지 ‘내가

지장경을 읽는 즐거움

없다'는 뜻이 아니고 '변치 않는 독존적인 실체로서의 나는 없다', '가난하고 불행하고 괴로워하는 실체로서의 나'는 본래 없다는 것입니다. '무아'라고 해서 나를 전부 부정해서는 곤란합니다. 나를 아예 부정해 버리면 윤회와 업보를 어떻게 설명할 수가 있겠습니까? 내가 없는데 지금 살고 있는 나는 누구입니까? 다만 업보로 인해 스스로 긍정하며 행복을 느끼지 못하고 부정적으로 생각하며 불행하게 사는 것을 안타깝게 여겨야 합니다. 없는데 있다고 느끼는 것이 업감이므로 그렇게 느끼는 자기 마음을 바꾸면 됩니다. 우선 표정부터 바꿔보십시오. 찡그린 얼굴에서 활짝 웃음 띤 얼굴로 바꾸면 주위에서 먼저 알아줄 것입니다.

어머니의 밝은 에너지가 자녀를 안정시킨다

그때 자리에 있던 정자재왕보살이 부처님께 말씀드렸다.
"부처님이시여, 지장보살은 여러 겁을 지나오면서 어떠한 서원을 세웠기에 이와 같이 부처님의 칭찬을 받습니까? 바라옵건대 부처님께서 설하여 주옵소서."
그때 부처님께서 정자재왕보살에게 말씀하셨다.
"자세히 듣고 잘 생각할지어다. 내가 그대를 위하여 분별하여 설하리라. 저 과거의 헤아릴 수 없는 무량아승지 겁

이전의 일이니라.

그때 한 부처님이 계셨으니 그 이름은 일체지성취(一切智成就) 여래(如來)·응공(應供)·정변지(正遍智)·명행족(明行足)·선서(善逝)·세간해(世間解)·무상사(無上師)·조어장부(調御丈夫)·천인사(天人師)·불(佛)·세존(世尊)이셨으며 수명은 6만 겁이었다. 이 부처님이 출가하기 전에는 작은 나라의 왕이 되어 이웃 나라 왕과 더불어 벗이 되어 함께 10선(十善)을 행하여 널리 중생들을 이롭게 하였다. 그러나 그 이웃 나라 백성들이 여러 가지 악한 일을 행해서 두 왕은 널리 선한 방편을 베풀 것을 의논하였다.

한 왕은 이와 같이 발원하였다.

'내가 어서 깨달음을 이루어 이러한 무리들을 남김없이 제도하리라.'

또 한 왕은 이렇게 발원하였다.

'만일 죄 받는 중생이 있으면 먼저 제도하여 그들로 하여금 편안케 하고, 깨달음을 이루지 못하면 마침내 홀로 성불하기를 원하지 않겠노라.'"

부처님께서 정자재왕보살에게 계속 말씀하셨다.

"먼저 성불하기를 발원한 왕은 곧 일체지여래였으며, 죄업중생을 영원히 제도하기 위해 성불하기를 원치 않았던 왕은 바로 지장보살이었다."

모든 경전은 수행의 나침반이라고 할 수 있습니다. 정자재왕보살의 질문에 대한 부처님의 답변을 잘 살펴보세요. 지장보살처럼 되기 위해서는 어떻게 수행해야 하는지에 대한 내용을 알 수 있는 대목입니다. "작은 나라의 왕이 되어 이웃 나라 왕과 더불어 벗이 되어 함께 10선(十善)을 행하여 널리 중생들을 이롭게 하였다."고 합니다.

이 한 구절에 핵심적인 내용이 함축되어 있습니다. 도반의 중요성과 10선을 행해 널리 중생들을 이롭게 해야 한다는 것입니다. 특히 두 도반 중 성불하기를 발원한 분은 일체지여래가 되었고, 죄업중생을 영원히 제도하기 위해 성불을 뒤로 미룬 분이 바로 지장보살입니다. 중생 구제를 위해 헌신한 지장보살이 훨씬 더 훌륭하며, 대승불교의 롤모델임을 밝힌 부분입니다.

지장보살의 정신을 계승하고 실천하는 분들이 많아질 때 세상이 아름답고 평화로워집니다. 저는 가족을 위해, 이웃을 위해 헌신하는 분들을 보면 '저분들이야말로 우리 시대의 지장보살이다'라는 생각이 듭니다.

한여름에 땀을 뻘뻘 흘리면서 3천 배를 하며 기도하는 분들의 뒷모습을 보면 만감이 교차됩니다. 처음에는 당사자인 학생은 오지 않고 어머니들이 기도하는 것을 보면 못마땅해서 혀를 끌끌 찼습니다. 어머니가 아무리 기도를 해도 자녀가 공부를 하지 않으면 좋은 성적이 나올 수 없기 때문입니다. 그렇지만 공부가 깊어지면서 체득하게 되었습니다. 어머니의 기도가 학업 성취에 도움이 됩니다. 심지어 기도를 많이 하신 스님이 대신 기도를 해 주어도 소원 성취가 됩니다. 스님의 수행 에너지가, 기도를 하면서 마음이 안정된 어머니의 밝은 에너지가 전달되어 자녀의 마음을 안정시켜 주기 때문입니다. 마음이 안정되면 학업 능력이 신장된다는 연구결과가 있습니다.

또한 기도를 올릴 때 "공부를 잘하게, 시험을 잘 치르게 해 주십시오."라고 빌지 말고 감사한 마음을 올리십시오. "우리 아이가 아무 탈 없이 공부에 전념하고 공부하는 대로 좋은 결실을 맺을 수 있게 해 주셔서 감사합니다."라는 감사 기도를 올리면 감사한 일이 생깁니다. 업감은 그런 마음 상태를 뜻하는 겁니다. 업감도 선과 악이 있습니다. 좋은 업감만을 생각하십시오. 안 좋은 것도 좋게 보려고 하는 안목이 생기기 시작하면 안 좋은 것도 좋아지게 하는 위신력을 체험할 수 있습니다.

사실 그렇게 순수하게 지극정성으로 기도하는 것 자체가 위신력이 됩니다. 처음에는 자녀·배우자·부모형제 등 가족을 위한 기도로 시작했겠지만, 그 대상을 점점 이웃으로, 나라로, 지구로 확장시켜 갈 때 가정의 평안에서 나아가 지구의 평화가 옵니다. 모쪼록 지장보살의 화신이 되어 기도하며 10선(1. 방생, 2. 베풂 3. 청정한 범행으로 실천, 4. 진실한 말만 하는 것, 5. 솔직하고 확실하게 말하는 것, 6. 온화하게 말하는 것, 7. 착하고 부드럽게 말하는 것, 8. 욕심을 없애고 형편껏 나누는 것, 9. 화내지 않는 것, 10. 바른 가치관을 갖는 것)을 행하여 지옥을 극락으로 바꾸는 주인공이 되십시오.

지장경을 읽는 즐거움

세상에서 가장 아름다운
최상의 효도

또 한량없는 과거의 아승지겁에 한 부처님이 세상에 나타나셨으니 그 부처님의 이름은 청정연화목여래이시고 수명은 40겁이셨다. 그 부처님의 상법(像法)시대에, 한 나한이 있어 복을 베푸는 것으로써 중생을 제도하였다. 인연에 따라 중생들을 교화하다가 광목(廣目)이라는 한 여자를 만났더니 음식을 대접하기에 나한이 물었다.

"그대는 무엇을 원하는가?"

"저는 어머니가 돌아가신 날을 기하여 명복을 빌어 구해 드리려고 하지만 어머니가 어느 곳에 태어났는지 알지 못합니다."

나한이 불쌍히 여기고 선정바라밀에 들어 광목의 어머니가 간 곳을 알아보니 지옥에 떨어져 모진 고통을 받고 있었다. 나한이 광목에게 물었다.

"그대의 어머니는 세상에 있을 때 어떤 업을 지었는가? 지금 그대의 어머니는 지옥에 떨어져 고통을 받고 있다."

"제 어머니는 습성이 물고기와 자라 같은 것을 즐겨 먹었으며 그 중에서도 고기 알 같은 것을 즐겨 먹었습니다. 때로는 구워먹고, 때로는 쪄서 마음껏 먹었으니 그 수가 천만 마리는 더 될 것입니다. 존자께서는 불쌍히 여기셔서 제 어머니를 제도하여 주십시오."

나한은 광목을 가엾게 여기고 다음과 같이 일러주었다.

"지극한 정성으로 청정연화목여래를 생각하고 그 부처님의 형상을 그려서 모시면 산 사람이나 죽은 사람이나 모두 좋은 과보를 얻게 되리라."

광목은 나한의 말을 듣고 곧 아끼는 물건을 바쳐서 불상을 그려 모시고 공양을 올리며 더욱 공경하는 마음으로 우러러 예배하였다. 문득 새벽녘 꿈에 부처님을 뵈오니 금빛이 찬란하기가 마치 수미산과 같았다. 그 부처님께서 광목에게 이르셨다.

"그대의 어머니가 오래지 않아 그대의 집에 태어나리니 배고픔과 추위를 겨우 느낄 만하면 곧 말을 할 것이다."

얼마 뒤 광목의 집에 있는 하녀가 자식을 낳으니 사흘이 못 되어 머리를 숙여 슬피 울면서 광목에게 말했다.

"나고 죽는 업연의 과보는 스스로 받기 마련이다. 나는 네 어미이다. 오래 어두운 곳에 있었다. 너와 이별한 뒤 여러 번 큰 지옥에 떨어졌다가 이제 너의 복력을 입어 미천한 사람의 몸으로 태어났으나 단명하여 나이 열세 살이 되면 죽어서 다시 악도에 떨어질 것이다. 네가 나의 업보를 벗어나게 할 방법은 없느냐?"

광목은 이 말을 듣고 슬피 울면서 자기 어머님임을 의심치 않고 하녀의 자식에게 말했다.

"당신께서 제 어머니라면 스스로 지은 죄를 이미 알지 않습니까? 어떤 업을 지었기에 악도에 떨어지셨습니까?"

"살생의 악업과 3보를 비방한 업을 지어 악도에 떨어지는 과보를 받았다. 만일 네가 복을 지어 나를 고난에서 구제해 주지 않았더라면 나는 이와 같은 업에서 도저히 벗어날 수 없었을 것이다."

광목이 물었다.

"지옥에서 받던 죄의 과보는 어떠했습니까?"

"지옥에서 받던 죄의 과보는 차마 말로 할 수 없다. 백천년을 두고 말하더라도 다 말할 수 없을 것이다."

광목은 이 말을 듣고 눈물을 흘리며 허공을 향해 말했다.

"원하옵나니 제 어머니를 지옥에서 영원히 벗어나게 해 주소서. 열세 살에 목숨을 마치고는 다시 무거운 죄보로 악도에 들어가지 않게 하옵소서. 시방에 계신 모든 부처님이시여, 자비로써 저를 불쌍히 여기시고 제가 어머니를 위하여 일으키는 큰 서원을 들어주옵소서. 만일 어머니가 3악도(三惡道)와 미천한 신분과 여인의 몸까지 버리고 영겁이 지나도록 죄의 과보에서 벗어나게 해 주신다면, 제가 청정연화목여래의 상 앞에서 맹세하겠습니다.

오늘부터 무수한 세계의 지옥과 3악도에서 고통 받고 있는 모든 중생들을 맹세코 제도하여 지옥·축생·아귀의 몸에서 영원히 벗어나게 하며, 이와 같은 무리들을 모두

다 성불하게 한 뒤에 제가 비로소 올바른 깨달음을 얻도록 하겠습니다.'

광목이 이와 같은 서원을 발하자 청정연화목여래께서 감응하여 말씀하셨다.

"광목이여, 그대가 큰 자비로 어머니를 위해 이렇게 큰 서원을 세웠구나. 그대의 어머니는 열세 살이 되면 이 과보를 버리고 바라문으로 태어나서 100세까지 살 것이다. 그후에는 근심이 없는 국토에 태어나서 헤아릴 수 없는 겁을 살다가 불과(佛果)를 이루고 항하사의 모래알 같은 수많은 인간과 천상의 중생들을 널리 제도하리라."

지장보살이 전생에 여자로 태어나 광목(廣目)이라는 이름으로 살았을 때 지옥에 떨어진 어머니를 구제하기 위해 서원을 세우는 내용이 생생하게 펼쳐지고 있습니다. 광목의 어머니는 살생과 3보를 비방하는 악업을 지어 무간지옥에 떨어졌습니다. 이에 광목은 부처님께 공양을 올리며 미래세의 많은 중생을 제도하겠으니 어머니를 구원해 달라고 지극한 마음으로 발원하였습니다. 사실 앞서 말씀드렸듯이 업감연기에서 보자면, 살생을 하고, 부처님을 비방하거나 3보정재를 가로채거나 하면 무간지옥에 떨어지게 되며, 구원받기가 매우 힘들다고 하였습니다.

그런데 광목의 공양과 큰 서원으로 광목의 어머니는 무간지옥에서 벗어났을 뿐만 아니라 헤아릴 수 없는 겁을 살다가 불과

(佛果)를 이루고, 수많은 인간과 천상의 중생들을 널리 제도하리라는 수기를 받았습니다. 콩 심은 데 콩 나고 팥 심은 데 팥 나는 것은 자연의 이치입니다. 하지만 인과의 사슬을 끊을 수 있는 방법이 있습니다. 전생의 악업을 끊고 정해진 업장도 소멸할 수 있는 분이 바로 지장보살입니다. 지장보살은 대승보살 가운데 가장 탁월한 구원의 능력을 가진 분입니다.

우리가 눈여겨봐야 할 것은 지장보살의 큰 원력을 세우게 된 계기가 바로 무간지옥에 떨어진 어머니를 구하기 위한 효심에서 비롯되었다는 것입니다. 이제 최상의 효도가 무엇인지 아시겠습니까? 부모님을 위해 10선을 행하고, 기도하고 발원하는 것입니다. 자식이 부모를 살해하는 뉴스가 간간이 들려올 정도로 인류 도덕이 땅에 떨어진 지옥 같은 이 시대, 지장경의 가르침으로 밝혀서 효성으로 대표되는 인간성을 회복하고 이 땅을 극락정토로 만들어야 할 것입니다.

이 책을 읽으면서 부처님과 지장보살을 만난 여러분은 이제 새롭게 태어나신 것입니다. 여러분 모두 효자 효녀로 거듭날 것이고, 어떠한 불행에도 직면하지 않을 것입니다. 우리의 인연이 여러분을 지장보살의 화신으로 만들어 주기 때문입니다. 그런데 간혹 그동안 알게 모르게 지은 업장과 악습으로 말미암아 화도 불쑥불쑥 나고, 욕심도 내고, 어리석은 탐·진·치 3독에 휘둘릴 수도 있습니다. 그렇지만 고민하지 마십시오.

예를 들어 이마에 여드름이 났다고 칩시다. 출가하여 얼마 되지 않았을 때 이마에 여드름이 나서 고민이 많았습니다. 젊을 때는 뭐든지 신경이 더 쓰입니다. 먼 길을 걸어 시내 약국까지 찾아다니며 연고를 사다 바르는 제 모습을 보고 은사스님이 "그냥 내비 둬라, 자연히 다 없어지게 돼 있다."라고 하시는데, 처음에는 조금 서운했습니다. 그런데 며칠 지나자 은사스님 말씀처럼 감쪽같이 여드름이 모두 사라지고 반들반들해졌습니다.

우리를 둘러싼 온갖 불행한 상황도 마찬가지입니다. 불행에 매달려 있으면 거기에서 못 벗어납니다. 매달릴수록 나쁜 느낌이 강하게 들고, 자연히 거기에 더욱 갇히게 됩니다. 불행한 일이 닥쳤을 때, 거기에 얽매이면 이중과세를 치르는 셈입니다. '이 또한 그냥 지나가리라'는 마음으로 초연히 대하면서 10선(十善)을 행하고, 기도하고, 발원하십시오. 행복한 인생이 열립니다.

지장보살에게 귀의한 공덕

석가모니 부처님께서 정자재왕보살에게 다시 말씀하셨다. "그때 광목을 복으로써 인도한 나한은 바로 무진의보살이며, 광목의 어머니는 곧 해탈보살이며, 딸이었던 광목은 곧 지장보살이다. 과거의 오랜 겁을 지나오는 동안 지장보살은 이토록 자비로써 불쌍히 여기고 항하사의 모래 알과 같이 많은 서원을 세우고 중생들을 널리 제도하였

지장경을 읽는 즐거움

다. 앞으로 오는 세상에 만일 남자나 여자로서 착한 일을 하지 않는 자, 악한 일을 하는 자, 인과를 믿지 않는 자, 사음한 자, 거짓말·이간질·악담하는 자, 대승법을 믿지 않는 자는 모두 악도에 떨어질 것이다.

만일 선지식을 만나 그의 가르침으로 손가락을 한 번 튕기는 사이라도 지장보살에게 귀의하면 이 모든 중생은 곧 3악도의 죄업에서 풀려날 것이다. 만일 지극한 마음으로 귀의하여 공경하고 예배 찬탄하는 사람은 미래 세상의 헤아릴 수 없는 많은 세월을 항상 여러 하늘에 살면서 묘한 안락을 얻을 것이다. 또한 천상의 복락이 다해 다시 인간 세상에 태어나더라도 능히 제왕이 되어서 숙세의 인과를 기억하게 될 것이다.

정자재왕보살이여, 이와 같이 지장보살에게는 불가사의한 큰 위신력이 있어서 널리 중생을 이롭게 하느니라. 그대들 보살들은 이 경을 쓰고 널리 펴서 전하도록 할지니라."

정자재왕보살이 부처님께 말씀드렸다.

"부처님이시여, 바라옵건대 염려하지 마시옵소서. 저희 수많은 보살들이 반드시 부처님의 위신력을 받들어 널리 이 경을 설하여 염부제의 중생들에게 이익토록 하겠습니다."

정자재왕보살이 부처님께 이와 같이 말씀드리고 합장예배하면서 물러갔다.

부처님 앞에 3천 배를 하면 부처님이 반만 눈을 뜬다는 말이 있습니다. 어느 보살님이 남편이 암에 걸려 지극정성으로 3천 배를 했습니다. 그런데 그 보살님이 3천 배를 하고 일어서니까 부처님께서 같이 일어서더랍니다. 부처님께서 묵은 먼지를 털며 일어나서 하시는 말씀이 "보살아! 무슨 뜻이 그리 간절하여 지극정성으로 절을 하였느냐? 말 없이 절만 하니 무슨 내용인지 모르겠으니, 내 네 집을 방문하여 들어주려 한다."

이러한 부처님의 말씀을 듣고 깜짝 놀란 보살은 손을 내저으며 거절했습니다. 생각해 보니 집에 가면 남편과 티격태격 싸움도 해야 되겠고, 고기도 먹어야 하고, 수다 떨며 놀기도 해야 하는데 부처님이 따라오겠다고 하니 겁이 덜컥 났던 것입니다.

"집에서 하고 싶은 것 내 맘대로 하게만 해 주십시오."라고 기도하곤 헐레벌떡 내려왔습니다. 한참을 뛰다 걷다 일주문 앞에서 헐떡거리는 숨을 진정시키며 생각해 보았습니다. '부처님은 왜 집에까지 가서 소원을 들어주시려 하는가? 그냥 절에 계시면서 들어주시면 될 것'을 하는 원망심까지 들었습니다.

그러나 이 보살은 부처님과 동행했어야 합니다. 중생들은 이런저런 이유로 부처님과 함께 가기를 꺼려합니다. 위의 예화는 이러한 우리 중생들의 어리석음을 일깨우는 내용입니다. 부처님과 함께함으로써 우리 안에 깃든 불성을 드러내어 원만하고 완전한 생명체로 나아갈 수 있도록 해야 하는데, 우리 스스로 이를 부정하고 거부하고 있습니다. 그래서 바른 소견을 지녀야 한

지장경을 읽는 즐거움

다는 것입니다.

"만일 선지식을 만나 그의 가르침으로 손가락을 한 번 튕기는 사이라도 지장보살에게 귀의하면 이 모든 중생은 곧 3악도의 죄업에서 풀려날 것이다."라는 지장경의 말씀도 그와 마찬가지 이치입니다. 손가락을 한 번 튕기는 아주 잠깐 동안이라도 지장보살에게 귀의하면 3악도의 죄업에서 풀려나는데, 부처님과 동행하는 공덕이야 얼마나 크겠습니까?

부처님은 지혜와 복덕의 상징입니다. 부처님과 함께 갈 때 우리는 중생의 마음을 자제하고 부처님을 닮아가게 되고, 마침내 우리도 부처님처럼 지혜와 복덕을 누릴 수 있는 것입니다.

일체 중생을 구제하고
해탈케 하는 방편

그때 사방의 천왕이 함께 자리에서 일어나 합장하고 부처님께 여쭈었다.

"부처님이시여, 지장보살은 과거 오랜 겁을 지나오면서 이와 같이 큰 서원을 발하였는데 어찌하여 지금까지 중생들을 모두 제도하지 못하고 다시 넓고 큰 서원을 발하옵니까? 바라옵건대 저희들을 위하여 말씀해 주옵소서."

부처님께서 사천왕에게 말씀하셨다.

"참으로 장하다. 내가 이제 그대들과 미래·현재의 하늘과 모든 인간 중생들에게 널리 이익을 주기 위하여, 지장보살이 사바세계에서 고통 받고 있는 일체 중생을 구제하고 해탈케 하는 방편을 설하겠노라."

사천왕이 부처님께 말씀드렸다.

"부처님이시여, 바라옵건대 기꺼이 듣고자 하옵니다."

부처님께서 말씀하셨다.

"지장보살은 오랜 겁을 지나 지금에 이르기까지 많은 중생들을 제도하여 해탈케 하였지만, 그 서원은 아직도 다하지 않았느니라. 자비로운 마음으로 이 세상의 고통 받는 중생들을 불쌍히 여기며 한량없는 겁 동안 업의 인연이 끊이지 않음을 너무나 많이 보게 되므로 다시 또 원을 발하게 되는 것이니라. 이와 같이 보살은 사바세계 염부제 안에서 백천 만억 가지의 방편으로 중생들을 교화하고 있다.

사천왕이여, 지장보살은 만일 중생을 죽이는 이를 보면 태어나게 될 때마다 재앙이 있고 단명하게 되는 과보를 받는다고 설해 준다.

만일 도둑질하는 이를 보면 가난으로 고통 받는 과보를 설해 줄 것이며, 만일 사음하는 사람을 보면 비둘기·공작·원앙새의 과보를 설해 준다.

만일 거칠게 말하는 사람을 보면 항상 친지와 싸우는 과보를 말해 주고, 만일 사람을 비방하는 이를 보면 혀가 없고 입에 창병이 나는 과보를 말해 준다.

만일 화내는 사람을 보면 얼굴이 사납게 일그러지는 과보를 말해 주며, 만일 간탐하고 인색한 사람을 보면 구하는 것이 뜻대로 구해지지 않는 과보를 말해 주며, 만일 음식을 법도 없이 먹는 사람을 보면 배고프고 목마르고 목에 병이 나는 과보를 말해 준다.

만일 사냥하기를 좋아하는 사람을 보면 놀라거나 미쳐서 죽는 과보를 말해 주며, 만일 어버이에게 불효하는 이를 보면 천재지변으로 죽는 과보를 말해 준다.

만일 산과 숲에 불을 지르는 사람을 보면 실성해서 죽는 과보를 말해 주고, 만일 어느 생에서나 부모에게 악독하게 하는 사람을 보면 내생에 바뀌어 나서 매를 맞는 과보를 말해 주며, 만일 그물로 새를 잡는 사람을 보면 골육 간에 서로 이별하는 과보를 말해 준다.

만일 불·법·승 3보를 비방하는 사람을 보면 눈멀고 귀 막히고 벙어리가 되는 과보를 말해 주고, 만일 불법을 가벼이 여기고 불교를 업신여기는 사람을 보면 영원히 악도에 떨어지는 과보를 말해 준다.

만일 절의 재물을 마음대로 쓰는 사람을 보면 억겁 동안 지옥에서 윤회하는 과보를 말해 주며, 만일 청정한 행을 더럽히고 스님을 속이는 이를 보면 영원히 축생으로 윤회하는 과보를 말해 준다.

만일 끓는 물·불·무기로 생명을 죽이는 이를 보면 윤회하면서 서로 끊임없이 앙갚음하는 과보를 말해 주며, 만일 계를 파하는 이를 보면 새나 짐승이 되어 굶주리는 과보를 말해 준다.

재물을 바르게 쓰지 않고 낭비하는 사람을 보면 구하는 바가 막히고 끊어지는 과보를 말해 주며, 만일 아만이 많은 이를 보면 미천한 종이 되는 과보를 말해 준다.

만일 두 말로 이간질시켜서 싸움을 하게 만드는 자에게는 혀가 없거나 혀가 백이나 되는 과보를 말해 주며, 만일 삿된 소견으로 어리석은 사람을 보면 변방에 태어나는 과보를 말해 줄 것이다.

이와 같이 염부제의 중생들이 몸과 입과 생각으로 짓는 악업의 결과로 받게 되는 백천 가지 과보를 말하였느니라. 이와 같이 염부제 중생이 지은 악업의 과보의 차이에 따라 지장보살은 백천 가지 방편으로 교화하고 있건만, 중생들은 이와 같은 죄의 업보를 미리 받고 뒤에 지옥에 떨어져 여러 겁이 지나도록 벗어날 기약이 없다. 그러므로 그대들은 사람과 나라를 보호하여 이 모든 죄업으로 중생을 미혹하게 만들지 말지어다."

사천왕은 이 말씀을 듣고 눈물을 흘리고 슬피 탄식하면서 합장하고 물러갔다.

지장경을 읽는 즐거움

사천왕의 질문에 대해 부처님께서 조목조목 과보를 받게 되는 원인에 대해 설명해 주고 있습니다. 살생을 하면 단명의 과보를 받고, 도둑질을 하면 빈궁의 과보를 받고, 사냥을 하면 미쳐서 죽는 과보를 받는 등 일일이 과보의 원인을 알려줌으로써 경각심을 갖게 하고 더 이상 악업을 짓지 않게 하는 법을 적나라하게 보여주었다고 할 수 있습니다.

또한 재물을 함부로 쓰거나 사람을 함부로 대하면 구하는 것이 막히고 끊어지는 과보를 받는다는 내용이 눈에 뜨입니다. 마땅히 해야 할 것은 하지 않고 헛된 것에 탐착하게 되면 사람이 모여들지 않습니다. 한편 교만한 자는 반드시 괴로움의 과보를 받고, "두 말로 이간질시켜서 싸움을 하게 만드는 자는 혀가 없거나 혀가 백이나 되는 과보"를 받는다고 했습니다. 세 치 혀가 사람을 죽일 수도 있고 살릴 수도 있다는 사실을 명심해야 할 것입니다.

나쁜 말과 나쁜 행위, 나쁜 마음 등의 악업에 자꾸 물들게 되면 업감이 됩니다. '나쁘다'라고 하는 말과 느낌은 그저 '소견(所見)'일 뿐입니다. 이런 일도 있을 수 있고 저런 일도 있을 수 있는 것처럼 느낌의 좋고 나쁨은 저마다 다릅니다. 그런데 수행과 기도를 하면 근본적으로 운명을 바꿀 수 있습니다. 지장기도, 관음기도를 통해 여러분이 마음 수행을 하듯이 나쁜 것을 좋은 것으로 자꾸 바꿔 나가려는 노력을 하다 보면 나쁜 감정이 좋은 감정으로 바뀝니다. 이것이 '유심소견(唯心所見)'의 원리입니다.

사실은 좋고 나쁜 것의 실체는 없는데 혹시라도 나쁘게 느끼는 감정과 행위(karma)가 있다면 반드시 지우고, 좋은 감정과 좋은 행동으로 채워 가시면 됩니다. 마음이라는 광대무변의 세계는 기억이 자꾸 들어가면 쌓이게 마련입니다. 그러므로 좋은 감정, 좋은 행위, 좋은 말만 쌓아 가십시오. 불평불만 대신 좋은 것을 쌓아 가면 연금저축처럼 선업이 두둑하게 저축되어 세세생생 복락을 누릴 수 있습니다.

　　　　　　　　　　　　　지장경을 읽는 즐거움

제5 지옥명호품

地 獄 名 號 品

—

지옥의 이름도,
그 고통도 끝이 없다

地獄名號品

제5 지옥명호품
地獄名號品

—

지옥의 이름도,
그 고통도 끝이 없다

　　　　　　　　제5 「지옥명호품(地獄名號品)」에서는 수많
은 지옥 이름을 열거하고 각각의 지옥에서 받는 고통을 세세하
게 보여줌으로써 악업을 짓기 않도록 일깨워 주는 내용이 담겨
있습니다. 지옥뿐만 아니라 이 세상은 우리가 짓는 업에 따라
만들어집니다. 업이 수없이 많은 것처럼 지옥의 수 또한 일일이
열거할 수 없을 정도로 많습니다. 아울러 악업이 고통을 불러오
는 것은 당연한 결과인지라 각각의 지옥마다 중생들이 받는 고
통 또한 한량없이 많다는 것을 보여주고 있습니다.

지옥의 이름과 죄의 과보

그때 보현보살이 지장보살에게 말했다.

"지장보살이시여, 바라옵나니 천신과 인간·용·8부신중(八部神衆)과 미래·현재의 일체 중생을 위해서, 사바세계 죄업중생이 받는 지옥의 이름과 과보를 받는 일을 말씀하시어 미래세의 말법중생들로 하여금 그 과보를 알게 해 주십시오."

지장보살이 대답했다.

"어진 이여, 내가 이제 그대에게 부처님의 위신력과 대사의 힘을 받들어 지옥의 이름과 죄의 과보에 대해서 간략히 말씀드리겠습니다.

염부제 동쪽에 산이 있는데 이름은 철위산이며 그 산은 어둡고 깊어서 해와 달도 비추지 못합니다. 여기에 큰 지옥이 있는데 이름하여 무간지옥(無間地獄)이라 하며, 또 지옥이 있는데 이름하여 대아비지옥(大阿鼻地獄)이라고 하며, 또 다른 지옥은 이름하여 사각(四角)이라고 합니다.

또 비도지옥(飛刀地獄), 화전지옥(火箭地獄), 협산지옥(夾山地獄), 통창지옥(通槍地獄), 철거지옥(鐵車地獄), 철상지옥(鐵床地獄), 철우지옥(鐵牛地獄), 철의지옥(鐵衣地獄), 천인지옥(千刃地獄), 철려지옥(鐵驢地獄), 양동지옥(洋銅地獄), 포주지옥(抱柱地獄), 유화지옥(流火地獄), 경설지옥(耕舌地獄), 좌수지

옥(剉首地獄), 소각지옥(燒脚地獄), 담안지옥(啗眼地獄), 철환
지옥(鐵丸地獄), 쟁론지옥(諍論地獄), 철부지옥(鐵鈇地獄), 다
진지옥(多瞋地獄)이 있습니다."

지장보살이 또 말했다.

"철위산 속에는 이와 같은 지옥들이 수없이 있습니다. 또
한 규환지옥(叫喚地獄), 발설지옥(拔舌地獄), 분뇨지옥(糞尿地
獄), 동쇄지옥(銅鎖地獄), 화상지옥(火象地獄), 화구지옥(火狗
地獄), 화마지옥(火馬地獄), 화우지옥(火牛地獄), 화산지옥(火
山地獄), 화석지옥(火石地獄), 화상지옥(火床地獄), 화량지옥
(火梁地獄), 화응지옥(火鷹地獄), 거아지옥(鋸牙地獄), 박피지
옥(剝皮地獄), 음혈지옥(飮血地獄), 소수지옥(燒手地獄), 소각
지옥(燒脚地獄), 도자지옥(倒刺地獄), 화옥지옥(火屋地獄), 철
옥지옥(鐵屋地獄), 화낭지옥(火狼地獄) 등이 있습니다.

이러한 여러 지옥 속에는 또 각각 작은 지옥들이 있는데
하나에서 둘·셋·넷·백천까지 있으니 그 이름이 각각 다
릅니다."

지옥이 얼마나 많은지 보여주는 대목입니다. 지장보살이 지
옥의 명호를 '대략' 말하겠다고 하면서 열거하고 있는데, 상상할
수 없을 정도로 무궁하게 펼쳐집니다. 이 대목에서 특별히 중요
하게 짚고 넘어가야 할 게 있습니다. 앞에서도 말씀드렸지만, 지
옥은 내가 듣고 보고 느끼는 데 있을 뿐 실체로서의 지옥은 없

습니다. 극락이든 지옥이든 자기에게 일어난 일, 겪은 일 중에서
시각화하고 느껴서 감정화하는 것일 뿐입니다. 또한 업감을 느
끼면 업력이 생깁니다. 다시 한 번 더 강조하는데, 여러분은 좋
은 것만을 느껴야 합니다. 절대로 불평불만의 희생자가 되어서
는 안 됩니다. 언제 어느 때든 불평불만 대신 감사의 마음을 불
러일으켜야 합니다. 그러면 훨씬 좋은 관계가 형성되고 유지됩
니다. 한생각 돌이켜 불만 대신 감사의 마음을 보내면 지옥 같
았던 집안이 극락이 되고, 이간질로 싸움이 붙어 아수라장 같
았던 사무실이 고요하고 맑고 깨끗한 극락정토가 될 것입니다.

작은 악도 가벼이 여기지 말라

지장보살이 또 다시 보현보살에게 말했다.
"어진 이여, 이 여러 가지 지옥들은 모두 사바세계에서 악
업을 지은 중생들의 업력으로 생겨난 것입니다. 업의 힘
은 매우 커서 능히 수미산과 겨룰 만하며 깊고 큰 바다와
같아서 성도(成道)의 길을 방해합니다.
그러므로 중생들은 아무리 작은 악이라도 죄가 되지 않
는다고 가벼이 여기지 말아야 합니다. 아무리 작은 악이
라도 죽은 뒤에는 과보를 받아야 하며, 부모와 자식 사이
라도 가는 길이 각각 다르고 비록 서로 만날지라도 죄업

을 대신 받을 수 없습니다.

내가 이제 부처님의 위신력을 받들고 지옥에서 죄업의 과
보를 받는 일을 말하리니 잘 들어보시기 바랍니다."

지옥은 악업을 지은 중생들의 업력으로 생겨난다고 했습니
다. 다시 말하면 지옥세계가 따로 있는 게 아니라는 말입니다.
영화관에서 필름에 따라 스크린에 이런저런 영화가 상영되듯이
중생들의 업력에 따라 지옥이 나타났다가 극락이 나타났다가
하는 것입니다.

앞에서도 말씀드렸듯이 우리가 마음 쓰는 대로, 업을 짓는 대
로 세계가 형성됩니다. 예를 들어 아이가 꿈속에서 목이 말라
음료수를 벌컥벌컥 들이마시고 오줌이 마려워 화장실에 가서
시원하게 소변을 보는 꿈을 꾸었습니다. 다음날 아침 꿈에서 깨
어났는데, 실제로 이부자리에 오줌을 질펀하게 싸 놓아 꾸지람
을 듣는 아이들이 많습니다.

악몽에 시달리는 경우도 마찬가지입니다. 간혹 두렵고 무서운
꿈을 꾸기도 할 것입니다. 하지만 절대로 이런 꿈에 농락당할 필
요가 없습니다. 꿈속에서도 지장보살을 찾으면 됩니다. 이고득
락(離苦得樂)해 주실 것을 믿고 지장보살님께 의지하면 두렵고
무서운 꿈은 찾아오지 않을 것입니다.

"아무리 작은 악이라도 죄가 되지 않는다고 가벼이 여기지 말
아야 합니다. 아무리 작은 악이라도 죽은 뒤에는 과보를 받아야

하며, 부모와 자식 사이라도 가는 길이 각각 다르고 비록 서로 만날지라도 죄업을 대신 받을 수 없습니다."라고 하셨습니다. 아무리 작은 악이라도 과보를 받게 되므로 가벼이 여기지 말아야 합니다. 또한 업은 부부지간, 부모형제지간이라도 그 누구도 대신 받아줄 수 없습니다. 다만 지장보살의 위신력으로 과보에서 벗어날 수 있는 길, 심지어 무간지옥에서 벗어나 성불할 수 있는 길을 열어 놓았으니 지장경이야말로 대승경전 중의 으뜸이라 하지 않을 수 없습니다.

지장보살의 말씀을 듣고 불법(佛法)으로 돌아오라

보현보살이 대답했다.

"내가 3악도(三惡道)의 업보를 안 지는 오래 되었습니다. 지금 다시 이렇게 바라는 바는 후세 말법시대의 모든 악업 중생들이 지장보살의 말씀을 듣고 불법으로 돌아오게 하려는 것입니다."

지장보살이 말했다.

"지옥의 업보는 이와 같습니다. 어떤 지옥은 혀를 뽑아서 소로 하여금 갈게 하고, 어떤 지옥은 죄인의 심장을 꺼내어 야차(夜叉)가 먹으며, 어떤 지옥은 물을 펄펄 끓여 몸을 삶습니다.

어떤 지옥은 벌겋게 달군 구리쇠 기둥을 죄인들로 하여금 안게 합니다. 어떤 지옥은 맹렬하게 타오르는 불더미를 죄인의 몸에 덮어 씌웁니다.

어떤 지옥은 언제나 차가운 얼음만으로 이루어져 있으며, 어떤 지옥은 한량없는 똥과 오줌뿐입니다.

어떤 지옥은 쇠뭉치가 날아서 죄인을 쫓아오며, 어떤 지옥은 불창으로 찌릅니다. 어떤 지옥은 몽둥이로 가슴과 배를 때리며, 어떤 지옥은 손발을 태웁니다.

어떤 지옥은 쇠뱀이 달려들어 몸을 칭칭 감아 조이며, 어떤 지옥은 몸이 쇠로 된 개가 달려들며, 어떤 지옥은 불에 달군 쇠로 된 나귀를 타게 합니다.

이와 같은 업보를 받는 지옥마다 백천 가지의 형구(刑具, 고통을 주는 기구)가 있는데, 모두 구리·무쇠·돌·불로 되어 있습니다. 이 네 가지 물건은 여러 가지 업의 작용을 나타내는 것입니다.

만약 지옥의 업보에 대하여 자세히 말한다면 각각의 지옥마다 다시 백천 가지의 고통이 있는데 하물며 다른 지옥의 고통들은 더 말할 바가 있겠습니까?

내가 이제 부처님의 위신력과 보현보살의 물음을 받들어 간략히 말했으나 만일 상세히 말하고자 한다면 겁이 다하더라도 다 말할 수 없을 것입니다."

지장보살의 말씀을 듣고 불법(佛法)으로 돌아오게 하기 위해 소름이 끼칠 정도로 혹독한 지옥의 온갖 고통에 대해 세세하게 묘사하고 있습니다. 불교의 기본 사상은 인연법이요, 인과응보라고 할 수 있습니다. "잘 되면 내 탓, 못 되면 조상 탓"이라는 말이 있는데, 자신이 지은 업대로 나쁜 업을 받았으면서도 조상 탓으로 돌리는 사람들이 많습니다. 그러나 실제로는 '제 탓'이라는 것을 분명히 알아야 합니다. 결단코 남 탓을 하지 않고 자기변명 또한 하지 말고 지장기도 수행을 제대로 하십시오. 바로 그 자리에서 지옥이 극락으로 변하는 신통력을 보게 될 것입니다.

　우리가 불자가 되어 신행하는 이유는 지금보다 나아지고 싶고 행복해지고 싶기 때문입니다. 행복의 법칙을 알려 드리겠습니다. 앞에서도 계속 강조해 왔습니다만, 좋은 것도 업이고 나쁜 것도 업인데 이왕이면 좋은 업을 생각하고 좋은 업을 짓자는 것입니다. 그런데 우리들의 생각과 말과 행동이 좋지 않은 쪽으로 규정되어 있는 경우가 많습니다. 이것이 계속 반복되고 지속된다는 사실을 망각하고 삽니다. 결국 나를 힘들게 하는 요인이 5%밖에 안 되는데 자기의 전도된 생각 때문에 전체가 나쁘다고 인식합니다.

　봄에 꽃이 아름답게 피면 좋은 인연·공덕·은혜·사랑이 나에게 베풀어져 있는 덕분에 그 꽃을 볼 수 있다는 것을 아셔야 합니다. 좋은 업이 있어서 좋고 아름다운 것을 보고 듣게 되는 것입니다. 그런데 이를 잊어버리고 안 좋은 것만 자기 것이라고 주

　지장경을 읽는 즐거움

장합니다. 억울하고 괴로운 일이 생겼을 때 업이라고 생각하고 자책하며 괴로워하지 마십시오. 안 좋은 것도 좋은 것으로 돌려서 삶을 업그레이드할 수 있습니다.

지장경의 가르침이 바로 여기에 있습니다. 지장경을 한 번 읽는 것만으로도 3세의 인연을 지을 수 있다고 하였습니다. 바로 전생부터 이어내려 온 숙세의 업을 녹일 수 있다는 말입니다. 늘 지장보살을 염하고 기도하십시오. 무엇이든 좋게 보는 안목을 가지십시오. '책받침'의 안목이 생깁니다. '책받침'이란 바탕을 말합니다. 불행과 가난이 본래 없다고 생각하면 안 좋은 것이 자꾸 고개를 들이밀어도 불행의 고통 속에 빠지지 않습니다. '좋은 것이 끝까지' 쫓아오게 만드는 비법이 여기에 있습니다.

95%의 공덕이 이렇게 될 때 만들어집니다. 순조롭고 원만치 못한 5%에 구속되어서는 절대 안 됩니다. 다시 한 번 더 말씀드리건대 지나온 것은 잊고 지금 이 순간 새로이 시작하시면 됩니다. 불교를 공부하는 사람들은 본질적으로 번영할 수 있고 본질적으로 행복해질 수 있습니다. 이러한 절대긍정이 지장경의 본질이고 요체(要諦)라는 것을 이제 다 아셨을 것입니다.

제6 여래찬탄품
如 來 讚 歎 品

—

여래께서 지장보살의
복덕과 위신력을 찬탄하시다

如來讚歎品

제6 여래찬탄품
如來讚歎品

—

여래께서 지장보살의
복덕과 위신력을 찬탄하시다

 제6 「여래찬탄품(如來讚歎品)」은 부처님께서 온갖 업보의 고통을 받는 중생들을 구원해 주는 지장보살을 찬탄하는 내용입니다. 경전에는 중생들을 위해 질문을 하고 법을 청하는 청법자가 있는데, 여래찬탄품에서는 보광보살이 그 역할을 하고 있습니다. 보광보살의 청에 의해 부처님께서 지장보살이 불가사의한 위신력으로 인간과 천상을 이익케 하는 복덕에 대해 밝혀주고 있습니다.

'여래찬탄품'은 '여래가 찬탄하는 품'으로도 해석할 수 있지만 거꾸로 '여래를 찬탄한다'고 봐도 틀리지 않습니다. '여래(如來)'는 '본래부터 와 있는 자', 진리에 따라 이 세상에 와서 진리를 가르치는 사람이라는 뜻입니다. 부처님을 부르는 열 가지 이름을 '여래10호(如來十號)'라고 합니다.

첫째가 응공(應供)인데, 마땅히 공양 받을 수 있는 자격을 갖춘 분이라는 말입니다. 둘째는 정변지(正徧知), 바른 깨달음을 이루신 분이라는 뜻입니다. 셋째는 명행족(明行足), 지와 행을 겸비한 분이라는 의미입니다. 넷째는 선서(善逝), 행복을 얻은 분이라는 뜻을 담고 있습니다. 다섯째는 세간해(世間解), 세간의 모든 일을 잘 아는 분이라는 말입니다. 여섯째는 무상사(無上士), 최상의 인간이라는 뜻입니다. 일곱째는 조어장부(調御丈夫), 사람들의 잘못된 생각을 조복시켜 제어하는 분이라는 것입니다. 여덟째는 천인사(天人師), 인간과 하늘의 큰 스승이라는 뜻입니다. 아홉째는 불(佛) 세존(世尊)입니다. 깨달은 사람, 세상에서 존경받는 분이라는 의미입니다. 열째가 여래(如來)입니다.

본래부터 '내가 있었다'라는 뜻을 가진 여래에 대한 인식은 매우 중요합니다. 석가모니 부처님께서는 '내가 부처이면 너희도 부처다. 나는 먼저 알았고 너희는 앞으로 알게 될 미완의 여래다'라고 하셨습니다. 우리도 모두 부처님처럼 여래로 태어날 불성을 가지고 있다는 것입니다. 여래찬탄은 부처님에게 찬탄을 올린다는 의미도 있지만, 미완의 여래인 우리들이 서로 찬탄하고 칭찬한다고 해석하면서 공부해 나간다면 더욱 남다른 의미가 있다 하겠습니다.

우리는 빛으로 장엄된 존재

그때 세존께서 온 몸에 대광명을 놓으사 항하사와 같은 모든 부처님의 세계를 두루 비추시고, 큰 음성을 발하여 모든 부처님 세계의 일체 보살과 천신과 인간과 용·귀신·인비인(人非人)에게 말씀하셨다.

"내가 오늘 시방세계에서 불가사의한 큰 위신력과 자비의 힘으로써 온갖 업보의 고통을 받는 중생들을 구호하는 지장보살의 일을 드높이 찬탄하리라. 내가 멸도한 뒤에 그대들 모든 보살과 천·용·신중들은 널리 방편으로 이 경전을 지킬 것이며 일체 중생으로 하여금 모든 고통을 버리고 열반의 기쁨을 얻게 하라."

이와 같이 말씀하시자 그 자리에 있던 보광보살이 합장하고 부처님께 말씀드렸다.

"지금 부처님께서는 지장보살에게 불가사의한 대위신력이 있음을 찬탄하셨습니다. 오직 바라옵건대, 부처님께서는 미래세의 말법중생을 위하여 지장보살이 인간과 천상을 이익케 하는 인과에 대해서 말씀해 주십시오. 그리하여 모든 천과 용·8부신중(八部神衆)과 미래세 중생으로 하여금 부처님의 말씀을 받들게 하여 주십시오."

여래찬탄품은 세존께서 대광명을 놓으사 모든 부처님의 세계를 두루 비추시는 것으로 시작하는데, 바로 이어서 보광보살이 청법자로 등장합니다.

'보광보살(普廣菩薩)'은 그 이름에서도 알 수 있듯이 광명으로 넓게 가득 차 있는 보살입니다. 보광보살을 딱 집어 이렇다라고 설명하기는 어려우나 우리의 삶이 광명으로 가득 차 있음을 보여주는 보살이라고 생각하면 됩니다. 그런데 석가모니 부처님께서 말씀하신 대로 '내가 부처이고 그대들이 부처이다. 나는 이미 알았지만, 단지 너희는 앞으로 알 것(未完의 如來)이라는 차이만 있을 뿐이다'를 음미해 본다면 보광보살 역시 광명으로 가득 차 있는 우리의 세계를 말하는 것입니다.

지옥에서 중생들을 자비로써 구원해 주시는 분이 지장보살이듯이 보광보살 또한 우리가 빛으로 장엄돼 있는 존재임을 알려주는 대승보살입니다. 그런데 우리는 스스로 불성 존재요, 미완의 여래임을 모릅니다. 햇빛이 나를 비추어 주고 있음에도 인식하지 못하고, 늘 공기로 호흡하면서도 공기의 중요성을 모르듯이 말입니다. 그렇지만 지금 당장엔 인식하지 못할지라도 차차 깨닫게 될 것입니다.

여기에서 미래세라는 것은 앞날을 말하는 것입니다. 대다수 사람들의 대부분의 문제는 지나간 과거사에 대한 집착과 후회에서 비롯됩니다. 또한 미래세는 다가오지도 않았는데 미리 가불해서 사는 경우도 있습니다. 자꾸 다가올 미래에 대해 걱정을 늘어 놓는다는 것입니다. 점집에 가서 캐묻기도 하고 점쟁이의

지장경을 읽는 즐거움

말에 일희일비합니다. 미래세는 '지금'입니다. 지금의 연속선이 미래이기 때문입니다. 부(富)와 귀(貴)가 있으려면 생각의 전환이 필요합니다. 스스로 '부와 귀는 나의 것이다'라고 생각하고 그 생각을 실천에 옮기는 것입니다.

미래세는 중요합니다. 미래세가 좋아지려면 지금 풍요하다고 생각하고 존귀하다는 믿음을 가지고 발원하고 행동하면 됩니다. 자기가 넉넉하다고 지금 믿어야 합니다. '안 된다, 부족하다' 라고 생각하면 모자란 것만 들어오게 돼 있습니다. 그러므로 잘 되고 싶고 존귀하게 살고 싶다면 지혜와 복덕을 두루 갖춘 부처님의 가르침을 실천하면서 넉넉하고 여유롭고 대긍정의 사고를 가지면 됩니다. '부처'란 '불성'과 같은 말이고 복과 지혜는 이것의 대명사입니다. 부처가 되어 간다는 얘기는 복과 지혜가 충만해지는 상태를 말합니다.

이름은 부르는 대로 오게 된다

그때 부처님께서 보광보살과 비구·비구니·우바새·우바이에게 말씀하셨다.

"내가 마땅히 그대들을 위하여 지장보살이 인간과 천상을 이익케 하는 복덕에 대하여 간략히 말하겠느니라."

보광보살이 부처님께 말씀드렸다.

"부처님이시여, 기꺼이 듣고자 하나이다."

부처님께서 말씀하셨다.

"만일 미래세에 어떤 선남자 선여인이 지장보살의 명호를 듣고서 합장하는 이와 찬탄하는 이, 예배하는 이, 흠모하는 이는 30겁 동안 지은 죄에서 벗어나리라.

보광보살이여, 만일 어떤 선남자 선여인이 지장보살의 상을 그리거나, 혹은 흙·돌·아교·금·은·동·철로써 이 보살상을 조성하여 모시고 한 번이라도 예배하는 이는, 백 번이나 33천(三十三天)에 태어나고 영원히 악도에 떨어지지 않으리라. 혹 천상에서의 복이 다해 인간 세상에 태어난다고 해도 오히려 국왕이 되어서 큰 이익을 받으리라."

"지장보살의 명호를 듣고서 합장하고 찬탄하고 예배하며 흠모하기만 해도 30겁 동안 지은 죄에서 벗어난다."고 했습니다. 우리가 공기와 물의 소중함을 잘 모르듯이 쉬우면서도 큰 공덕을 짓는 방법이 있습니다. 합장·찬탄·예배·흠모 등이 바로 공덕을 짓는 비결입니다.

합장(合掌)은 자기겸손의 미덕을 보여줍니다. 내가 손을 모으고 겸허하게 정성껏 사람들을 대한다면 주변에 좋은 인연이 모여들게 되어 있고 자연히 좋은 일이 생기는 것입니다.

또한 경전에서는 예배를 하는 이를 작례자(作禮者)라 표현하였는데, 매우 중요한 의미를 담고 있습니다. 예의를 짓는다는 말은 어떠한 일에 대한 질서를 짓는다는 뜻입니다. 질서를 짓는다는 것은 신용이 바탕이 돼야 합니다. 그 사람에 대한 신용이 있으면 상대방이 도움을 줍니다. 신용은 바로 인력(引力)이 됩니다. 신용이 두터운 이는 어렵고 곤란한 지경에 처하더라도 주위의 도움을 받아 위기를 타개합니다. 신용은 자기 자신과의 믿음, 자신과의 신뢰가 우선되어야 합니다. '작례자'는 이런 점에서 매우 중요한 전범(典範)이 될 수 있습니다.

칠흑 같은 어둠 속에서는 아무것도 볼 수 없습니다. 그러나 촛불 하나, 등 하나 켠 것만으로도 훤하게 사물을 식별해 낼 수 있습니다. 그런데 눈을 뜨고 볼 때마다 안 좋은 것만 보인다면 이는 문제가 아닐 수 없습니다. 만일 불행한 일이 자꾸 생긴다면 원인은 자기한테 있습니다. 이것을 해결하는 방법이 정해진 업도 소멸시켜 주시는 지장보살의 명호를 부르면서 기도하는 것입니다. 지장보살을 자꾸 찾다보면 전율이 생깁니다. 어둠 속에 전등이 밝혀지듯 전율이 생기면 불행한 일에서 벗어날 수 있습니다.

이 전율을 불러일으켜 운명을 바꾸는 인물들이 경전에서 말하고 있는 지장보살의 이름을 듣는 자, 합장하는 자, 찬탄하는 자, 작례자, 연모자입니다. 이 다섯 종류의 사람들이야말로 30겁 동안 지은 죄를 초월할 수 있을 정도로 공덕이 크다 하였습니다. 이 모든 것을 한마디로 작연(作緣)이라 합니다. 인연을 짓는 것입니다. 지장보살의 이름을 부르고 합장하고 찬탄하고 예를 짓고 연모하는 것만으로도 지장보살이 보살펴주십니다.

쉽게 자녀를 비유해서 생각해 보세요. 자녀의 이름을 불러주고, 합장하는 마음으로 귀하게 여기고, 잘하는 것을 칭찬해 주고, 정성을 다해 자녀의 정돈된 모습을 유지시켜 주고, 늘 사랑하는 마음을 갖는다면 어떻게 될까요? 자기 자신에게 돌아오는 것은 값지고 자랑스러운 결과일 것입니다.

여기에서 '합장'은 내가 받는 것과 다르지 않고, 지장보살을 찬탄하는 것은 곧 자기를 찬탄하는 것과 다르지 않습니다. 또한 지장보살을 예배하는 것은 곧 자기를 예배하는 것과 다르지 않고 지장보살을 흠모하는 것은 곧 자기를 흠모하는 것과 다르지 않습니다. 내가 내 자녀를 지장보살처럼 대한다면 그것이 곧 나를 지장보살처럼 대하는 것과 똑같습니다. 이렇게 될 때 그 공덕으로 30겁 동안 지은 죄가 사라지고 만사가 평안하고 풍요로운 삶을 누릴 수 있는 것입니다.

이름은 부르는 대로 오게 되어 있습니다. 이러한 이치를 잘 파악해야 합니다. 은사스님께서 생전에 제게 자주 해 주신 말씀이 있습니다. "길동아! 하고 부르면 길동이가 오게 돼 있다."고 하셨습니다. 실제로 절에서 키우는 강아지가 있는데, 이름이 '삐삐'였습니다. 삐삐야! 부르면 냉큼 달려옵니다. 그렇듯 내가 부르는 대로 오게 돼 있습니다. 부처님을 부르면 부처님이 오고, 지장보살을 부르면 지장보살이 옵니다. 불보살의 명호를 부르고 합장하고 찬탄하고 예배하고 흠모하는 것은 온 우주에 충만한 불보살님과 자기 내면의 불보살님을 이어줌으로써 바로 지금 이 자리에 불보살로 살아갈 것을 서원하는 것과 다르지 않습니다.

악한 일은 귀에 들리지 않게 하리니 하물며 횡액을 받으리오

"만일 어떤 여자가 여자의 몸을 싫어한다면 정성을 다해 지장보살의 탱화나 화상에 공양하되 날마다 물러서지 않고 항상 꽃·향·음식·의복·비단·당(幢)이나 번(幡)·돈·보배로써 공양하면 이 여인은 한번 받은 여자의 몸이 다하면 백천 만겁이 지나도록 다시는 여인이 있는 세계에 태어나지도 않을 것이니 어찌 다시 여자의 몸을 받으리오. 다만 자비 원력으로 중생을 제도하기 위해서 짐짓 받는 여자의 몸은 말할 것이 없을 것이니라. 지장보살께 공양한 힘과 공덕의 힘을 입은 까닭에 천만 겁이 지나도록 다시는 여자의 몸을 받지 않을 것이니라.

보광보살이여, 또 만일 어떤 여인이 몸이 추하고 질병이 많으면, 지장보살상 앞에서 지극한 마음으로 한 나절만 우러러 지극히 예배하더라도, 이 사람은 천만 겁 동안 태어나는 몸이 원만하고 모든 질병이 없을 것이니라.

이 여인이 만약 여자의 몸을 싫어하지 않는다면 곧 천만

억 겁 동안 항상 왕녀·왕비가 되고, 재상이나 명문가의 딸이 되어 단정하게 태어나게 되고, 모든 형상이 아름답게 갖추어지리라. 지극한 마음으로 지장보살을 우러러 예배한 까닭에 이와 같은 복덕을 얻느니라.

보광보살이여, 만일 선남자 선여인이 지장보살상 앞에서 모든 풍류와 소리로 찬탄하며, 꽃과 향으로써 공양하고 한 사람이나 여러 사람에게 권하더라도, 이 사람은 현재세와 미래세에 항상 신들이 밤낮으로 보호해서 악한 일은 귀에 들리지 않게 하리니 하물며 횡액을 받으리오."

지장보살의 명호를 듣고서 합장하고 찬탄하고 흠모한 공덕뿐만 아니라 그림으로 그리거나 사경을 하거나 어떤 물건으로 지장보살을 만들어 예배하면 33천에 백 번이고 다시 태어나 영원히 악도에 떨어지지 않을 것이며, 가령 천복이 다하여 인간세에 태어나더라도 왕녀·왕비가 되어 복덕을 얻을 것이라고 합니다.

여자의 몸을 받지 않을 거라는 구절을 보면서 의아해 하실 것입니다. 지금도 인도는 집안의 명예를 더럽혔다 해서 명예살인이라 하여 딸이나 누나를 함부로 죽이고, 가정에서 남편의 폭력을 당연히 여기며, 여성이 막대한 결혼지참금을 마련해야 하는 등 여성의 인권이 전 세계적으로 최하위권에 속합니다. 이는 인도의 전통 종교이자 전 국민의 90퍼센트 이상이 신앙하고 있는 힌두교의 성전인 마누법전에 "여성은 남성에게 순종해야 하는

지장경을 읽는 즐거움

존재"라고 되어 있기 때문입니다. 요즘도 인도 여성 인권의 현실이 참혹한데 2600년 전에야 오죽했겠습니까? 경전에도 당시 시대상황이 반영되어 있다는 것을 안다면 이러한 내용에 대해 더욱 분명하게 이해할 수 있을 것입니다.

"악한 일은 귀에 들리지 않게 하리니 하물며 횡액을 받으리오."라는 경전 구절이 가슴에 와 닿습니다. 자신이 직접 겪은 일이 아니더라도 나쁜 소식을 들으면 기분이 좋지 않습니다. 결국 아주 약간 기분이 좋지 않은 일조차 생기지 않는데 어찌 횡액을 받을 수 있겠습니까? 그만큼 행복하고 안락한 삶을 살아갈 수 있다는 말입니다.

이와 같이 우리가 지장보살을 부르고 찬탄하고 예배하고, 그림으로 그리거나 사경하는 이유는 다 우리 모두의 행복과 안락과 이익 때문입니다. 부처님의 전도 선언에도 분명히 나와 있습니다. 중생의 이익과 안락과 행복을 위해 법을 전하신 부처님의 말씀처럼 불교를 믿으면 반드시 그 공덕이 자기 자신과 주윗사람들에게 돌아오기 마련입니다.

철원 심원사에는 언제나 환하게 웃으며 찾아와 기도하는 불자가 있습니다. 그분은 폐암 말기 환자인데도 얼굴에 환희가 넘칩니다. 병원에서 말기암 진단을 받아 몇 개월 살지 못한다고 했는데 지금 절에 1년 넘게 다니면서 기도하고 있습니다. 몸 안의 악성 종양보다도 어떠한 마음을 가지고 기도하며 살아가느냐가 중요한지에 대해 일깨워주는 일화입니다. 저는 그분이 기도를 통해 폐암을 극복할 수 있으리라 믿고 있습니다. 하지만 설령 암을 이기지 못해 돌아가신다 해도 그분은 기쁘게 절에 와서 기도하고 예배·찬탄한 공덕으로 극락왕생할 것입니다.

비방하는 자, 그 마음이
가난하고 병들었구나

"보광보살이여, 미래세에 악한 사람과 악한 귀신이 있어서 선남자 선여인이 지장보살께 귀의하고, 공경하며, 공양 찬탄하는 예를 보고 망령되이 희롱하고 비방할지도 모른다. 그 악한 귀신은 아무 공덕이 없다고 비방하면서 이를 드러내어 비웃거나 혹은 다른 사람을 시켜 비웃게 하고, 혹한 사람이나 여러 사람에게 비난하여 한 생각이라도 헐뜯고 비방한다면 이는 헤아릴 수 없는 많은 겁이 지나 천불이 멸도한 뒤에라도 3보를 비방한 죄로 아비지옥에 떨어져 가장 무거운 죄를 받게 될 것이다.

또한 이 겁이 지나면 겨우 아귀가 되고, 천겁이 지나면 축생이 되고, 또 천겁이 지난 후 비로소 사람의 몸을 얻게 될 것이니라. 비록 사람의 몸을 얻었다고 할지라도 가난하고 미천하며 불구가 되고 악업이 몸에 배어 있어서 오래지 않아 다시 악도에 떨어질 것이니라.

보광보살이여, 다른 사람이 공양 올리는 것을 비방하면 오히려 이와 같은 과보를 받거늘 하물며 악한 마음을 내어서 희롱하고 훼방하는 것은 말할 것도 없느니라."

보현보살의 10대 행원 가운데 한 가지가 수희 찬탄입니다. 아주 당연히 좋은 일이 있으면 함께 기뻐하고 찬탄해 줘야 할 것 같은데, 질투심이 많고 어리석어서 상대방의 좋은 일에 수희찬탄은커녕 비방하고 훼방하는 일도 적지 않은 것을 일깨워 주기 위한 내용이라는 생각이 듭니다.

우리 일상생활에서도 이와 같은 사람들이 적지 않습니다. 절에 열심히 다니는 사람을 괜스레 시비하고 못마땅하게 여겨 귀에 거슬리는 말을 하는 사람들이 있습니다. 절대로 여기에 흔들리면 안 됩니다. 불자들이 불보살님을 믿는 것은 자기 안에 내재한 불성을 드러내고 실천하기 위한 것입니다. 그러니 주위 현상과 세상사람들의 삿된 견해에 이끌려서는 정말 곤란합니다.

그렇기 때문에 간구(干求)하는 것 대신 발원해야 합니다. 즉 바라고 구하는 것으로 '~하게 해 주십시오'라는 차원이 아니라 '제가 무엇이 되겠습니다', '무엇을 하겠습니다'라는 발원(發願)을 해야 합니다. 발원은 모든 것을 내려놓고 등불을 밝히듯 내 의지를 밝히는 것입니다.

다른 이를 비난하는 것은 자기 속에 가난한 마음이 들어 있기 때문입니다. 남을 헐뜯는 행위는 자기 스스로를 어두움 속에 가두는 백해무익한 행위입니다. 스스로 보배로운 존재임을 자각하게 된다면 남을 탓할 이유가 없어집니다. 자꾸 시비를 걸고 비난하는 사람이 있다면 그를 불쌍히 여기십시오. '그 마음이 가난하고 병들었구나.'라는 것을 안다면 안타까운 생각이 들지언정 비난하지 않게 되고, 그를 이해할 수 있을 것입니다. 만일 여러분이 누군가를 비난하고 있다는 것을 느끼는 순간 바로 그 자리에서 스스로를 가엾게 여기면서 마음을 바꿔 먹으면 됩니다.

"한 사람, 여러 사람에게 비난하여 한 생각이라도 헐뜯고 비방한다면 이는 헤아릴 수 없는 많은 겁이 지나 천 불이 멸도한 뒤에라도 3보를 비방한 죄로 아비지옥에 떨어져 가장 무거운 죄를 받게 될 것이다."라고 했습니다. 다른 사람이 공양하는 것을 훼방하여도 이러한데 하물며 잘못된 소견이 생겨 헐뜯고 비방한 과보가 어떻겠습니까?

앞의 것은 30겁이 지나도 죄가 따르지 않는다 해 놓고, 여기에서는 아비지옥에 갔다 와서 또 무간지옥에 떨어진다고 하였습니다. 그렇다면 어떻게 해야 할까요? 사바세계의 모든 현상을 기쁨으로 받아들이고 감사함으로 받아들이고 칭찬으로 받아들이는 연습을 하십시오. 이러한 습관은 좋은 경전을 수지하는 것과 같아서 내 안에 깃든 마음의 보배가 겉으로 드러나게 되고, 언제 어느 때나 행복한 인생을 살아갈 수 있습니다.

집착이 병을 부른다

"보광보살이여, 또 미래세에 그런 사람은 병들어서 오래
도록 누워 있게 되며, 살고자 하거나 혹은 죽고자 하여도
마음대로 되지 않느니라. 혹은 꿈에 악한 귀신과 집안 친
척이 보이며 혹은 험한 길을 헤매기도 하며 가위눌리고,
귀신과 함께 놀며, 날이 감에 따라 몸은 점점 파리해지고
야위어서, 잘 때에도 소리치며 괴로워하느니라. 이것은 다
업의 길[業道]에서 죄의 경중을 결정하지 못하였으므로
죽기도 어렵고 나을 수도 없게 된 것이니 사람의 평범한
눈으로는 판단할 수 없느니라.

이런 때에는 다만 모든 부처님과 보살의 형상 앞에서 큰
소리로 이 경을 한 번이라도 읽고 병든 사람이 아끼는 물
건이나 의복·보배·장원이나 사택을 놓고 병자 앞에서 큰
소리로 외칠지니라.

'우리들이 그대를 위하여 경전과 불상을 모시고 이 재물을
바칩니다. 또 경전과 불상을 공양하고 부처님과 보살의 형
상을 조성하고 탑과 절을 짓고 등불을 켜고 절에 보시합
니다.'라고 두 번, 세 번 축원하여 병자가 알아듣도록 하라.
만약 병자가 의식이 흐트러지고, 기진해 있을지라도 하루,
이틀, 사흘 내지 7일 동안 높은 소리로 이것을 말해 주고
큰 소리로 이 경전을 독송하면, 병자는 목숨을 마친 다음

5무간지옥에 들어갈 사람이라도 영원히 깨달음을 얻을 것이다. 또한 태어나는 곳마다 항상 숙업을 알 것이니라."

　오래도록 병상에 누워서 사는 것도 죽는 것도 마음대로 못하며 고통 받는 환자들이 아주 많습니다. 꿈에 악귀나 일가친척들이 나타나며 위험한 길에서 놀며 많은 도깨비와 귀신과 함께 놀아서 몸이 점점 야위고, 잠자면서 소리 지르고, 처참하게 괴로워하는 이들을 일반인의 눈으로는 올바로 판단할 수 없습니다.

　이럴 때는 불상과 보살상 앞에서 큰 소리로 『지장경』을 한 번 읽거나 병자가 아끼는 물건이나 보물·집 등을 보시하고 병자 앞에서 큰 소리로 "우리들이 그대를 위하여 경전과 불상을 모시고 이 재물을 바칩니다. 또 경전과 불상을 공양하고 부처님과 보살의 형상을 조성하고 탑과 절을 짓고 등불을 켜고 절에 보시합니다."라고 하며 거듭 축원하여 병자가 알아듣도록 하라고 했습니다. 이렇게 말해 주고 큰 소리로 경전을 독송하면 5무간지옥에 들어갈 사람이라도 깨달음을 얻을 것이라고 합니다.

　병원을 찾는 외래 환자 중 30%가량은 가짜 환자라고 합니다. 이들은 마음이 병을 지어낸 사람들이기 때문에 실제로는 육체가 아픈 것이 아닙니다. 몸이 찌뿌둥하면 아픈 것으로 오해하는 사람들이라는 것입니다. 이런 심리상태를 일컬어 경향심(傾向心)이라고 합니다. 우리나라에 인플루엔자가 발생했다 하면 모든 국민들이 다 비상이 걸립니다. 나도 내 가족도 마치 다 인플

　　　　　　　　　　　지장경을 읽는 즐거움

루엔자 환자가 된 것처럼 요란을 떱니다. 그러나 언제 그런 일이 있었느냐는 듯 인플루엔자 상황이 종료되면 국민들 또한 금방 망각해 버립니다. 건강에 대한 집착이 병을 더욱 확산시키는 것을 자주 목격할 수 있습니다.

우리가 조금만 생각해 보면, 출발할 때 내 자신이 원해서 출발한다는 것을 알 수 있습니다. 다른 사람이 시켰다는 것은 변명에 불과합니다. 여기 제6 여래찬탄품의 내용은 내가 발원한 것은 내 것으로 가질 수 있다는 것입니다. 이것이 지장경의 요체입니다. 그런데 '나'라고 하는 데서 부처님의 지혜를 빌릴 필요가 있습니다. 지혜가 없으면 성과를 낼 수가 없기 때문입니다. 가령 재물을 불러오긴 오는데 거꾸로 가지고 있는 것까지 덜어내는 경우가 많습니다. 보다 나아지고 좋아지기 위해서는 불교를 공부하면서 절대로 좋지 않은 것에 집착하면 안 됩니다.

예를 들어 우리 몸 안에 암종(癌腫)이 있다고 한다면 몸의 전체가 실체이고 그 실체의 아주 조그마한 것이 암종입니다. 가령 암종이 간에 붙어 있다면 간이 불편할 뿐인데 이 몸 전체가 다 죽어 버립니다. 그러니 얼마나 힘들겠습니까? 인생을 전체적으로 들여다보면 지금의 가난은 삶의 한 부분, 아주 작은 것에 불과합니다. 그런데 우리는 거기에 집착함으로써 걱정 근심으로 가득 채웁니다. 집착은 우리의 생각이며 의식이며 마음입니다. 이것을 내려놓아야 합니다. 병든 것도 삶의 실패도 따지고 보면 아주 작은 것입니다. 이 작은 것 때문에 인생 전체를 좌절과 실패로 만들 필요가 없습니다. 이 병든 부분을 치료하기 위해서는 나머지 대다수의 부분을 경외와 찬탄으로 바꾸면 됩니다.

지장경은 기적의 서입니다. 행운의 서입니다. 인생 안내의 서입니다. 아주 사소하고 작은 것에만 매달려 있지 않으면 금방 행복의 길로 들어설 수 있습니다. 운명이 전체적으로 바뀐다는 얘기입니다. 암종 역시 이렇게 하면 치료가 가능합니다. 사람은 본래부터 괴롭거나 고통스러운 존재가 아닙니다. 그러므로 병·가난·괴로움에 얽매여 있지 말고 좋은 일·건강함에 감사하고 칭찬하고 기뻐하는 게 중요합니다. 그리고 기도해야 합니다. 그러면 나쁜 운이 좋은 운으로 바뀌어 옵니다.

한편 물건에 대한 집착도 병을 부릅니다. "내 꺼는 내 꺼, 니 꺼도 내 꺼"라는 말처럼 남에게 주는 것은 전혀 모르고 오로지 자기 것으로만 취하려 하는 사람은 몸에 병이 쉽게 깃듭니다. 이런 경우를 자주 보았습니다. 우리가 여기에서 들여다봐야 할 핵심은 "자기가 보는 대로 이루어진다."는 것입니다. 병자를 위해 제불보살상 앞에서 '나 ○○○은 병자를 위해 이러이러한 것을 하겠다'고 발원하는 게 아주 중요합니다. 그리하여 내가 이러이러하게 해 나가는 것을 지켜봐 달라고 발원하면 지장보살의 감응이 오게 돼 있습니다.

"탑과 절을 짓겠습니다. 불보살의 형상을 조성하겠습니다. 탱화를 공양하겠습니다. 기름 등을 켜겠습니다. 상주물을 보시합니다."라는 말을 세 번 고하여 병자가 알아듣게 정성껏 의식을

지장경을 읽는 즐거움

하면 됩니다. 괜스레 울고불고할 필요가 없습니다.

"만약 병자가 의식이 흐트러지고, 기진해 있을지라도 하루·이틀·사흘 내지 7일 동안 높은 소리로 이것을 말해 주고 큰 소리로 이 경전을 독송하면, 병자는 목숨을 마친 다음 5무간지옥에 들어갈 사람이라도 영원히 깨달음을 얻을 것이다. 또한 태어나는 곳마다 항상 숙업을 알 것이니라."라고 말씀하셨습니다.

우리가 49재를 지내는 이유도 마찬가지 이치입니다. 망자(亡者)에게 길을 안내해 주기 위해서 49재를 봉행하는 것입니다. 그리고 혹여 막힌 길을 뚫거나 장애가 있는 길을 말끔히 치워내기 위해 보시를 하는 것입니다. 제사를 모시거나 공양을 올릴 때 정성스럽게 하면 미묘한 일이 생깁니다. 빠를 수도 있고, 좀 더 딜 수도 있지만 반드시 번영과 행복이 찾아옵니다. 중요한 것은 기도를 올릴 때 병자도 알아듣게 하고 가지고 있는 것을 나눠야 한다는 것입니다. 보시를 하면 삶의 질적인 변화가 생깁니다.

여래의 덕성에 가까워지는 법

"선남자 선여인이 스스로 이 경을 독송하고 한 생각이라도 이 경을 찬탄하며, 이 경을 공경하는 이를 보거든 그대는 갖가지 방편으로 이 사람들에게 권하여 부지런한 마음으로 물러남이 없도록 하면, 반드시 미래와 현재에 불가사의한 백천 만억의 공덕을 얻게 될 것이니라.

보광보살이여, 만일 미래세에 모든 중생이 꿈이나 잠결에 귀신이 보이되 그들이 슬피 울며, 근심하고 탄식하며, 두려워하고 겁내는 것을 보게 되는 것은 모두 한 생이나 열 생·백 생·천 생의 과거로부터 부모·형제·부부·친척들이 악도에서 벗어나지 못하였기 때문이니라. 또한 그들의 고통을 복력으로 구해 줄 이가 아무도 없으므로, 숙세의 혈육에게 호소하여 벗어나게 되기를 간절히 원하는 것이다.

보광보살이여, 그대의 위신력으로 이들로 하여금 모든 부처님과 보살상 앞에서 지극한 마음으로 스스로 이 경을 읽거나 혹은 사람을 청하여 세 번, 일곱 번 읽게 하라. 그리하면 악도에 있는 친척들이 경 읽는 소리가 끝나는 대로 곧 깨달음을 얻어 꿈이나 잠결에서도 귀신이 다시 보이지 않게 된다.

보광보살이여, 미래세에 태어난 미천한 사람, 혹은 노비나 부자유한 사람들이 전세의 죄업임을 깨닫고 참회하고자 하거든, 지극한 마음으로 지장보살의 형상에 우러러 절하면서 7일 동안 보살의 명호를 외워서 만 번을 채우라. 그 사람은 과보가 다한 뒤에 천만 생 동안 항상 높고 귀한 집에 태어나며 다시는 3악도의 고통을 겪지 않게 되느니라.

보광보살이여, 만약 미래세에 염부제에 사는 왕족이나 바라문·장자·거사나 다른 종족에 새로 태어나는 사람으로

지장경을 읽는 즐거움

남자든 여자든 7일 이내에 이 불가사의한 경전을 읽어주고 또한 보살의 이름 부르기를 만 번 채우라. 새로 태어나는 아기는 전세에 지은 업보가 다 풀리고 안락하게 잘 자라고 수명이 늘어날 것이니라. 또한 복을 타고난 아이라면 더욱 잘 자라게 될 것이니라.

보광보살이여, 미래세의 중생은 달마다 1일·8일·15일·18일·23일·24일·28일·29일·30일에는 모든 죄업을 모아서 그 무겁고 가벼움을 결정하느니라."

사람들의 마음속에는 부처님 같은 덕성이 있습니다. 한편 부처님과 같은 복덕과 지혜와 아울러 중생의 고약함도 함유(含有)하고 있습니다. 함유했다고 하는 것은 좋은 것과 나쁜 것을 함께 가지고 있다는 말입니다. 중생과 부처 역시 실체로서 존재한다기보다 부처의 마음을 가지고 부처의 행을 하면 부처요, 중생의 마음으로 중생의 행동을 하면 중생인 것입니다. 우리가 좋게 보고 좋은 것으로 다가가면 다가갈수록 여래의 덕성에 가까워집니다. 다시 말해 부처의 점유율이 높아져 부처님의 복덕과 지혜를 드러낸다는 말입니다.

위의 "선남자 선여인이 스스로 이 경을 독송하고 한 생각이라도 이 경을 찬탄하며 이 경을 공경하는 이를 보았다면 그대는 갖가지 방편으로 이 사람들에게 권하여 부지런한 마음으로 물러남이 없도록 하라. 그리하면 반드시 미래와 현재에 불가사의한 백천 만억의 공덕을 얻게 될 것이니라."라는 말씀이 가능한 것 역시 우리 성품에 부처님의 덕성이 함유되어 있기 때문입니다.

우리가 부처님을 부르고 지장보살을 부르는 이유는 보다 나아지려는 발로에서 시작됩니다. 기도와 수행이 깊어질수록 부처님에 이르게 됩니다. 부처님과 지장보살을 믿고 따르고 그 가르침을 실천하다 보면 삶이 점점 좋아진다는 것을 알 수 있을 겁니다.

본원(本願), 모든 에너지를
불러들이는 동력

"남염부제의 중생들이 행동하고 생각하는 것 가운데 죄 아닌 것은 없다. 그런데 하물며 방자한 마음으로 살생하고 도둑질하며, 사음하고 거짓말하는 갖가지 죄의 모습에 있어서랴?

만약 10재일에 부처님과 보살과 모든 성현의 형상 앞에서 이 경을 한 번 읽으면, 동서남북 100유순 안에서는 모든 재난이 없어질 것이며, 그가 사는 집안의 어른이나 아이들이 현재와 미래의 백천 세에 영원히 악도(惡道)에서 벗어날 것이니라. 또 10재일마다 이 경을 한 번 읽으면 현세에 그 집안의 모든 횡액이나 질병이 없어지고 의복과 먹을

지장경을 읽는 즐거움

것이 풍족해지느니라.

그러므로 보광보살이여, 지장보살에게는 이와 같이 말할 수 없는 백천 만억의 큰 위신력과 이익이 있음을 알아야 하느니라. 염부제의 중생이 지장보살과 큰 인연이 있으니 모든 중생이 이 보살의 이름을 듣고 보살의 형상을 보며 이 경의 세 글자, 다섯 글자 혹은 한 게송·한 구절이라도 듣는 이는 현재에 안락하며 미래세에 항상 단정한 몸을 받고 존귀한 가문에 태어나게 되느니라."

그때 보광보살이 부처님께서 지장보살을 찬탄하심을 듣고서 무릎을 꿇어 합장하고 다시 부처님께 여쭈었다.

"부처님이시여, 저는 이미 지장보살의 불가사의한 위신력과 거룩한 서원의 힘을 알았습니다. 그러나 미래세의 중생들을 이익케 하기 위해서 짐짓 부처님께 여쭈옵니다. 바라옵건대 자비로써 들어 주옵소서. 이 경의 이름을 무엇이라고 하며 저희들은 이 경을 어떻게 펴야 하겠습니까?"

부처님께서 보광보살에게 말씀하셨다.

"이 경에는 세 가지 이름이 있느니라. 첫째 이름은 『지장보살본원경(地藏菩薩本願經)』이며, 둘째 이름은 『지장보살본행경(地藏菩薩本行經)』이며, 셋째 이름은 『지장보살본서원력경(地藏菩薩本誓願力經)』이니라. 지장보살은 멀고 먼 겁을 지나오면서 큰 서원을 발하여 중생들을 이익케 하여 왔느니라. 그러므로 그대들은 이 원력에 따라 유포하도록 할지니라."

보광보살은 부처님의 말씀을 깊이 새겨듣고 신심으로 받들어 합장 예배하고 물러갔다.

지장보살본원경, 그 이름처럼 이 경전에는 지장보살의 본원(本願)이 가득 채워져 있습니다. 우리가 가지고 있는 궁극적 목적을 본원이라 합니다. 우리의 본원은 부처님처럼 복과 지혜가 충만하고, 즐겁고 행복한 삶을 배워가는 데 있습니다. 또한 우리에게는 본행(本行)이 있습니다. 간혹 거짓된 행위·언어·생각도 하지만 우리는 본래 착하고 본래 원만하고 본래 무너지지 않는 생명체로서의 본행을 가지고 있습니다.

『비유경』에 보면, 같은 물이라도 독사가 마시면 독이 되고 소가 마시면 젖이 된다는 내용이 나옵니다. 같은 칼이라도 어머니가 사용하면 가족을 위해 음식을 만드는 이로운 도구가 되고 강도가 사용하면 사람의 목숨을 위협하는 흉기가 되는 법입니다. 사람의 본질은 행복하고, 착하고, 즐겁고, 원만합니다. 따라서 본행을 따라가야 합니다. 본행을 제대로 따라가기 위해 부처님께 귀의하고, 그 말씀을 배우고 익히는 것입니다. 그러면 지혜와 복이 쌓여 모든 장애에서 벗어나 고통을 면할 수 있습니다. 이는 일종의 자기확장력(自己擴張力)이라 할 수 있는데 이것을 '본행력(本行力)'이라 합니다.

한편 우리에게는 '본서력(本誓力)'이 있습니다. 이는 나로부터의 본래의 약속으로 사람에 대한 약속입니다. 또한 자기 질서이자

지장경을 읽는 즐거움

자기 확신입니다. 우리가 생일을 맞아 비록 자장면 한 그릇을 먹더라도 그 생일축하연을 하는 이유는 거듭나기 위한 약속에서 비롯되는 것이라 할 수 있습니다. 이 사람 저 사람을 불러 놓고 결혼식을 하는 이유도 약속을 공개적으로 하기 위함입니다. 명절날 떡국을 나누어 먹으며 덕담을 나누는 것은 한 해를 이렇게 저렇게 살겠다는 약속의 다짐입니다. 이는 진법계(盡法界), 허공계(虛空界), 무량수(無量壽), 무량광(無量光)을 같이 하겠다는 나와의 약속인 것입니다. 절에 와서 보다 나은 삶, 최상의 삶을 영위하기 위해 기도하고 예경하는 것을 본서력이라 합니다.

이와 같이 우리에게는 본래부터 본원력·본서력·본행력이 있습니다. 모든 에너지를 불러들일 수 있는 동력이 바로 여기에서 나옵니다. 우리는 끊임없이 현실을 애기하는데, 결코 현실에 집착해서는 안 됩니다. 또한 자기 입장에서 스스로를 단죄해서도 안 되고, 남의 탓으로 돌려서 비방하거나 자기변명을 해서도 안 됩니다.

불자라면 어떻게 해야 할까요?

'본원력'의 입장에서 시작하면 됩니다. '나는' 태어나기 이전부터 '부처'입니다. 우리는 본래부터 아름다운 생명, 실상의 존재입니다. 본원력에 더하여 신수력(信受力), 즉 믿고 받아들일 줄 알아야 합니다. 억울하고 분하고 불행한 것도 나의 업력이므로 받아들여야 합니다. 고통스러운 것은 자기 자신이 더 잘 느끼고 압니다. 죽은 사람도 고통에서는 벗어나지 못합니다. 자기 입장과 자기 생각 때문에, 자기 담을 쌓고 있기 때문에 벗어나지 못하는 것입니다. 어떤 일이 있더라도 믿는 마음으로 받아들이십시오. 우리에게는 부처님의 씨앗이 깃들어 있으므로 자기 담을 허물면 복덕과 지혜의 삶을 열 수 있습니다. 본래부터 충만한 나의 삶을 영위할 수 있습니다. 자기 스스로 굴레를 만들어 사는 삶은 허망할 뿐입니다.

"이 보살이 구원겁으로부터 오면서 중대한 원을 발하여 중생을 이익되게 함에 인연한 것이다."라는 말씀은 지장보살의 본행력과 본원력과 본서력이 중생을 반드시 이롭게 한다는 것입니다. 그런데 중생이 어리석어서 자기 벽을 만들고 자기 담을 만들어 스스로를 가둬 놓았기 때문에 고통 받는 것입니다. 스스로 만든 담을 허물어야 합니다. '지장원력'을 가지면 허물 수 있습니다. 본래부터 '원력이 있다'라는 것을 믿고 받아들이십시오. 모든 행위는 내가 한 것 같지만 사실은 지장보살님이 대신한 것입니다.

저의 은사스님의 발원문에 보면, "내가 행한 것이 아니고 지장보살이 행한 것이며 내가 행한 것이 아니라 관세음보살님의 위신력이 대신 행하고 있는 것"이라는 말씀이 나옵니다. 두려워할 이유가 없습니다. 여러분은 본래부터 원력이 있다는 것을 믿고 받아들이시기만 하면 됩니다. 고통으로부터 벗어나 자유롭고 행복해지기 위해서 우리는 지장경 공부를 하는 것입니다.

제7 이익존망품
利 益 存 亡 品

—

산 자와 죽은 자
모두에게 이익이 되는 길

利益存亡品

제7 이익존망품

利益存亡品

—

산 자와 죽은 자
모두에게 이익이 되는 길

　　　　　　　　　　　제7 「이익존망품(利益存亡品)」, '이익존망'이
라 함은 산 자와 죽은 자 모두에게 이익이 된다는 뜻입니다. 우
리가 축원하고 예경하고 공양하고 온갖 선행을 하고, 재를 지내
는 것은 우리에게 이익이 될 뿐만 아니라 돌아가신 영가님들, 선
대 조상님들, 일가친척, 나아가 유산·낙태아들에게까지 이익이
됩니다. 이 품에서는 산 자와 돌아가신 망자 모두에게 어떻게
해야 이익이 되는지에 대해 구체적으로 설명하고 있습니다.

　염부제에 태어난 중생들의 업이 무거워서 생각하는 것마다
죄업 아닌 것이 없다고 합니다. 게다가 좋은 사람을 만나도 처음
낸 좋은 마음을 잃고 나쁜 사람을 만나면 나쁜 생각이 더해간
다고 하면서 선지식을 만나면 큰 이익이 된다는 것을 밝혀주고

있습니다. 임종 시에 권속들이 해야 할 일, 망자를 위해 49재를
지내는 의미와 방법, 마음가짐 등을 세세하게 일러주었을 뿐만
아니라 어떠한 좋은 일을 하면 어떠한 이익이 있는지 온갖 선행
의 결과를 구체적으로 설명해 주고 있습니다.

　임종 시에 권속들이 경전을 읽고, 불보살님께 공양을 올리고
그 명호를 불러서 임종하는 사람에게 들려주면 그 공덕으로 생
전에 지은 온갖 죄업을 모두 소멸시켜 주어 망자는 인간과 천상
에 태어나서 묘한 낙을 받게 되고, 살아 있는 권속들에게도 많
은 이익이 될 것이라고 하였습니다. 또한 대변장자와 지장보살
님의 문답이 이어지는데, 죽은 사람을 위하여 재를 올리고 착
한 공덕을 지으면 죽은 사람에게는 그 공덕의 1/7이 가고, 나머
지는 살아 있는 사람에게 돌아간다고 하시면서 죽은 사람과 산
사람이 다 큰 이익을 얻게 된다는 것을 거듭 강조하고 있습니다.

무거운 짐 내려놓기

그때 지장보살이 부처님께 말씀드렸다.
"부처님이시여, 제가 이 염부제의 중생들을 살펴보니 발
을 내딛고 생각하는 모든 것이 죄업 아닌 것이 없습니다.
혹 좋은 사람을 만나더라도 대개 처음 발한 좋은 마음을
잃고 맙니다. 혹 나쁜 인연을 만나면 생각 생각마다 나쁜

　지장경을 읽는 즐거움

생각이 더해 갑니다.

이와 같은 사람은 마치 진흙 구덩이에서 무거운 짐을 지고 걷는 것과 같아서, 점점 지치고 더욱 깊숙한 구렁으로 빠지는 것과 같습니다. 다행히 선지식을 만나면 그 무거운 짐을 덜어 주거나 혹은 책임져 주기도 합니다. 이것은 선지식에게 큰 힘이 있기 때문입니다. 그리고 다시 서로 도와서 다리를 튼튼하게 만들며 평지에 이르러서는 험한 길을 살펴보고 다시는 그 길에 들어가지 않게 합니다.

대체로 중생들의 놀음이 그렇습니다. 이익이 되는 것은 잊어버리고 이익 되지 않는 것만 좇는 것이 우리 어리석은 중생들입니다. 좋은 생각보다는 나쁜 생각을 더 하기 쉬운 게 또 중생입니다. 좋은 생각만 하고, 좋은 말만 하고, 부처님의 덕성으로 모든 것을 슬기롭게 넘겨야 하는데 거꾸로 망하는 것만 생각하고 나쁜 말을 합니다. 이와 같은 것을 경계하면서 생각과 말과 행동을 진정으로 이익이 될 수 있는 방향으로 나아가야 합니다.

무엇보다 생각생각 이익이 되는 생각을 하는 게 중요합니다. 생각에 따라 몸도 마음도 달라지기 때문입니다. 염념보리심(念念菩提心)이면 처처안락국(處處安樂國)이라 했습니다. 생각 생각 깨달음의 마음을 내면 곳곳마다 안락국, 즉 정토라는 말입니다. 내가 이와 같은 생각을 갖게 된다면 나뿐만 아니라 만 중생을 살리는 힘을 갖추게 된다는 것입니다. 우리는 지금 진흙길을 걷고 있는 것과 다르지 않은 인생을 살고 있습니다. 어리석은 이는 바위와 돌을 짊어지고 가고, 선근이 있는 사람은 내려놓고 갑니다. 바위나 돌은 가난과 병과 불행 등을 비유한 것이지요. 지장경에서는 선지식의 가르침을 받아 이 고뇌, 고생보따리를 내려놓기만 하면 진흙길에서 벗어날 수 있다고 일깨워 주십니다.

'선지식(善知識)'은 덕이 높은 현자를 가리키는 말로 산스크리트어로 '좋은 친구'라는 뜻입니다. 우리는 선지식의 인도를 받아 무거운 짐을 내려놓고 험한 길로 들어가지 않게 되었습니다. 앞에서도 말씀드렸지만, 우리 자신이 본래 깨달음을 간직한 존재이기 때문에 선지식의 인도를 받을 수 있는 것입니다. 단지 삿된 소견 때문에 깊은 구렁에 빠지게 되었을 뿐입니다.

중생심에서 벗어나 우리 안에 깃든 부처의 종자를 싹 틔워야 합니다. 그러기 위해서는 어두움·부정 등 무거운 짐은 내려놓고 절대 긍정, 늘 즐겁고 기쁘고 좋게 생각하십시오. 굳이 고통을 자기 것으로 만들 필요가 없습니다. 지금 현실에서 '연탄 한 장' 있는 것을 불평하지 마십시오. 그 한 장 있는 연탄마저 없어지게 됩니다. 이것이 마음씀의 법칙입니다. 무거운 짐을 내려놓으면 가벼워집니다. 밝아집니다. 좋아집니다. 반드시 생각대로 변화되는 삶을 느낄 수 있습니다.

다시 말씀드리건대 습관처럼 나쁜 일에 젖게 되는 나를 만들지 않으려면 끊임없이 '지장보살'의 명호를 부르십시오. 명호를 부르다 보면 진동, 즉 염파(念波)를 경험하게 될 것입니다. 불보살의 명호나 '감사합니다' 등 좋은 말을 우주 전체에 내 보내면 그 화답이 옵니다.

생활 속에서 기쁨을 찾는 방법을 정리하면 다음과 같습니다.

첫째, 웃을 이유를 찾으십시오. 찡그리고 살면서 인생을 허비할 이유가 없습니다.

둘째, 감사하고 축복할 이유를 찾으십시오. 기도하고 정진하는 스스로에게 축복하십시오. 나와 도반이 되어 함께 절을 찾는 법우들에게 감사하십시오. 지장보살의 위신력을 만분의 일이라도 가져가면 모든 행에서 자유로워집니다.

셋째, 자신에게서는 물론이려니와 타인에게서 칭찬할 이유를 찾으십시오.

넷째, 사랑할 이유를 찾으십시오. 우리는 늘 상(相), 이미지에 머물러 있습니다. 고약한 남편이 영원히 고약한 법은 없습니다. 고착화된 이미지 때문에 남편을 계속 고약하게 볼 이유는 없습니다. 금강경의 4상(我相·人相·衆生相·壽者相)을 없애라는 말씀처럼 내 입장에서 생각하는 상을 벗어야 합니다. 실천하는 만큼 내 것이 되므로 실천이 중요합니다.

다섯째, 모든 게 다 잘 되어 가고 있는 것을 찾으십시오. 다 잘 되어 가고 있는데 우리가 모를 뿐입니다. 좋은 것을 찾으면 다른 것도 자연스럽게 다 좋아지고 잘 되어 갑니다. 잘 되는 것을 찾아서 받아들이고 믿는 자세가 무척 중요합니다.

누누이 말씀드리지만, 제7 이익존망품에서는 무거운 것을 짊어지고 가는 중생들에게 내려놓으라고 강조하고 있습니다. 능엄경에 "상주(常住)의 도리를 믿는 것, 그것이 신심이다."라는 구절이 있습니다. 부처님의 법신이 상주하는 것을 믿는다는 뜻이므로 이것은 곧 나에게 이익 되는 것, 지혜로운 것 등을 믿음으로 받아들여야 한다는 의미입니다. 상주의 도리를 깨치면 삶의 본질을 알게 되고 보다 풍요롭고 넉넉해집니다.

49일 안에 망자를 위해
좋은 복을 닦으라

"부처님이시여, 악을 익힌 중생들은 하찮고 보잘것없는 일에서조차 한량없는 죄를 저지르고 맙니다. 이와 같은 악습에 젖은 중생들이 목숨을 마칠 때 가족이 마땅히 그를 위해 복을 베풀어 주되 깃발을 달고, 등불을 밝히고, 경전을 읽어 주고, 혹은 불상과 성상에 공양하며, 부처님과 보살·벽지불의 명호를 독송하되, 한 분의 명호를 외우더라도 임종하는 사람의 귀에 들리게 해야 합니다. 이 사람은 그 공덕으로 인하여 그가 지은 죄업으로는 반드시 악도에 떨어질 것이나, 그 가족들이 임종하는 사람을 위하여 좋은 인연을 닦았으므로 이와 같은 여러 가지 죄가 다 없어질 것입니다.

지장경을 읽는 즐거움

만일 그 중생이 죽은 뒤 49일 안에 여러 가지 좋은 복을 닦으면 그 중생은 능히 나쁜 곳을 영원히 벗어나게 될 것입니다. 또한 인간이나 천상에 태어나서 큰 즐거움과 복을 받을 것이며 현생의 가족들도 한량없는 이익을 받을 것입니다.

그러므로 제가 이제 부처님과 천신과 인간·용·8부신중들에게 바라옵나니, 사바세계의 중생들에게 임종하는 날 살생하지 말고, 악한 인연을 짓지 말며, 귀신이나 도깨비에게 절하는 일을 하지 말도록 권하여 주십시오. 왜냐하면 살생을 하면서까지 제사를 지내는 것은 털끝만큼도 죽은 이에게는 이익 됨이 없고, 다만 나쁜 인연만을 맺어 죄를 더욱 깊고 무겁게 할 뿐이기 때문입니다.

만일 현세나 내세에 좋은 일을 해서 인간이나 천상에 태어나게 되었더라도 임종할 때 그 가족들이 악한 인연을 짓게 되면 죽은 사람은 그 원인으로 좋은 곳에 태어나는 것이 늦어질 뿐입니다. 하물며 임종한 사람이 생존 시에 작은 선근조차도 없었다면, 본래 지은 죄업에 따라 스스로 악도에 떨어질 것이니 어찌 차마 가족들이 다시 악업을 지어 보태겠습니까? 비유컨대 어떤 사람이 먼 곳에서 오는데 굶은 지 사흘이 되고 짐은 100근이 넘는데 이웃 사람을 만나서 다시 작은 짐을 더 얹는다면 점점 피곤해져서 지쳐버리게 되는 것과 같습니다.

부처님이시여, 제가 보건대 남염부제 중생이 오직 불법 안에서 한 터럭, 한 물방울, 한 티끌만큼의 착한 일만 하더라도 이로 말미암은 이익을 모두 얻게 될 것입니다."

여기에서 깃발은 '번개(幡蓋)'를 번역한 것으로 49재나 천도재를 지낼 때 법당에 글씨를 써서 달아놓는 세로 형태의 장엄물을 말하는 것입니다. '등불을 밝힌다'는 것은 오늘날 인등을 다는 것을 의미합니다. 여기에서도 알 수 있듯이 요즘 불교계에서 이루어지는 각종 의식행위와 의식구조, 의식물품 등은 대부분 지장경에서 비롯된 것이라 해도 틀리지 않습니다.

지장경의 가르침에 따라 공양을 올리고 49재를 지내면 안목이 열립니다. '산 자'와 '죽은 자'가 모두 이익이 되게 하려면 49재는 모셔야 합니다. 혹시 49재를 미처 못 지내 주었다면 천도재라도 봉행해 주십시오. 요즘은 전국 사찰에서 백중이면 유주무주 고혼들을 위하여 천도재를 올려주십시오.

한편 염부제 중생이 임종하는 날 생물을 죽이지 말고 악연을 짓지 말 것이며 귀신에게 제사 지내지 말고 도깨비에게 구하지 말 것을 권하였습니다. 이는 살생하지 말고 악연을 짓지 말라는 것입니다. 가정에서 제사를 지낼 때도 이 가르침을 반영할 필요가 있습니다. 이러한 내용을 잘 살펴서 미망으로부터 벗어나도록 인도해 줘야 합니다. 이것이 삶의 지혜를 성취하는 길이고 삶을 온전하게 일구는 것입니다.

궁극적으로는
부처를 향해 가는 것

여기에서 잠깐 '본식'에 대한 설명이 필요할 것 같습니다. '본식'은 아뢰야식(阿賴耶識)이라는 여덟 번째 의식을 말합니다. 일곱 번째 식 즉, 제7식은 말라야식(末那耶識)이고, 우리가 흔히 말하는 의식(意識)은 제6식입니다. 이 6식 앞에 전5식(前五識)이 있는 바, 안·이·비·설·신(眼耳鼻舌身)입니다. 이것은 5관(五觀)의 세계라고도 부릅니다. 여기에서 넘어서면 생각과 감정과 느낌의 제6식인 의식의 세계가 있습니다. 흔히 '육감'이라 불리는 것입니다.

우리는 의식을 통해 좋고 나쁘고 하는 대별(對別)의 의식을 제7식에 전달하게 됩니다. 제7식 말라야식은 영혼의 세계로 '개체령'이라고도 합니다. 이 영혼은 느껴지는 것입니다. 꿈속에서 오줌을 눴을 때나 무서운 사람이 쫓아와 발이 안 떨어질 때 등을 상기하시면 됩니다.

꿈속에서 우리는 자기 몸 전체를 보게 됩니다. 자기 몸을 보고 있는 나를 진아(眞我)라고 하면 꿈속의 상황이 느껴지는 나는 '가아(假我)'입니다. 이것이 곧 말라야식입니다. 그런데 이것을 또 넘어서서 꿈 전체를 들여다보고 있는 나[眞我]가 있는데 바로 제8식 아뢰야식입니다. 제8식은 마음의 세계로서 업의 세계라고도 하고, 감춰진 의식이라 해서 '장식(藏識)'이라 말하기도 합니다. 마음을 넘어서면 의식, 표의식, 잠재의식, 심층의식이 있다는 것을 앞에서 말씀드린 바 있습니다. 이 8식을 넘어서 있는 또 다른 식이 제9식 '암마라식(菴摩羅識)'입니다. 우리말로 청정식(淸淨識)으로 풀이합니다. 마음가짐의 더럽고 청정함에 따라 나누는 마음의 작용 가운데 하나로 보시면 됩니다. 때가 없고 번뇌가 없는 청정한 부처의 식으로서 '백정식(白淨識)'이라 부르기도 합니다. 제10식은 '건율타야식(乾栗陀耶識)'으로 진실심(眞實心), 견실심(堅實心) 등을 통틀어 포괄한 개념입니다. '본식'이란 경전을 독송해 드릴 때 제8 아뢰야식에 접속해서 알게 해 드리는, 행위에 있어서 감춰진 잠재의식, 무의식 세계를 뜻하는 것입니다.

업은 언제든지 평등합니다. 누구에게 불공평한 업은 없습니다. 마음의 세계도 똑같이 이루어져 있습니다. 마음의 세계를 성문·연각·불보살의 계위로 말하면, 6도의 세계를 뛰어넘어 제7식 말라야식은 성문(聲聞)이라 부르고, 제8식 아뢰야식은 연각(緣覺)이라 부르고, 제9식 암마라식은 보살(菩薩)이라 부르고, 제10식 건율타야식은 불(佛)의 세계라 부릅니다. 그래서 10지위(十地位)의 개념은 이와 관련해 지옥·아귀·축생·수라·인간·천도·성문·연각·보살·부처의 열 가지로 이해할 수 있겠습니다.

이와 같이 10지위의 단계를 이해하게 되면 합장하고 예배한다는 것은 부처님의 세계에 나아가기 위한 합일과 한마음에서 나온다는 것, 내 안에는 지옥과 부처가 함께 있다는 것도 알 수 있습니다. 단지 지옥을 보고 살 것인지 부처님의 세계를 보고 살 것인지는 자기 자신이 결정하는 것입니다.

지장경에서는 본식에 닿을 때까지 기도하고 수행하라고 독려하고 있습니다. 의식이라는 것이 6도를 돌 때 개체혼령이 다 거쳐 가면서 경험을 하게 됩니다. 6도윤회로부터 벗어나고 인연터가 생기고 하는 것들이 모두 보살행을 스스로 깃들게 합니다. 궁극적으로는 부처를 향해 가는 것이라 할 수 있습니다.

오랜 병고에서 벗어나는 법

그때 그 자리에 한 장자가 있었으니 이름은 대변(大辯)이라 하였다. 이 장자는 오래 전에 무생(無生)의 진리를 깨달아 시방의 중생들을 교화하였으며 장자의 몸을 나타내어 합장하고 공양하는 마음으로 지장보살에게 물었다.

"지장보살이시여, 사바세계의 중생들이 목숨을 마친 뒤 그의 가족들이 그를 위해 공덕을 닦거나 재물로 여러 가지 착한 인연을 짓게 되면 임종한 사람은 어떤 큰 인연을 얻어 해탈을 성취하게 됩니까?"

지장보살이 대답했다.

"장자여, 내가 이제 현재와 미래의 일체 중생들을 위하여 부처님의 위신력을 빌어서 그것을 말하겠습니다. 장자여, 현재와 미래의 모든 중생들이 임종할 때, 한 부처님의 명호나 한 보살의 명호, 한 벽지불의 명호를 듣게 되면 죄의 유무를 떠나서 모두 해탈하게 됩니다.

만일 어떤 남자나 여인이 살아서 착한 인연을 닦지 않고 여러 가지 악업만을 지었다고 할 때, 목숨을 마친 뒤에 여러 가족들이 그를 위하여 이익 되는 착한 일을 하게 되면, 그 가운데 7분의 일은 죽은 사람이 얻고 나머지는 살아 있는 사람들이 얻게 됩니다. 그러므로 현재와 미래세의 선남자 선여인이 이 말씀을 듣고 스스로 공덕을 닦으면 완전한 복덕을 얻게 됩니다.

죽음의 귀신은 느닷없이 찾아옵니다. 그때 비로소 중생들은 캄캄한 어둠 속에 헤매고, 스스로의 죄업과 복덕을 알지 못하며 49일 동안 바보나 귀머거리처럼 방황하다가 중생의 죄업을 심판하는 곳에서 업보를 변론하고, 심판받은 뒤에야 업보에 의해서 다시 태어나게 됩니다. 앞일을 예측할 수 없는 그 사이에도 번민과 고통이 천만 가지이거늘, 하물며 여러 갈래의 악도에 떨어져 고통 받는 것을 무엇으로 설명하겠습니까? 그러므로 생명을 마친 사람이 새 생명을 받지 못하는 49일 동안에는 모든 가족들이 명복을 빌어 구원해 주기를 바라는 것입니다.

그러나 49일이 지나면 각자의 죄업에 따라 과보를 받게 됩니다. 만일 그가 죄업이 깊은 사람이라면 천백 세가 지나도록 해탈할 날이 없을 것입니다. 만 겁이 지나도록 영원한 고통을 받게 됩니다.

지장경을 읽는 즐거움

지장경의 이해를 돕기 위해 비유를 들어 말씀드리겠습니다. 병원에 가면 숱한 환자들을 만나게 됩니다. 인생을 포기하고 싶을 정도로 심한 고통을 느끼는 환자들, 병고는 환자들뿐만 아니라 환자의 가족에게도 감당하기 어려운 고통을 안겨줍니다. 어떻게 하면 이 고통에서 벗어날 수 있을까요?

부처님께서는 "모든 질병은 자기에게서 출발한다."고 하셨습니다. 우리에게 일반적으로 3분의 1이라는 공덕이 있습니다. 몸이 아픈 것도 3분의 1은 자기에게서 원인을 가져옵니다. 또한 사회적 조건이나 부모로부터 가져오는 것도 있습니다. 아픈 것은 이 3분의 1, 3인(凶)에서 오는 것입니다. 그렇다면 질병을 어떻게 다뤄야 하겠습니까? 질병이 오래 지속된다는 것은 내가 용서하지 못하고 있는 것입니다. 어디선가 마음에 걸려 미움과 원망을 놓지 못하므로 병고가 지속되는 것입니다.

지장보살은 대승자모(大乘慈母)입니다. 중생을 두려움과 속박과 집착으로부터 벗어나게 해 주려 우리 곁에 계신 분입니다. 지장보살의 명호를 부르면서 용서해야 합니다. 병이 지중할수록 더더욱 놓아야 하고 용서해야 합니다. 물론 치료를 등한시하라는 말씀은 아닙니다. 의사선생님의 말씀을 따르며 약도 성실히 먹고 치료도 열심히 받아야 합니다.

제가 강조하고 싶은 말씀은 마음가짐입니다. 마음이 육체를 지배하고 있기 때문에 마음 다스리기가 가장 중요하다는 것입니다. 질병에서 벗어나고 싶으면 먼저 마음 깊이 용서하십시오. 아플 때마다 누구를 용서해야 할지 주위를 살펴볼 필요가 있습니다. 가장 놓치기 쉬운 그 대상을 살펴보고 반성한 후 용서하면 빨리 치유됩니다.

특히 가장 용서하기 힘들다고 하는 그 사람이야말로 가장 먼저 용서를 통해 놓아야 할 대상입니다. 용서하고 이해해야 합니다. 용서하면 내 안의 불성생명체계는 자연스럽게 나를 치유해 주고, 도와주고, 나를 지켜줄 것입니다. 이것을 마음으로 받아들이고, 생각으로 받아들이고, 행위로 받아들이고, 언어로도 확인하여 받아들여야 합니다. 그러면 모든 질병으로부터 자유로워질 것입니다. 이때 병이라고 하는 근원은 관계적 불안, 온전하지 않은 것, 힘든 것에 대한 생각에서 오는 것이므로 자기 안의 불안을 불식하여 스스로 온전한 것이 채워지도록 하셔야 합니다.

죽음의 귀신은
느닷없이 찾아온다

사람은 육체로도 살지만 감정으로도 살고, 정신으로도 살고, 언어로도 삽니다. 그런데 우리의 이 몸이나 생각, 행위는 유한합니다. 아무리 화를 잘 내는 사람도 24시간 동안 화를 내며 살지는 못합니다. 물질적이든 정신적이든 인간은 유한한 존재라서 우리 안에 들어 있는 무한한 생명을 일깨우며 살아가야 합니다.

불성 생명으로 새로이 태어나자는 것입니다.

한편 망자가 죽을 때 그 업을 풀어줄 수 있는 사람은 골육, 다시 말해 일가친척 혈육입니다. 다만 우리가 그 사실을 보지 못하고 느끼지 못하고 깨닫지 못하고 이해하지 못할 뿐입니다. 지옥·아귀·축생·수라·인도·천도를 일러 6도라고 합니다. 우리의 마음을 굳이 6도에 비교하여 표현한다면 지옥은 고통이며, 아귀는 가난이고, 축생은 어리석음[痴心]입니다. 불교를 공부하는 근원적인 목적은 이 3악도(三惡道 지옥, 아귀, 축생)를 멸하고자 하는 데 있습니다. 고통스런 모든 것, 가난의 질곡, 어리석음으로부터 벗어나기 위해 기도 수행하는 것입니다.

사람이 고통스러운 이유는 탐내고 성내고 어리석은 3독심과 이기심 때문입니다. 이 세계를 착각의 세계, 어둠의 세계라고 해도 틀리지 않습니다. 어두운 세계가 바로 어리석은 세계인 것입니다. 그래서 반야심경에서는 '무무명(無無明)', 무명이 없는 세계를 추구합니다. 사업을 해도 자기 수준에 맞지 않는 걸 하기 때문에 매번 실패만을 맛봅니다. 어둡기 때문에 자기 수준을 찾지 못하는 것이기에 제일 먼저 탐·진·치 3독심을 제거해야 합니다. 또한 지옥을 느끼는 것은 오직 자기 자신만이 느끼는 것이므로 지옥에서 벗어나려면 지옥은 본래 실체가 없다는 것을 깨달아야 합니다.

지옥도, 아귀도, 축생도, 아수라도(阿修羅道)와 인간도(人間道)와 천상도(天上道)를 합쳐 6도라고 합니다. 아수라도는 다툼의 세계입니다. 인간도는 대상의 모든 관계를 말합니다. 천상도는 즐거움(기쁨)의 세계입니다. 지옥세계도 우리가 보고 듣고 느끼고 하는 가운데서도 천상락이 있고 관계의 원만성이 있으며 탐욕과 분노와 어리석음의 세계가 있습니다. 천상도 역시 자기 복이 다하면 지옥으로도 가고 축생의 세계로도 갑니다. 부자로 떵떵거리고 살다가 한순간에 망해서 가난하게 사는 이치와 똑같습니다. 반대로 가난하게 살더라도 마음 하나 바꾸면 천상도로 몸을 바꿀 수 있습니다.

제7식 말라야식은 성문, 제8식 아뢰야식은 연각, 제9식 암마라식은 보살, 제10식 건률타야식은 불(佛)의 세계입니다. 이 열 가지를 합한 것이 합장이며, 이 합장은 일심(一心)이라고 앞에서 말씀드린 바 있습니다. 우리는 6도윤회의 굴레를 벗고 진리의 문에 들어서는 성문과 연각, 궁극적으로는 불보살의 세계로 나아가야 합니다.

죽은 자에게도
이익이 되는 기도

앞에서 육신으로부터 의식의 세계까지 살펴보았습니다. 이것을 49재와 비교하여 말씀드린다면 다음과 같습니다.

초재는 고통의 세계를 돌아보는 것이고, 2재는 가난한 세계를 돌아보는 것입니다. 3재는 어리석은 세계를 돌아보며 성찰하는 것입니다. 자식이 제사를 지내주는 이유는 다시는 3악도에 떨어지지 말고 좋은 세계에 태어나라고 해 주는 것입니다. 49재의 의미는 1주일씩 이처럼 제7식까지의 세계를 돌아보며 영혼을 순화시키는 데 있습니다.

49재와 천도재를 봉행할 때 관불 의식이 들어 있는데, 이것은 영혼을 목욕시키는 의식입니다. 목욕을 시켜 청정하게 맑힌 연후에 진리를 알려주는 것입니다. 진리를 알려준 다음 본래 지옥의 자리도 없다는 것을 일러주기 위해 파지옥진언(破地獄眞言) '옴 가라지야 사바하'를 외웁니다. 제사를 지내면서 이 파지옥진언을 해 주지 않으면 효과가 없습니다. 이 진언의 의미는 망자가 살아생전에 느낀 고통은 고통이 아니라는 것을 일러주기 위함입니다. 세월이 지나가면 희석되고 다 용서가 되듯이 이 진언을 통해 망자를 좋은 곳으로 인도하고자 하는 것입니다.

경을 읽는 동안 귀가 열려서 알아들어야 합니다. 그래야만 고통 대신 풍요의 세계를 맞습니다. 귀가 열려야 이해가 되고 이해가 돼야 인연을 맞을 수 있습니다. 즉, 진리(성문)의 세계를 알게 되면 인연(연각)을 알게 된다는 것입니다. 그 다음이 보살의 세계입니다. 보살은 공유중생(共有衆生), 너에게도 좋고 나에게도 좋은 수행을 통해 보살의 세계에 들어가는 것입니다. 이것이 지장경 기도요, 수행입니다. 산 자에게도 이익이 되고 죽은 자에게도 이익이 되는 기도인 것입니다. 여러분, 꼭 이것 하나만은 기억해 주시기 바랍니다. 우리 모두 부처님의 생명과 지옥 세계를 공유하고 있다는 사실입니다.

지장경을 공부하는
일곱 가지 이익

"장자여, 이와 같은 중생들이 생명을 마친 뒤 가족들이 재를 베풀어서 갈 길을 도와줄 때, 그 재식을 마치기 전이나 재를 마련할 때, 쌀뜨물과 나물 다듬은 찌꺼기 등을 땅에 버리지 말아야 합니다. 또한 모든 음식을 부처님과 스님들에게 올리기 전에 먼저 먹어서는 안 됩니다.

만일 이 법을 삼가지 않으면, 생명을 마친 사람에 대해 그는 조금도 복덕이 되지 않습니다. 만일 청정하고 지극한 마음으로 공양구를 부처님과 스님들께 올리면, 죽은 사람은 그 공덕의 7분의 일을 얻을 것입니다.

장자여, 염부제의 중생이 만일 그 부모와 가족들을 위해서 지극하고 간절한 마음으로 재를 베풀어 공양하면 산 사람과 죽은 사람이 모두 이익을 얻게 됩니다."

지장보살이 이와 같이 설할 때 도리천궁에 있던 천만 억 나유타의 염부제 귀신들이 한량없는 보리심을 발하였으며, 대변장자는 기쁜 마음으로 가르침을 받들며 예배하

지장경을 읽는 즐거움

고 물러갔다.

정성을 다해 잿밥을 짓는 게 무엇보다 중요하지만 재를 마치기 전과 부처님께 드리기 전에는 절대로 잿밥을 먹어서는 안 됩니다. 이 영혼이 사는 동안 영계에 3혼이 그대로 자리를 잡고 있기 때문입니다. 만약 먹는 순서를 어겨서 먼저 먹거나 정근하지 않으면 이 명을 마친 사람이 마침내 구원의 힘을 얻지 못합니다. 만약 정근하고 깨끗이 두호하며 부처님과 스님에게 받들어 올리면 이 명을 마친 사람이 공덕의 7분지 1을 얻게 됩니다. 재를 지낸 공덕의 여섯 개는 유족이 가져가고 하나만 영가가 가져간다는 뜻입니다. 하지만 영계에서는 아주 작은 것을 올려도 풍족하게 받아들입니다.

지금까지 대략 살펴보면, 지장보살이 석가모니 부처님께 '끝까지 중생을 제도하겠다'고 세 차례 맹세하는 내용이 나옵니다. 일체 중생의 모든 고통과 아픔과 슬픔과 어려움을 치유하고 건지고 구제해 주겠다는 지장보살의 비원(悲願) 덕분에 우리 중생들은 묵은 업장을 소멸하고 고통에서 벗어날 수 있게 되었습니다.

이제 지장경을 공부하는 일곱 가지 이익에 대해 정리하면서 제7 이익존망품을 마무리하겠습니다.

첫째, 지장경을 공부하고 수행하고 기도하고 예경한 사람은 반드시 성현의 땅에 이르게 됩니다. 부처님의 나라에 꼭 태어난다는 것입니다.

둘째, 과거 전세의 수많은 제업장(諸業障)이 있다 하더라도 그 모든 제업장은 반드시 소멸할 수 있습니다. 우리는 모두 업의 존재로 살아갑니다. 그러나 지장보살의 원력이 이 업을 반드시 소멸시켜 주겠다는 것입니다.

셋째, 모든 부처님, 지장보살께서 우리를 지켜주고 계십니다. 어떠한 장애가 있더라도 지장보살의 위신력으로 우리를 지켜주고 계신다는 것입니다.

넷째, 보리불퇴(菩提不退), 보리심에서 후퇴하지 않는다는 것입니다. 보리란 나를 햇빛처럼 밝혀주는 부처님의 지혜입니다. 그 지혜를 배우고 실천하면 후퇴하지 않게 된다는 것입니다. 내가 모르는 사이에도 내 심장은 계속 일을 하고 있고 내 대뇌는 쉼 없이 생각을 쏟아냅니다. 그처럼 지장경을 공부하고 있노라면 내면에서는 지혜가 성장하고 있다는 것입니다.

다섯째, 본원력(本原力)에서 더욱 커집니다. 우리에게는 진심, 즉 본원력이 있습니다. 본원력을 믿고 본원력을 받아들여 현실에서 복과 지혜, 풍요로움, 행복감으로 드러날 수 있다는 것을 확인하여야 합니다. 본원력은 나를 언제든 성장하게 해 주고 언제든 번영하게 해 주고 안락하게 해 줍니다.

본원력에서 근본이 되는 세 가지가 있습니다. 그 첫 번째가 존재성입니다. 두 번째가 보장성입니다. 세 번째는 확인성입니다. '나'라고 하는 존재는 마음도 나고 감정도 나며 생각도 나입니다. 행위도 나라는 것입니다. 내 마음 속 깊이 들어가면 불성

지장경을 읽는 즐거움

생명체 곧 본원력을 만날 수 있습니다. 다시 말해 자신의 본원력을 자신이 들여다 볼 때만 본원력이 있다는 것입니다. 여러분은 반드시 본원력이 있다는 것을 알아야 하고, 본원력은 성장한다는 사실을 인지하셔야 합니다. 절대적으로 들여다보지 못하고 이해하지 못한다 해도 산천초목이 다 무너지더라도 본원력은 없어지지 않는다 하였습니다. 내가 상대하고 있는 모든 대상은 나로부터 시작합니다. 그래서 본원력을 들여다볼수록 에너지가 생기고 본원력은 나에게 영원한 생명을 안겨줍니다.

본원력을 들여다보면 나라는 존재의 '원만한 상태'를 보장해 줍니다. 이것이 보장성입니다. 또한 본원력을 들여다보면 '무한 능력성'이 생깁니다. 우리가 절에 가서 기도하고 수행하는 것은 나와 내 가족, 친지와 이웃, 나라가 더 행복하고 풍요로워지기 위함입니다. 한마디로 내게 이익이 되는 행위라는 말입니다. 이것을 '자기 확장성'이라고 표현한다면 이에 대한 무한한 가능태가 본원력의 확인성이라는 것입니다. 내가 지금 사랑하고 있고 번영하고 있으며 좋아지고 있다는 것을 끝없이 확인하는 것, 이것이 확인성입니다. 그래서 공부라고 하는 것은 들여다보는 것입니다. 내 안에 본원력이 있다는 것을 확인하는 것입니다.

여섯째, 과거 전세의 숙명을 깨닫게 해 줍니다. 여기에서 말하는 숙명은 잠재의식입니다. 잠재의식을 통달한다는 얘기이니 태어나기 이전까지 알게 해 준다는 얘기입니다.

일곱째, 마침내 부처[佛]를 이루게 합니다.

지장경을 공부하면 새롭게 거듭날 수 있고, 새로운 기쁨과 진정한 행복을 열어갈 수 있습니다. 세상에 이해하기 어려운 것 중의 하나가 인연인데, 지금 이 순간 지장경을 공부하게 된 인연에 감사하십시오. 지장경은 우리 모두를 변화시키는 큰 힘이 있기 때문에 공부 인연만으로도 큰 진척이 있을 것입니다. 실로 지장경 공부 인연은 온 우주를 밝히는 광명이 들어오는 것과 같습니다. 우리 자신 안에 내재된 불성을 확인하는 길이기도 합니다. 지장경을 공부하면 편하고 즐겁고 쾌활해지고, 만사 형통할 것입니다. 벌써 새 생명, 새 기쁨으로 충만해지셨지요?

　　　　　　　　　　　지장경을 읽는 즐거움

제8 염라왕중찬탄품

閻 羅 王 衆 讚 歎 品

—

지장보살처럼 중생들을 이익케 하는
염라왕들을 찬탄하다

閻羅王眾讚歎品

제8 염라왕중찬탄품
閻 羅 王 衆 讚 歎 品

—

지장보살처럼 중생들을 이익케 하는 염라왕들을 찬탄하다

제8 「염라왕중찬탄품(閻羅王衆讚歎品)」은 염라천자와 수많은 귀왕들이 등장해서 지장보살의 위신력과 중생 구제의 활동을 찬탄하는 것으로 시작합니다. 이어서 그럼에도 불구하고 왜 악도에서 벗어나지 못하는 중생들이 많은지 부처님께 여쭙고, 부처님은 답을 하신 뒤에 지장보살처럼 중생들을 보호해 주고 도와준다는 염라왕들을 찬탄하는 내용입니다.

중생들이 왜 고통에서 벗어나지 못하는지, 지옥에 떨어지는지 그 이유에 대해 아주 자세히 설명해 주고 있습니다. 또한 중생들이 죽음을 맞이하여 해야 할 일과 하지 말아야 할 일이 무엇인지를 구체적으로 밝혀 놓고 있습니다.

그때 철위산 속에 있던 셀 수 없이 많은 귀왕들이 염라천자(閻羅天子)와 함께 부처님이 계시는 도리천에 이르렀다.

그들은 악독귀왕(惡毒鬼王), 다악귀왕(多惡鬼王), 대쟁귀왕(大諍鬼王), 백호귀왕(白虎鬼王), 혈호귀왕(血虎鬼王), 적호귀왕(赤虎鬼王), 산앙귀왕(散殃鬼王), 비신귀왕(飛身鬼王), 전광귀왕(電光鬼王), 낭아귀왕(狼牙鬼王), 천안귀왕(千眼鬼王), 담수귀왕(噉獸鬼王), 부석귀왕(負石鬼王), 주모귀왕(主耗鬼王), 주화귀왕(主禍鬼王), 주식귀왕(主食鬼王), 주재귀왕(主財鬼王), 주축귀왕(主畜鬼王), 주금귀왕(主禽鬼王), 주수귀왕(主獸鬼王), 주매귀왕(主魅鬼王), 주산귀왕(主産鬼王), 주명귀왕(主命鬼王), 주질귀왕(主疾鬼王), 주험귀왕(主險鬼王), 삼목귀왕(三目鬼王), 사목귀왕(四目鬼王), 오목귀왕(五目鬼王), 기리실왕(祁利失王), 대기리실왕(大祁利失王), 기리차왕(祁利叉王), 대기리차왕(大祁利叉王), 아나타왕(阿那吒王), 대아나타왕(大阿那吒王)과 같은 대귀왕들이었다.

이들은 모두 백천이나 되는 여러 소귀왕(小鬼王)들을 데리고 모든 염부제에서 각각 맡은 일이 있었고 머무는 곳이 따로 있었다. 이 모든 귀왕들은 염라천자와 더불어 부처님의 위신력과 지장보살마하살의 힘을 입어 도리천에 와서 대중 속에 있었다.

고대 인도의 우주관에 영향을 받은 불교의 우주관에 의하면,

　　　　　　　지장경을 읽는 즐거움

세상의 한 가운데 수미산이 있고, 9개의 산과 8개의 바다가 이 수미산을 둘러싸고 있습니다. 이 가운데 귀왕과 염라천자 등이 살면서 주재하는 곳이 철위산입니다. 흔히 저승세계를 관장하며 죽어서 지옥에 떨어진 사람을 심판하는 이를 '염라대왕'이라 하는데, 염라왕중찬탄품의 '염라왕'과 같은 분입니다. 여기에서 '중(衆)'이 붙은 이유는 이 같은 '왕'들이 저승세계에 무수히 많다는 것입니다. 염라천자는 수많은 염라왕들 중의 우두머리라고 할 수 있습니다.

습관, 지옥행과 극락행의 열쇠

그때 염라천자가 꿇어 앉아 합장하고 부처님께 여쭈었다.
"부처님이시여, 저희들은 이제 모든 귀왕과 더불어 부처님의 위신력과 지장보살의 힘을 입어 이 도리천궁의 대법회에 왔습니다. 이는 저희들이 착한 이익을 얻기 위한 것입니다. 제가 이제 조금 의심되는 일이 있어서 감히 부처님께 여쭈옵니다. 바라옵건대 부처님이시여, 자비로써 저희들을 위해 말씀해 주십시오."
부처님께서 염라천자에게 말씀하셨다.
"그대는 궁금한 바를 마음껏 물으라. 내가 그대들을 위하여 말해 주리라."

이때 염라천자가 부처님을 우러러 예배드리고 지장보살을 바라보며 부처님께 말씀드렸다.

"부처님이시여, 제가 지장보살을 살펴보니 6도(六道) 중에 계시면서 백천 가지 방편으로 고통 받는 중생들을 구하시면서 피로도 괴로움도 마다하지 않으십니다. 이 대보살에게는 이와 같은 불가사의한 신통이 있으나 모든 중생들은 죄보에서 벗어났다가 오래지 않아 다시 악도에 떨어지고 맙니다.

부처님이시여, 이 지장보살에게는 그와 같은 불가사의한 신통력이 있는데도 어찌하여 중생들은 거룩한 가르침에 의지하여 영원한 해탈을 구하려 하지 않습니까? 바라옵건대 부처님이시여, 저희들을 위하여 말씀해 주옵소서."

부처님께서 말씀하셨다.

"염부제의 중생들은 마음이 거칠고 어리석어서 교화하기 어렵다. 그러나 지장보살은 백천 겁이 지나도록 이와 같은 중생들을 빠짐없이 구제하여 해탈의 길로 이끌고 있다.

또 죄업에 가득 찬 중생들과 모진 악도에 떨어진 사람까지도, 지장보살은 방편력으로써 업연의 뿌리까지 뽑아서 전세의 일을 깨닫게 해 주건만, 염부제의 중생들은 스스로 악습에 젖어 있어서 금방 악도에서 벗어났다가 다시 들어가고 있다. 그러므로 지장보살은 수고를 마다하지 않고 오랜 겁이 지나도록 중생들을 계속 제도해야만 하는 것이다.

비유컨대, 어떤 사람이 본래의 집을 잃고 방황하다가 험한 길로 잘못 들어섰는데 그 길에서 숱한 야차와 호랑이·사자·구렁이·뱀·독사들과 마주치게 되었다. 그때 마침 술법을 잘 알고 있는 선지식이 있어서 큰 술법으로 야차와 악한 짐승들을 잘 막아내고 있었다. 그러나 갑자기 어리석은 나그네가 그 험한 길에 들어가려고 하는 것을 보고 외쳤다.

'가엾은 나그네여, 어쩌자고 이런 길로 들어서게 되었는가? 모든 독기를 막아낼 수 있는 무슨 기이한 술법이라도 있다는 말인가?'

길 잃은 사람은 이 말을 듣고 비로소 험한 길인 줄 깨닫고 곧 물러서며 이 길에서 벗어나고자 했다. 그때 선지식이 나그네의 손을 잡고 이끌어 험한 길에서 벗어나서 넓고 평탄한 길로 인도하여 안전하게 해 주고 말했다.

'가엾은 나그네여, 지금부터는 다시 저 길에 들지 말아야 하느니 저 길에 드는 이는 벗어나기 어려우며 더욱이 목숨까지 잃게 되리라.'

길 잃은 사람은 감동했다. 서로 헤어지려 할 때 선지식은 다시 말했다.

'만일 친한 사람이나 길가는 사람을 보거든 저 길에는 악독한 짐승이 많이 있으므로 생명을 잃게 된다고 말해 주

어서 모든 중생들로 하여금 스스로 죽음의 길을 걷지 않
도록 하여라.'

이와 같이 말하는 것과 같다.

이처럼 지장보살이 큰 자비심으로 죄업을 짓고 고통 받는
중생들을 구원해서 사람의 몸으로 태어나게 하고 안락을
누리게 해 주면, 중생들은 악업의 길에서 겪는 고통을 알
고서 그 길에서 벗어나 다시는 고통을 겪지 않는다. 그것
은 마치 길 잃은 사람이 험한 길에 들어섰다가 선지식을
만나서 다시는 악도에 들어가지 않는 것과 같다.

또 다른 사람들을 만나도 악도에 들어가지 않도록 권유
하여 모두가 자연히 해탈케 하여 다시는 들어가지 않는
것과 같다. 만일 그 길을 다시 밟는다면 아직도 어리석어
서 옛날에 빠져들었던 험한 길인 줄 깨닫지 못하고 목숨
을 잃어버리게 되니, 마치 악도에 빠진 중생을 지장보살의
원력으로 해탈케 하여, 인간이나 천상에 태어나게 하여도
금방 다시 악도에 들어가는 것과 같다. 만일 죄업이 무거
우면 영원히 지옥에서 벗어나지 못하리라."

염라천자의 질문을 보니, 평소 사람들에게 자주 받았던 "누
구누구는 절에도 열심히 다니고, 착하고 성실한데, 왜 그렇게
불행한 일을 많이 겪는지 모르겠어요."라는 질문이 떠오릅니다.
"대보살에게는 이와 같은 불가사의한 신통이 있으나 모든 중생

지장경을 읽는 즐거움

들은 죄보에서 벗어났다가 오래지 않아 다시 악도에 떨어지고 맙니다."라는 염라천자의 말처럼 풍요롭게 잘 살다가 갑자기 상황이 나빠져서 지옥 같은 고통을 겪는 분들이 종종 있습니다. 떵떵거리며 잘 살던 분들일수록, 지위가 높았던 분들일수록 실패했을 때 더욱 극심한 고통을 호소합니다.

부처님께서는 "염부제의 중생들은 스스로 악습에 젖어 있어서 금방 악도에서 벗어났다가 다시 들어가고 있다. 그러므로 지장보살은 수고를 마다하지 않고 오랜 겁이 지나도록 중생들을 계속 제도해야만 한다."고 문제의 원인을 지적해 주셨습니다. 악습이 문제입니다. 오늘날에도 습관의 힘이 성공과 실패를 가른다는 내용을 담은 자기계발서가 유행하는데, 부처님께서는 이미 2600년 전에 습관이 지옥행과 극락행의 열쇠임을 일깨워주셨던 것입니다.

악습에 젖어 반복적으로 나쁜 습관을 행하기 때문에 다시 악도에 들어가는데, 달리 말하면 좋은 습관을 반복적으로 행하면 선도(善道) 즉 극락에 갈 수 있습니다. 죽은 다음의 극락은 차치하고, 바로 지금 우리의 삶을 극락으로 만들 수 있습니다. 보시·지계·인욕·정진·선정·지혜의 6바라밀을 실천하면서 복을 지으면 됩니다. 복을 짓지 않으면 마치 저축액을 곶감 빼먹듯 출금하다 금세 마이너스 통장이 되듯이 행복이 오래 가지 못합니다. 복이 다하면 떨어지는 이치를 잘 알고 언제 어느 때나 6바라밀을 실천하고 복 짓기를 생활화하시기 바랍니다.

악한 일은 많고 선한 일은 적은 현실,
지장경을 널리 유포해야 하는 까닭

그때 악독귀왕이 합장하고 부처님께 여쭈었다.

"부처님이시여, 저희들 귀왕들은 그 수가 한량없습니다. 염부제에서는 사람들에게 이익을 주기도 하고 혹 사람들에게 두려움을 주기도 합니다. 제가 권속들로 하여금 세계를 돌아다니게 해 보면 악한 일은 많고 선한 일은 적습니다.

그러나 사람의 집이나 성읍·촌락·장원을 지나다가 어떤 남자나 여자가 털끝만큼이라도 착한 일을 하는 것을 보게 됩니다. 즉 불법을 찬탄하는 깃발을 달거나 약간의 향과 꽃을 부처님과 보살상 앞에 공양하든지, 혹은 고귀한 경전을 읽으며 한 구절·한 게송에 향을 사르는 것만 보아도 저희 귀왕은 이 사람들에게 공경히 예배하기를 과거·현재·미래의 부처님을 섬기듯 합니다.

또한 큰 힘이 있는 귀신이나, 토지를 맡은 작은 귀신들로 하여금 이들을 보호하도록 해서 나쁜 횡액과 모진 병, 바라지 않는 일들이 그 집에 얼씬도 못하게 하거늘 하물며 그 집안으로 들어가게 하겠습니까?"

부처님께서 귀왕을 칭찬하시면서 말씀하셨다.

"참으로 훌륭하도다. 그대들이 염라천자와 더불어 그토록

지장경을 읽는 즐거움

선남자 선여인을 옹호하다니 범왕과 제석천에 일러서 그
대들을 보호할 것이니라."

악독귀왕이 부처님께 자신들이 사람들에게 혹 이익을 주기도
하고 혹 사람들에게 두려움을 주기도 한다고 하였습니다. 그런
데 여기에서 눈여겨보아야 할 것은 "제가 권속들로 하여금 세계
를 돌아다니게 해 보면 악한 일은 많고 선한 일은 적습니다."라
는 대목입니다. 즉 선행을 하는 사람들보다 악행을 짓는 사람들
이 더 많다는 것입니다.

신자유주의의 피도 눈물도 없는 무한 경쟁 사회, 이기주의가
만연한 오늘날의 실상은 참으로 심각합니다. 악행을 저지르고
도 죄의식조차 없는 인면수심의 사람들이 늘어가고 있습니다.
이러한 때일수록 지장경을 널리 유포하여 사람들의 의식을 일깨
워주고 악업을 짓지 않도록 이끌어 주어야 합니다.

사람마다 각각 다른 과보를 받음은 세세생생 악습으로 지은
업보 때문입니다. 대부분의 사람들은 영원한 즐거움과 영원한
고통이 아니라 이 두 가지를 시시때때로 함께 겪으며 살아가고
있습니다. 그런데 행복과 불행을 결정하는 것은 유심소현(唯心
所現)입니다. 모든 것은 마음의 드러남에 있다는 것입니다. 다시
말해 사람은 자신이 생각하는 모습대로 된다는 것을 뜻합니다.
자기가 보고 듣고 말하고 행동하는 것에 따라서 인생을 가볍게
도 하고 무겁게도 합니다.

거듭 말씀드리지만, 지장경은 효행의 경전인 동시에 삶의 예법을 실천하는 경전입니다. 또한 신비한 기적의 경전이라고도 했습니다. 경전에서 가르쳐 주는 것을 실천하면 원하는 대로 이익이 되는 일이 생기기 때문입니다. 독자 여러분은 지장경을 통해 인과응보의 법칙을 잘 배우고, 자각하고, 이해하고, 믿고 실천해야 합니다. "부뚜막의 소금도 집어 넣어야 짜다."는 속담처럼 행동으로 옮기는 것이 중요합니다.

인과응보의 법칙은 다른 말로 표현하자면 곧 업의 법칙입니다. 우리가 명심해야 할 것은 업의 결과를 어떻게 따르느냐 하는 것입니다. 만일 병고액난을 겪고 있다면 이 액난이 어느 날 갑자기 생기는 것이 아님을 분명히 인식해야 합니다. 내 자신의 업, 내가 지어 놓은 것이 작용하여 결과가 있는 것이라고 말씀드릴 수 있습니다. 하지만 업을 녹일 수 있는 방법이 있습니다. 일단 업에 대해 먼저 살펴보겠습니다.

'업(業)'은 산스크리트어로 '까르마(karma)'라고 합니다. 몸과 입과 마음으로 짓는 선악의 행동으로 미래에 선악의 결과를 가져오는 원인이 됩니다. 즉 내가 지금 건강하고 행복한 것은 예전에 지은 업의 작용이며 형태입니다. 이웃종교에서는 원죄(原罪)라고 하여 죄를 인정하는 것으로부터 시작합니다. 그러나 우리 불교에서는 천수경의 한 구절인 '죄무자성종심기(罪無自性從心起)', 죄는 본래 자성이 없어서 마음 따라 일어난다고 하였습니다. 뿌리가 없다, 실체가 없다는 것과 같은 말입니다. 업은 그저 바람이

지장경을 읽는 즐거움

며 그림자이고 형태일 뿐입니다.

업은 '마음의 세계'입니다. 이를 무의식의 세계라고도 합니다. 평상시의 행위가 다 업에서 비롯됩니다. 또한 업은 정해진 법이 없습니다. 업은 항상 작용하고 있습니다. 일상생활 곳곳에서 업을 만날 수 있습니다. 아니 우리의 삶 자체가 업으로 이루어진 것입니다.

우리가 보고 느껴지는 것에서 업은 작용하고 있습니다. 업은 또한 규정이 없습니다. 다시 말하면 '업 때문에'라는 굴레는 없습니다. 업을 바르게 이해하고 바르게 받아들이면 가벼워지지만 잘못 이해하고 행위하면 무거워집니다.

업, 인과응보의 법칙은 평등합니다. 어떤 업이든 나만 괴롭히는 법은 없습니다. 경전을 통해 이러한 업의 가르침을 배우다 보면 스스로 평안하고 행복해집니다. 과거 전세의 업은 왜 이럴까 하면서 억울해 하지만 알고 보면 나를 평안하게 해 주는 것이 업입니다.

세상 사람들은 다 다릅니다. 생긴 것도 다르고 배운 것도 다르고 먹는 것도 다릅니다. 그에 따라 대접도 다릅니다. 그렇다고 해서 우리가 업에 매달릴 필요는 없습니다. 여러분이 기억해야 할 것은 좋은 업 덕분에 지장경 공부를 할 수 있는 인연을 지었다는 것입니다. 그러므로 무소의 뿔처럼 두려움 없이 앞으로 나아가면 됩니다. 업은 고정되어 있는 것이 아니라 작용하는 것입니다. 업의 작용을 보면 마음 세계가 보입니다.

본원력을 키우면 해탈할 수 있다

이와 같이 말씀하셨을 때 그 자리에 있던 주명(主命)이라
는 귀왕이 부처님께 여쭈었다.

"부처님이시여, 저는 본래 지은 업연 때문에 염부제 중생
들의 수명을 맡아서 날 때와 죽을 때를 주관하고 있습니
다. 저의 본원은 많은 중생들에게 이익을 주고자 노력합
니다만 중생들은 제 뜻을 알지 못하고 태어나고 죽을 때
모두 괴로워합니다.

이 염부제의 중생들이 처음 태어날 때, 남자와 여자를 가
리지 않고, 출산에 임박해 좋은 일을 하여 집안을 더욱
이롭게 하면, 토지신은 한량없이 기뻐하면서 자식과 어머
니를 보호하여 큰 안락을 얻도록 하고 가족들도 이롭게
합니다. 자식을 낳은 뒤에는 살생을 하지 말아야 하는데
도 여러 가지 생선을 산모에게 먹이며, 또한 가족들이 모
여 술과 고기를 먹으며 노래하고 풍악을 즐긴다면 그것은
어머니와 자식을 편안하게 해 주는 것이 아닙니다.

왜냐하면 아기를 낳을 때는 무수히 많은 귀신과 도깨비
들이 비린내 나는 피를 먹고자 하므로 제가 미리 가택신
(家宅神)이나 토지신들에게 명하여 산모와 아이를 편안하
게 보호해 줍니다. 그 사람들이 편안한 것을 본 뒤에는
마땅히 복을 베풀어 토지신의 은혜에 보답해야 하거늘,

지장경을 읽는 즐거움

가족들은 오히려 살생을 하여 잔치를 벌이니 이로써 죄업을 짓고 과보를 받아 어머니와 자식이 편안하지 못합니다. 또한 염부제에서 죽는 사람은 선한 사람이든 악한 사람이든 모두 악도에 빠지지 않도록 애쓰고 있는데 하물며 스스로 선근을 닦은 이의 힘을 도와주는 사람이야 말할 나위가 있겠습니까? 이 염부제에서는 좋은 일을 한 사람이 목숨을 마칠 때에도, 백천이나 되는 악독한 귀신들이 부모와 여러 가족으로 둔갑하여 죽은 이를 이끌어 악도에 떨어지게 하거늘, 하물며 본래부터 악업을 지어 온 자는 더 말할 나위도 없습니다.

부처님이시여, 이와 같이 염부제의 남자와 여자들이 목숨을 마칠 때 정신이 혼미하여 선과 악을 분간하지 못하고 눈과 귀로 보고 듣지도 못합니다. 이런 때 그의 가족들은 마땅히 크게 공양을 베풀고 이 경전을 읽고 외우며 부처님과 보살의 명호를 독송해야 합니다. 이와 같은 좋은 인연을 맺어주면 죽은 이는 모두 악도를 벗어나고, 모든 마군의 무리들은 다 두려워 물러가고 맙니다.

부처님이시여, 일체 중생이 죽을 때 만일 한 부처님, 한 보살의 이름, 혹은 대승경전의 한 구절, 한 게송만이라도 듣는다면, 저는 이런 사람들을 살펴서 지옥에 떨어질 살생죄를 지은 사람을 제하고는 모두가 해탈을 얻을 수 있도록 인도하겠습니다."

수명을 관장하는 주명귀왕의 본원은 많은 중생들에게 이익을 주는 것인데, 중생들은 그 뜻을 알지 못하고 태어나고 죽을 때 모두 괴로워한다고 부처님께 말씀드리면서 생의 기본적인 예법에 대해 설명하고 있습니다. 특히 자식이 태어났을 때 복을 베풀어 토지신의 은혜에 보답해야 하는데, "살생을 하여 잔치를 벌이니 이로써 죄업을 짓고 과보를 받아 어머니와 자식이 편안하지 못하다."는 내용을 보면서 가슴이 뜨끔해지는 분들이 적지 않을 것 같습니다. 또한 목숨을 마칠 즈음 정신이 혼미하여 선과 악을 분간하지 못할 때 가족들이 크게 공양을 베풀고 경전을 읽고 외우며 불보살의 명호를 염하면 모두가 해탈을 얻을 수 있다고 했습니다.

지장경을 공부하면 살아 있을 때는 물론이고 다음생에도 반드시 좋은 일을 만나게 돼 있습니다. 자꾸 실패가 반복되고 안 좋은 일이 생기는 분들일수록 지장경을 독송하고 지장경의 말씀대로 실천하십시오. 본인의 업력이 깊고 숙세의 업장이 두텁기 때문이니, 업장을 녹이기 위해서는 본원력을 키우면서 계속 정진해야 합니다.

육체는 죽어도 업력은 전달된다

부처님께서 주명귀왕에게 말씀하셨다.

지장경을 읽는 즐거움

"그대는 크고 거룩한 자비심으로 그와 같은 서원을 세워 태어나고 죽는 곳에서 모든 중생들을 보살피는구나. 만일 미래세에 어떤 남자나 여자가 나고 죽을 때가 되거든 그대는 그 서원을 저버리지 말고 모두 해탈의 길로 이끌어 영원한 안락을 얻게 하라."

주명귀왕이 부처님께 말씀드렸다.

"바라옵건대 부처님이시여, 염려하지 마시옵소서. 제가 이 몸이 다하도록 염부제 중생들을 옹호하여 중생들이 태어날 때와 죽을 때 모두 안락함을 얻도록 하겠습니다. 다만 모든 중생들이 태어나고 죽을 때 저의 말을 받아들이기를 바랄 뿐입니다. 그리하면 모든 중생들을 해탈의 길로 이끌겠나이다."

그때 부처님께서 지장보살에게 말씀하셨다.

"목숨을 맡은 이 큰 귀왕은 이미 백천 생 동안 큰 귀왕이 되어 나고 죽는 곳에서 중생들을 옹호하고 있지만, 이는 보살이 자비원력으로 큰 귀왕의 모습을 나타낸 것일 뿐 실은 귀왕이 아니니라. 앞으로 수만 겁을 지나면 이 귀왕은 반드시 성불할 것이니라. 그 이름은 '무상여래'이며 겁의 이름은 '안락'이며, 세계의 이름은 '정주'이며 그 부처님의 수명은 겁으로도 헤아리지 못하리라. 지장보살이여, 이 대귀왕의 일이 이렇게 불가사의하고 그가 제도한 천인과 인간 세상의 사람들도 헤아릴 수가 없느니라."

부처님께서는 지장보살에게 "주명귀왕은 보살이 자비원력으로 모습을 나타낸 것일 뿐 실은 귀왕이 아니다."라고 말씀하시면서 수만 겁을 지나면 반드시 성불할 것이라고 하십니다.

육체는 죽어도 업력은 전달됩니다. 하지만 대귀왕과 제석천·범천왕 등은 업의 세계를 넘어서 있는 분들입니다. 이것을 이해하는 것만으로도 업식의 세계를 이해했다고 할 수 있습니다. 좋은 업력으로 자신을 이끌어 낼 수 있기 때문입니다. 조금씩이라도 자각하고 이해하고 깨달아서 하나씩 넘어가면 업력에 얽매이지 않는 세계로 넘어가게 됩니다. 여러분이 업력의 끄달림에서 벗어나려면 원력을 세워야 합니다. 무언가를 해 나가겠다는 자기 확신이 분명히 들어야 합니다.

업력에 휘둘리지 말고 내가 업을 부릴 수 있는 주인이 되십시오. 그러기 위해선 아주 작은 선행을, 웃음을, 믿음을 나누기 시작하면 됩니다. 이렇게 실천하는 게 어렵다면 지장보살을 부르십시오. 지장보살을 부를 때마다 '감사합니다'라고 하면 됩니다. 이렇듯 기도와 수행이 무르익으면 인생은 내가 '말하는 대로', '원하는 대로', '행하는 대로' 이루어집니다. 그리하여 넉넉하게 사는 '나'를 발견하게 될 것입니다. 자기를 발견할 때 발전이 있고 기도 성취가 있고 풍요로움이 있습니다.

제9 칭불명호품
稱 佛 名 號 品

—

불보살의 이름을 부르면
무간지옥에 떨어질 죄도 없어진다

稱佛名號品

제9 칭불명호품

稱 佛 名 號 品

—

불보살의 이름을 부르면
무간지옥에 떨어질 죄도 없어진다

제9 「칭불명호품(稱佛名號品)」은 불보살님들의 이름을 부르고 공경하는 마음을 내어 염불하면 한량없는 공덕이 있음을 거듭 강조하고 있는 내용으로 이루어져 있습니다.

불보살들의 이름을 부르는 것은 온 우주에 충만하신 여러 부처님들과 주파수를 맞추고, 불보살님들의 지혜와 자비와 원력을 온전히 받아들여 내 안의 불성과 하나가 되게 하는 것입니다. 불보살님들의 이름을 부른다는 것은 바로 중생의 업장을 버리고 불보살님의 해탈세계로 들어가는 길이요, 중생의 몸으로 부처가 되는 길입니다. 지장보살님은 본인이 불보살의 이름을 부르거나 가족들이 불러주더라도 5무간지옥에 떨어질 큰 죄가 없어진다고 하시면서 염불의 중요성을 밝혀 주었습니다.

지장보살의 서원이 이루어지면
부처님의 근심도 없어진다

그때 지장보살이 부처님께 여쭈었다.

"부처님이시여, 제가 지금 미래 중생들을 위하여 이익 되는 일을 말하고, 나고 죽는 가운데서 큰 이익을 얻게 하고자 하오니 허락해 주옵소서."

부처님께서 말씀하셨다.

"그대가 지금 자비심을 일으켜 6도의 고통을 받는 모든 중생들을 구해 내려고 불가사의한 일을 말하고자 하는구나. 지금이 바로 그때이니라. 어서 말하라. 나는 곧 열반하리니 그대의 서원이 모두 이루어지면 나 또한 현재·미래의 모든 중생들에 대한 근심이 없어지리라."

지장보살이 중생들을 위하여 이익 되는 일을 말하겠다면서 허락을 구하자 부처님께서 즉시에 하신 말씀에 눈이 번쩍 뜨이지 않으십니까? 지장보살의 서원이 이루어지면 부처님께서도 모든 중생들에 대한 근심이 없어진다고 하셨습니다. 단 한 명의 중생이라도 구원하지 못하면 자신은 끝내 성불하지 않겠다는 지장보살의 비원(悲願)을, 그 큰 원력을 부처님께서 다시 한 번 확실하게 보여주신 내용으로 칭불명호품을 시작하고 있습니다.

지장경을 읽는 즐거움

지장보살이 말했다.

"부처님이시여, 지난 과거 한량없는 아승지겁 이전에 한 부처님이 세상에 나타나시니 이름을 무변신여래라고 하셨습니다. 만약 어떤 남자나 여인이 이 부처님의 이름을 듣고 잠깐만이라도 공경하는 마음을 내면 40겁 동안 나고 죽으면서 지은 무거운 죄업을 벗어나게 될 것인데, 하물며 부처님의 형상을 조성하고 그림을 그려서 모시고 공양하며, 찬탄하는 이에 이르리까? 그 사람의 복은 한량없고 끝이 없을 것입니다.

또한 한량없는 오랜 과거세에 한 부처님이 세상에 나타나셨으니 그 이름을 보승여래라고 하셨습니다. 만일 어떤 남자나 여인이 그 부처님의 이름을 듣고 손가락 한 번 튕기는 순간이라도 부처님께 귀의하는 마음을 일으킨다면 이 사람은 한량없는 진리의 길에서 물러남이 없게 될 것입니다.

또 과거의 어느 세상에 한 부처님이 세상에 나타나셨으니 그 이름을 파두마승여래라고 하셨습니다. 만일 어떤 남자나 여자의 귀에 이 부처님의 이름이 들리기만 해도 이 사람은 천 번을 6욕천(六欲天)에 태어나게 되거늘, 하물며 지극한 마음으로 이 부처님의 명호를 부르고 생각함에 비하겠습니까?

또한 과거 무량아승지겁 전에 한 부처님이 세상에 나타나셨으니 그 이름을 사자후여래라고 하셨습니다. 만일 어떤 남자나 여인이 이 부처님의 이름을 듣고 일념으로 귀의하면 이 사람은 한량없는 여러 부처님을 만나 머리를 쓰다듬는 수기를 받을 것입니다.

또한 과거세에 한 부처님이 세상에 나타나셨으니 그 이름을 구류손불이라고 하셨습니다. 만일 어떤 남자나 여인이 그 부처님의 명호를 듣고 지극한 마음으로 우러러 예배하고 찬탄한다면 이 사람은 현겁의 천불회상에서 대범천왕이 되어 으뜸가는 수기를 받을 것입니다.

또한 과거세에 한 부처님이 세상에 나타나셨으니 그 이름을 비바시여래라고 하셨습니다. 만일 어떤 남자나 여자가 이 부처님의 이름을 듣기만 하면 영원히 악도에 떨어지지 않고 항상 인간이나 천상에 태어나서 아주 묘한 낙을 받을 것입니다.

또한 과거 항하사겁 이전에 한 부처님이 세상에 나타나셨으니 그 이름을 다보여래라고 하셨습니다. 만일 어떤 남자나 어떤 여자가 이 부처님의 이름을 듣기만 하면 끝내 악도에 떨어지지 않고 아주 묘한 낙을 받을 것입니다.

또한 과거세에 한 부처님이 세상에 나타나셨으니 그 이름을 보상여래라고 하셨습니다. 만일 어떤 남자나 여자가 이 부처님의 이름을 듣고 공경하는 마음을 일으키면 이 사람은 오래지 않아 아라한과를 얻을 것입니다.

또한 과거 무량아승지겁 전에 한 부처님이 세상에 나타나
셨으니 그 이름을 가사당여래라고 하셨습니다. 만일 어떤
남자나 여자가 이 부처님의 이름을 들으면 일백 겁 동안
나고 죽는 업에서 벗어나게 됩니다.

또한 과거에 한 부처님이 세상에 나타나셨으니 그 이름을
대통산여래라고 하셨습니다. 만일 어떤 남자나 여자가 이
부처님의 이름을 들으면 이 사람은 항하의 모래알같이 많
은 부처님을 만나서 널리 설법하시는 가르침을 듣고 반드
시 깨달음의 길을 성취할 것입니다.

또한 과거에 정월불, 산왕불, 지승불, 정명왕불, 지성취불,
무상불, 묘성불, 만월불, 월면불같이 말할 수 없이 많은
부처님이 계셨습니다."

지장보살이 부처님들의 이름을 일일이 열거하면서 각각의 부
처님들의 이름을 부를 때마다 얻는 공덕에 대해 말씀하고 계십
니다. 맨 처음에 무변신여래에 대해 말씀하시면서 "부처님의 형
상을 조성하고 그림을 그려서 모시고 공양하며, 찬탄하는 이에
이르리까? 그 사람의 복은 한량없고 끝이 없을 것입니다."라고
하셨습니다. 지장경이 불상과 불화를 조성하여 예배하는 신앙
을 발달시키는 데 큰 몫을 담당했다는 것을 알 수 있습니다.

또한 보승여래, 파두마승여래, 사자후여래, 구류손불, 비바시
여래, 다보여래, 보상여래, 가사당여래, 대통산여래 등 부처님들

의 이름을 들으면 나고 죽는 업에서 벗어나 깨달음의 길을 성취한다고 하셨습니다. 이어서 정월불, 산왕불, 지승불, 정명왕불, 지성취불, 무상불, 묘성불, 만월불, 월면불같이 말할 수 없이 많은 부처님에 대해 말씀해 주셨습니다.

여기에서 잠깐, "과거의 어느 세상에 한 부처님이 세상에 나타나셨으니 그 이름을 파두마승여래라고 하셨습니다. 만일 어떤 남자나 여자의 귀에 이 부처님의 이름이 들리기만 해도 이 사람은 천 번을 6욕천(六欲天)에 태어나게 되거늘, 하물며 지극한 마음으로 이 부처님의 명호를 부르고 생각함에 비하겠습니까?"라는 대목을 보면서 잠시 생각해 보십시오.

사람들의 귀에 파두마승여래의 이름이 들리기만 해도 6욕천에 태어나게 된다고 했습니다. 지극한 마음으로 이 부처님의 이름을 부르고 생각하면 극락왕생을 원하면 극락왕생할 것이요, 성불을 원하면 성불할 것이요, 다시 사바세계에 태어나 중생을 구하고자 하면 보살로 원생(願生)할 것입니다. 저는 이 '들리기만 해도'라는 말에 참으로 감동했습니다. 우리가 소리를 내서 염불을 하면 나만 듣는 게 아니라 다른 사람도 듣고 산천초목 유주무주 고혼 영가들까지 듣게 됩니다. 우리의 염불이 수많은 중생을 6욕천에 나게 할 수 있다는 사실을 잊지 마십시오. 우리의 염불이 일체 중생을 극락으로 깨달음으로 인도하는 것입니다. 염불 공덕이 그토록 크다는 것을 가슴에 새기고 평소에 지극한 마음으로 염불 정진하시길 기원 드립니다.

임종 시 염불해 주면 그 공덕으로
무간지옥에 떨어질 큰 죄도 없어지리라

"부처님이시여, 현재와 미래의 일체 중생이 만일 한 부처님의 명호만 생각하여도 그 공덕이 한량없거늘, 하물며 여러 부처님의 이름을 생각한 공덕으로 비할 수 있겠습니까? 이 중생들은 태어날 때나 죽을 때 모두 큰 이익을 받아서 마침내 악도에 떨어지지 않을 것입니다.

만일 목숨을 마치는 사람이 있다면, 그 가족 중의 한 사람이라도 이 병든 사람을 위하여 큰 소리로 부처님의 이름을 부르고 생각하는 사람이 있다면, 이 사람은 5무간 지옥에 떨어질 큰 죄가 없어지고 그 나머지 업보들도 모두 없어지고 맙니다.

이 오무간죄가 너무 무거워서 억겁을 지나도 벗어나지 못할지라도 목숨이 끊어질 때 다른 사람이 그 죽는 사람을 위하여 부처님의 명호를 부르고 외우면 그 공덕으로 말미암아 무거운 죄도 점점 소멸될 것입니다. 하물며 죽는 사람이 스스로 부처님을 부르고 생각함에야 비할 수 있겠습니까?

이런 사람은 반드시 한량없는 복을 얻고 한량없는 죄가 소멸될 것입니다."

부처님의 이름을 생각만 하여도 그 공덕이 한량없어서 중생들이 태어날 때나 죽을 때 모두 큰 이익을 받아서 악도에 떨어지지 않는다고 하셨습니다. 특히 병들어서 임종을 맞이하는 사람을 위해 부처님의 이름을 부르고 생각하면 5무간지옥에 떨어질 죄가 없어지고 나머지 업보들도 모두 없어진다는 말씀에 귀 기울여야 합니다. 이 대목에서 임종의례 시 반드시 염불 공덕을 지어 주어야 한다는 것을 알 수 있기 때문입니다.

　경전의 부처님 말씀을 근거해서 의례가 만들어지고 행해지는 것입니다. 알고 하는 것과 모르고 하는 것은 큰 차이가 납니다. 그냥저냥 염불하는 것과 확실한 믿음을 가지고 지극정성으로 염불하는 것은 그 결과가 10만 8천 리 달라집니다. 대충 해도 본인뿐만 아니라 그 염불을 들은 일체 중생이 악도에서 벗어날 수 있는데 확신을 가지고 지극한 마음으로 염불하면 그 공덕이 얼마나 크겠습니까?

　또한 부처님을 찬탄하고 지장보살을 찬탄하는 것이 곧 나 자신을 찬탄하는 것과 다르지 않다는 사실을 인식하고 믿으시기 바랍니다. 그러한 믿음으로 부처님의 이름을 부르고 들을 때 한량없는 복을 짓게 되고 한량없는 죄를 소멸할 수 있게 되어 세세생생 행복을 누릴 수 있습니다.

제10 교량보시공덕품
較 量 布 施 功 德 品

—

어려운 이들에게 보시한 것과
부처님께 공양 올린 공덕이 같다

較量布施功德品

제10 교량보시공덕품

—

어려운 이들에게 보시한 것과
부처님께 공양 올린 공덕이 같다

 제10 「교량보시공덕품(較量布施功德品)」은 지장보살이 중생들을 위하여 중생들이 지은 갖가지 다른 공덕에 대해 부처님께 여쭙자, 부처님께서 깨달음의 불안(佛眼)으로 보시고 공덕을 비교하여 알려주시는 내용입니다.

'교량(較量)'은 둘 이상의 것을 비교하여 헤아린다는 뜻이고, '보시(布施)'는 물질적·정신적으로 베푸는 것을 뜻합니다. 언제 어느 때 누구에게라도 무엇인가 베풀면 온갖 공덕이 쌓입니다. 보시 공덕 또한 보시의 종류, 보시하는 마음가짐, 보시의 대상, 보시의 수량에 따라 클 수도 있고 작을 수도 있고 또는 넓을 수도 있고 좁을 수도 있으므로 그 공덕을 견주어 헤아리는 것입니다.

이생에서 복을 누리며 살아가는 국왕·대신·거부·장자 등에게 가난한 이들, 소외된 이들, 장애인들에게 큰 자비심을 일으켜 보시를 하면 그 복이 백억 항하사의 부처님께 공양을 올리는 것만큼이나 크고 많다고 하셨습니다. 베풂은 곧 중생을 구제하는 일이고, 이는 곧 자신의 복을 더욱 늘리고 세상을 불국정토로 만드는 길이기도 합니다.

지장경의 중생구제사상을 구체적으로 밝혀 놓은 제10 교량보시공덕품은 현대의 사회복지에도 시사하는 바가 큽니다. 부처님께서는 2600년 전에 이미 노인복지, 장애인복지, 여성복지, 청소년복지 등 사회복지 제반 문제에 대한 기본적인 지침을 말씀해 주셨으며, 모든 중생을 다 구원하기 전에는 성불하지 않겠노라는 지장보살의 중생구제사상은 오늘날 사회복지의 가장 이상적인 사상이요, 실천덕목입니다. 아울러 우리 모두 지장보살의 화신이 되어 그 가르침을 실천할 때 우리 사회는 우리가 꿈꾸는 불국정토가 될 것입니다.

소외된 이들에게 베푼 복덕이
불공을 올리는 것만큼 크다

그때 지장보살이 부처님의 위신력을 입어 자리에서 일어나 합장하고 부처님께 여쭈었다.

"부처님이시여, 제가 중생들의 보시 공덕을 살펴보니 공덕의 가볍고 무거움에 따라 한 생만 복을 받는 이도 있고 10생 동안 복을 받는 이도 있습니다. 또한 수많은 생애에 걸치도록 큰 복을 받는 이도 있으니 무슨 까닭입니까? 부처님이시여, 저희들을 위하여 말씀해 주옵소서.”

부처님께서 말씀하셨다.

“내가 지금 일체 중생이 모인 도리천궁 법회에서 염부제 중생들의 보시 공덕의 가볍고 무거움을 살펴서 말하겠노라. 그대들은 자세히 들으라.”

지장보살이 부처님께 여쭈었다.

“그 일이 매우 궁금하옵니다. 기꺼이 듣고자 하옵니다.”

부처님께서 말씀하셨다.

“염부제에 있는 모든 국왕과 재상·대신·장자·왕족·바라문들이 만일 가장 가난한 이나 꼽추·벙어리·귀머거리·장님 같은 온갖 장애인들에게 보시하고자 할 때, 자비스러운 마음으로 웃으며 손수 보시하거나 부드러운 말로 위로한다면, 이들이 얻는 복덕은 1백 항하의 모래알 같은 부처님께 보시한 공덕과 같느니라. 왜냐하면 이 사람들은 가장 가난하고 천한 무리와 불구자들이기 때문이니라. 따라서 국왕 대신들에게 그만한 복이 생겨서 수많은 생에 걸쳐서 항상 칠보가 가득하고 옷과 음식이 넘치게 되느니라.”

지장보살이 보시 공덕의 가볍고 무거움에 대해 그 원인이 무엇인지 여쭙자, 부처님께서 가장 가난한 이나 장애인들에게 자비스러운 마음으로 웃으며 손수 보시하거나 부드러운 말로 위로한다면, 이들이 얻는 복덕은 1백 항하의 모래알 같은 부처님께 보시한 공덕과 같다고 했습니다. 수많은 생에 걸쳐서 존귀한 신분으로 태어나 항상 재물이 넘치게 되는 공덕을 짓는 것이 결코 어려운 일이 아닙니다. 삶이 괴롭고 고달픈 이들에게 그저 환히 웃으면서 보시하고 부드러운 말로 위로해 주면 됩니다.

실로 나의 삶을 윤택하고 행복하고 아름답게 하는 것은 보시로부터 시작합니다. 사람과 사람 사이의 관계는 보시를 통해 이루어진다 해도 과언이 아닙니다. 보살의 실천덕목인 6바라밀 가운데 첫 번째 덕목인 보시는 재물보시·법보시·무외시가 있습니다. 부처님께서는 그 중에서도 으뜸이 화안시(和顔施)라고 하셨습니다. 웃고 사는 게 매우 중요합니다. 자비로운 마음과 웃는 얼굴로 보시하십시오. 마음을 자비롭게 가지고 웃으면 얼굴빛도 밝아집니다. 보시는 밝은 얼굴을 보여주는 것으로부터 시작되어야 합니다. 자비심과 웃는 얼굴은 상대방의 마음을 편안하게 해주고 서로의 관계를 좋게 만들어 줍니다. 좋은 관계는 좋은 운을 부릅니다. 이는 성공의 비결이기도 합니다.

좋은 얼굴은 돈이 드는 것도 아니므로 언제 어느 곳에서든지 줄 수 있습니다. 그것 자체로 훌륭한 보시가 될 수 있습니다. 또한 "웃는 얼굴에 침 못 뱉는다."는 속담처럼 화안(和顔)은 나쁜 일도 지나가게 만듭니다. 그런데 찡그리며 화낸 얼굴로 지내는

지장경을 읽는 즐거움

사람들이 의외로 많아 안타깝습니다. 한마디로 반야심경에서 말씀하신 것처럼 '원리전도몽상(遠離顚道夢想)'의 삶을 살아가는 게 문제입니다. 중생이 착각하여 잘못된 생각으로 진실을 잘못 보고 거꾸로 살아가는 것을 원리전도몽상이라 합니다.

보시를 하면 공덕이 생깁니다. 우리 모두 공덕의 씨앗을 가지고 있습니다. 인(因)은 이미 갖고 있으니 '연(緣)'을 만나면 됩니다. 씨앗에 물을 주고, 햇빛을 쪼이고, 바람을 통하게 하고, 거름을 주듯이 열매를 맺을 수 있는 연을 만들어야 한다는 것입니다. 그런데 작은 이익에 집착하다 보면 이 연을 등져 버릴 확률이 높습니다. 그러므로 작은 이익에 집착하기보다는 조건 없이 주는 보시로써 먼저 좋은 연을 만들어 가십시오.

또한 부처님께서는 부드러운 말로 위로해 주라고 했습니다. 얼굴은 웃고 있으면서 고약한 말을 내뱉으면 위선자로 보이고 상대방에게 혐오감을 줄 수도 있습니다. 늘 웃는 얼굴, 부드러운 말을 베푸는 것이야말로 최상의 보시라는 것을 명심하고 생활 속에 실천해야 할 것입니다.

성 안 내는 그 얼굴이 참다운 공양구요
부드러운 말 한마디 미묘한 향이로다.
깨끗이 티가 없는 진실한 그 마음이
언제나 한결같은 부처님 마음일세.
– 문수보살 게송

권선으로 좋은 인연 만들기,
같이 갈 때 가치 있는 삶의 주인공이 된다

"지장보살이여, 또한 미래세에 모든 국왕과 바라문들이 부처님의 탑과 부처님의 형상, 보살·성문·벽지불의 형상을 찾아가 힘써 마련한 것을 공양하고 보시하면 이 국왕은 마땅히 3겁 동안 제석천왕이 되어 헤아릴 수 없는 안락을 누릴 것이다.

만일 보시한 공덕을 법계(法界)에 회향(廻向)하면서 이 국왕과 바라문들이 부처님의 탑사와 부처님의 형상, 보살·성문·벽지불의 형상을 만나 몸소 마련한 것으로 공양하고 보시하면 이 국왕들은 마땅히 3겁 동안 제석천왕이 되어 헤아릴 수 없는 안락을 누릴 것이니라. 만일 보시한 공덕을 법계에 회향하면 이 국왕과 바라문은 10겁 동안 항상 대범천왕(大梵天王)이 되느니라.

지장보살이여, 또한 미래세에 모든 국왕과 바라문이 옛 부처님의 탑사와 경전·불상이 파괴되고 낡아 있음을 보고 발심하여 보수하되 국왕·바라문들이 스스로 힘써 마련하거나, 다른 이들에게 권하여 보시 인연을 많이 맺어 준다면 이 국왕·바라문 등은 백천 생에 걸쳐서 항상 전륜왕이 될 것이니라.

또한 함께 보시한 사람들은 수많은 생에 걸쳐서 항상 작은 나라의 국왕이 될 것이니라. 더구나 탐사 앞에 회향할 마음을 일으킨다면 이 국왕을 비롯해 모든 사람들이 함께 불도를 이룰 것이니 이와 같은 과보의 공덕은 한량이 없느니라."

　여기에서는 국왕과 바라문들의 보시에 대해 말씀해 주신 내용입니다. 그 당시에 국왕과 바라문은 가장 높은 계급입니다. 요즘으로 치면 최고위 정치 지도자와 정신적·경제적 지도자들입니다. 부처님께서 가진 자의 보시 행태와 그 마음자세에 대해 자세하게 말씀해 주셨습니다. 불교식 노블레스 오블리주를 말씀하신 것이지요. 노블레스 오블리주는 "고귀하게 태어난 사람은 고귀하게 행동해야 한다."라는 뜻으로 과거 로마제국 귀족들의 불문율이었습니다. 로마제국의 귀족들은 솔선수범하여 병역의 의무 등을 짊어지고, 로마사회를 위해 이바지한다는 자부심을 갖고 있었던 것입니다.

　그렇지만 사실 부자가 보시하는 게 더 어렵습니다. "논 99마지기 가진 부자가 100마지기 만들려고 한 마지기 가진 사람의 것을 뺏는다."는 말처럼 인간의 욕망은 가지면 가질수록 더 가지려고 하는 속성이 있기 때문입니다. 특히 급격하게 자본주의가 도입된 우리나라는 부자가 베풂에 인색한 것이 우리 사회의 잘못된 한 단면이기도 합니다. 가진 자나 성공한 자, 지식인, 사회의 지도층 인사는 부처님께서 말씀하신 여러 가지 보시 행태에 대해 적극적으로 받아들이고 모범을 보여야 할 것입니다.

한편 "국왕·바라문들이 스스로 힘써 마련하거나, 다른 이들에게 권하여 보시 인연을 많이 맺어준다면 이 국왕·바라문 등은 백천 생에 걸쳐서 항상 전륜왕이 될 것이니라. 또한 함께 보시한 사람들은 수많은 생에 걸쳐서 항상 작은 나라의 국왕이될 것이다."라는 경전 말씀을 눈여겨보십시오.

부처님께서는 다른 이들에게 권하여 보시 인연을 맺어주는 권선 공덕에 대해 강조하셨습니다. 스스로 보시하는 것도 공덕이 되지만 다른 사람들이 보시할 수 있도록 이끌어 주는 것도 큰 공덕이 됩니다. 대승보살의 삶은 혼자 깨달음에 안주하는 것이 아니라 모두가 함께 진리의 세계로 나아가는 삶이어야 합니다. 이렇게 같이 갈 때 아름다운 관계, 아름다운 사회, 아름다운 세상을 일구는 주인공, 가치 있는 삶의 주인공이 될 것입니다.

운명을 바꾸는 비결

"지장보살이여, 또한 미래세에 모든 국왕과 바라문들이 늙고 병든 자와 아기 낳는 부녀자들을 보고서 한 생각이라도 큰 자비심을 일으켜서 의약·음식·방석 등을 보시하여 편안하게 해 주면 이와 같은 복덕은 아주 불가사의해서 1백 겁 동안 항상 정거천(淨居天)의 임금이 되며 2백 겁

지장경을 읽는 즐거움

동안 항상 6욕천의 임금이 되리라. 그리하여 마침내 부처를 이루어서 영원히 악도에 떨어지지 않고 백 천의 생애 동안 고통 받는 소리가 귀에 들리지도 않으리라.

지장보살이여, 또한 만일 미래세에 국왕과 바라문들이 이와 같은 보시를 행한다면 한량없는 복을 얻고 다시 일체 중생에게 회향하면 복이 많고 적음을 떠나서 마침내 부처가 되리니 하물며 제석천왕·대범천왕·전륜왕의 복에 비유하리오. 그러므로 지장보살이여, 널리 일체 중생에게 권하여 마땅히 이렇게 배우게 할지니라.

지장보살이여, 또한 만일 미래세에 선남자 선여인이 불법 안에서 털끝만큼이라도 작은 선근을 심어도 받게 되는 복은 무엇으로도 비할 수 없느니라.

또한 지장보살이여, 만일 미래세에 어떤 선남자 선여인이 부처님의 형상이나 보살·벽지불·전륜왕의 형상을 만나서 보시하고 공양한다면 한량없는 복을 받으며 항상 인간이나 천상에서 미묘한 안락을 누릴 것이다. 만일 법계에 회향한다면 이 사람의 복덕은 비유할 수도 없느니라.

지장보살이여, 또한 미래 세상에 어떤 선남자 선여인이 부처님의 탑이나 대승경전을 만나서 새로 조성된 것을 보고 보시 공양하며, 만일 오래 되어 낡고 무너진 것을 보거든 곧 보수하되 혹 마음을 내어 스스로 하거나 다른 사람에게 권하여 함께한다면, 이와 같은 사람들의 공덕은 30생

중에 항상 작은 나라의 국왕이 되고, 단월(檀越, 신도)로서 보시한 사람은 항상 전륜왕이 되어 거룩한 법으로써 모든 작은 나라의 국왕들을 교화하게 되느니라."

교량보시공덕품을 읽으면서 지장경이 운명을 바꾸는 경전이라는 확신이 들었습니다. 부처님의 말씀 한마디 한마디가 마음을 울렸습니다. 사회복지 전반에 대한 관심이 매우 깊으셨고, 노약자·환자·임신부 등에게 의약·음식·방석 등을 보시하여 편안하게 해 주면 큰 공덕이 된다고 하시면서 사회적 약자를 배려해 주신 부처님의 말씀을 읽으면서 마음 깊이 감동했습니다.

우리는 언제 어느 때든 보시를 통해 좋은 인연을 지어야 합니다. 복과 지혜의 통로가 보시에 있습니다. 불법(佛法)이 살아 있다는 증거도 보시에서 찾을 수 있습니다. 지금 이 순간 보시하면 그 공덕으로 우리의 삶은 과거·현재·미래가 저절로 좋아지게 돼 있습니다. 보시 공덕으로 과거의 묵은 업장에서 벗어나게 되고, 현재 보시를 하는 그 마음이 즐겁고, 미래 역시 탄탄대로가 될 것입니다.

보시는 운명을 바꾸는 비결입니다. 남에게 줄 수 있는 것을 감사히 여기면서 기꺼이 주십시오. 그러면 그 공덕으로 오히려 더욱 큰 부귀영화가 찾아옵니다. 그뿐만 아니라 이런 체험을 하면 경전 말씀에 대한 깊은 믿음과 예경이 충만해지기 때문에 진리의 길을 따르게 됩니다.

여러분도 이렇듯 생활 속에서 늘 보시를 실천하고 더 나아가 공부로 잘 이끌어 내면 흔들리지 않는 공덕을 갖게 되고, 머지않은 날에 큰 성과가 있게 될 것입니다. 경험이 깊어지면 과학이 됩니다. 공부가 잘 이루어지면 운명이 바뀌고, 좋은 인연의 복력으로 날마다 좋은 날이 될 것입니다.

자기 가족이나 자기 이익을 위해 회향하면 3생의 안락에 그칠 뿐이다

"지장보살이여, 또한 만일 선남자 선여인이 불법 안에서 선근을 심어서 혹 보시 공양하거나, 탑과 절을 보수하거나 혹 경전을 보수하되 터럭 하나, 모래알 하나, 물방울 하나만큼의 선근일지라도 법계에 회향하면 그 공덕으로 수많은 생애 동안 미묘한 안락을 누릴 것이니라. 하지만 자기 가족이나 자기 이익을 위해서 회향한다면 이와 같은 과보는 3생의 안락에 그칠 뿐이니라. 한 가지 착한 인연으로써 만 가지 복덕을 얻게 되느니라. 지장보살이여, 보시로써 얻는 공덕은 이와 같느니라."

선근을 심어서 보시 공양하는 것, 탑과 절을 보수하고 경전을 보수하는 공덕에 대해 말씀하시면서 아주 중요한 점을 강조하셨습니다. 물 한 방울만큼의 작은 선근이라도 법계에 회향하면 수많은 생 동안 안락을 누리는데, 다만 자기 가족이나 자기 이익을 위한 것이라면 3생의 안락에 그칠 뿐이라고 하셨습니다.

회향은 자기가 닦은 선근공덕(善根功德)을 다른 사람에게 돌려서 함께한다는 뜻입니다. 그런데 어디로 돌리느냐에 따라서 그 공덕의 크기가 달라진다는 것입니다. 법계는 우주 만유 전체와 진리 그 자체인 진여를 뜻합니다. 우리가 지은 공덕을 널리 법계에 회향한다는 것은 곧 나와 남이 둘이 아니고, 우리 모두가 불성 존재임을 깨달아 모두를 차별하지 않고 평등하게 함께한다는 뜻입니다. 그야말로 대승불교의 근본정신을 실천하는 것입니다.

법계에 회향하면 그대로 자기 가족, 자기 이익을 위한 회향이 되는데, 그러한 이치를 모르기 때문에 잘못 회향하는 것입니다. 우리 삶도 마찬가지입니다. 지금 당장은 자기만 알고 자기 가족을 챙기는 것이 이익이 되는 것처럼 보일지라도 긴 안목에서 보면 이기주의적인 삶의 행태는 진정한 행복과 안락을 가져다주지 않습니다.

어떻게 하시겠습니까? 한 가지 착한 인연으로 만 가지 복덕을 누리시겠습니까? 눈앞의 이익에 급급하다가 마침내 그동안 지은 복력이 다하면 다시 나락에 떨어지시렵니까? 선택은 오로지 자기 자신에게 달려 있습니다.

지장경을 읽는 즐거움

제11 지신호법품

地 神 護 法 品

—

땅의 신이 지장행자의
법을 보호하다

地神護法品

제11 지신호법품
地 神 護 法 品

—

땅의 신이 지장행자의
법을 보호하다

          제11 「지신호법품(地神護法品)」은 땅의 신
인 견뢰지신이 부처님께 문수보살, 보현보살, 관세음보살, 미륵
보살 등 다른 보살들보다 훨씬 더 깊은 지장보살의 중생 구제의
원력과 공덕을 찬탄하는 내용을 담고 있습니다.

만일 지장보살의 형상을 그리거나 조성하고 예배·공양·찬탄
하는 사람은 열 가지의 이익을 얻는다고 하면서 지장보살을 믿
고, 공양을 올리고, 지장경을 독송하는 등 지장보살의 가르침을
행하는 이를 보호하겠다고 말합니다. 견뢰지신은 지장경을 배우
고 지혜를 구하며 수행하는 사람을 옹호해 주는 신입니다. 그래
서 견뢰지신이 지장경, 즉 법을 보호한다는 뜻에서 지신호법품
(地神護法品)이라는 이름이 붙여졌습니다.

대승 보살들 가운데 가장 깊고 무거운
지장보살의 서원

그때 견뢰지신(堅牢地神)이 부처님께 여쭈었다.

"부처님이시여, 저는 예로부터 한량없는 보살마하살을 뵈옵고 예배하였습니다. 모두 불가사의한 큰 신통력과 지혜로 널리 중생을 제도하시지만 이 지장보살마하살은 모든 보살의 서원보다도 깊고 무겁습니다. 부처님이시여, 이 지장보살은 염부제와 큰 인연이 있습니다. 저 문수보살, 보현보살, 관세음보살, 미륵보살도 역시 백천 가지의 몸을 나타내어 6도 중생을 교화하며 서원을 세운 겁의 수가 천백억 항하사와 같아서 다함이 없습니다."

'견뢰지신'은 대지를 받들고 견고하게 한다는 땅의 신으로 '도량신(道場神)'이라고 말씀드릴 수 있습니다. 초기경전인 아함경에도 견뢰지신이 등장하는데, 석가모니 부처님께서 성도(成道)하실 때 나타나서 땅을 흔들어 부처님의 깨달음을 증명해 주었고, 중생들이 못 알아들을까 망설이는 부처님께 설법을 청하기도 했으며, 항상 부처님과 불자들을 수호하겠다고 서원한 호법신입니다. 민속학에서는 견뢰지신의 모습[相]을 붉은 살빛으로 왼손에 아름다운 꽃을 심은 화분을 받들고 있는 것으로 묘사하고 있습니다.

지장경을 읽는 즐거움

무소유로 유명한 법정 스님의 법문 중에 도량신 얘기가 나오는데, 집이 크든 작든, 가게가 크든 작든 도량신이 사람을 받아들여야만 더불어 살 수 있다고 하셨습니다. 필요 없는 사람은 도량신이 내보낸다는 것입니다. 각자의 집에는 '가신(家神)'이 있습니다. 이것을 불교식으로 표현하면 '도량신'입니다.

사찰의 법당에서 화엄신중단을 보셨을 것입니다. 부처님께서 성도하시고 보리수 밑에서 설법한 내용을 결집한 경전이 화엄경(華嚴經)입니다. 화엄신중단은 화엄경을 호지하고 불법을 받들며 옹호하는 신중(神衆 : 신의 무리)을 모신 곳입니다. 여기에서 우리는 반야심경을 봉독하고 기도하며 3보를 존중하고 부처님 가르침대로 살겠다고 다짐합니다. 그렇듯이 우리가 부처님을 따르고 실천하고 공양하고 3보를 공경하면 언제든지 '화엄신중'이 우리를 지켜주십니다. 여기에는 제석천, 용왕신왕, 산신, 칠성까지 다 들어 있습니다. 다시 말해 견뢰지신의 호법신은 화엄신중이 화현해서 지장경에 나투신 것과 다르지 않습니다.

제11 지신호법품은 견뢰지신이 석가모니 부처님께 어떻게 해서 지장보살이 중생들에게 공덕을 베풀고 있는지를 묻는 장면으로 시작하고 있습니다. 여기에서 우리가 생각해야 할 게 있습니다. 우리의 삶 속에도 굳고 단단한 땅의 신과 같은 모습, 견뢰지신상이 있다는 것을 알아차리고 내 안의 견뢰지신을 드러내야 한다는 것입니다. 우리가 경전을 읽고 공부하는 까닭은 경전의 가르침을 체득해서 실천하기 위함입니다.

지장보살을 조성하고
예배 · 찬탄한 열 가지 이익

"부처님이시여, 제가 살펴보니 미래와 현재의 모든 중생이 자기가 사는 곳이나 남쪽의 깨끗한 곳에 흙·돌·대나무 등으로 집을 짓고 그 가운데 지장보살을 그리거나 금·은·동·철로 조성하여 모시고 향을 피워 공양하고 우러러 예배하고 찬탄하면, 이 사람은 사는 동안 다음과 같은 열 가지 이익을 얻게 될 것입니다.

첫째, 토지에 풍년이 들 것입니다.
둘째, 집안이 영원히 편안해질 것입니다.
셋째, 죽은 선조가 천상에 날 것입니다.
넷째, 부모가 오래 살 것입니다.
다섯째, 구하는 바가 뜻대로 될 것입니다.
여섯째, 수재나 화재가 없을 것입니다.
일곱째, 재물이 헛되이 소모되는 것이 없을 것입니다.
여덟째, 악몽을 꾸지 않을 것입니다.
아홉째, 출입할 때 신장(神將)이 보호할 것입니다.
열째, 좋은 인연을 많이 만나게 될 것입니다.

부처님이시여, 미래와 현재의 중생이 만일 자기가 사는 처

지장경을 읽는 즐거움

소에서 공양하면 이와 같은 이익을 얻게 되옵니다."

지장보살본원 10종이익(地藏菩薩本願十種利益)에 대해 다시 한 번 살펴보도록 하겠습니다.

첫째, 토지에 풍년이 들 것이며(一者 土地豊穰), 이 말은 부처님의 가르침을 받아들이고 이해하고 실천하는 모든 사람은 토지가 풍족하여 넉넉해진다는 뜻입니다. 즉, 생활 가운데 여유롭고 편안함을 얻을 수 있다는 말과 통합니다.

둘째, 집안이 영원히 편안해 질 것이며(二者 家宅永安), 가택은 확대하면 한 동네, 시(市), 더 나아가 나라가 되고 지구가 됩니다. 지구의 반대편에 살고 있는 이들도 기실 나와 한 집에 같이 살고 있는 것과 진배없습니다. 지장경을 독송하면서 편안한 세계가 열려온다는 믿음을 갖고 실천하면 영원한 안락을 누릴 수 있습니다.

셋째, 죽은 선조가 천상에 날 것이며(三者 先亡生天), 선대 조상들이 극락세계에 왕생할 것이라는 겁니다.

넷째, 부모가 오래 살 것이며(四者 現存益壽), 현존은 살아계시는 부모님을 말하는 것으로 부모님의 수명이 늘어나는 이익이 지금 당장 주어진다는 것입니다.

다섯째, 구하는 바가 뜻대로 이루어질 것이며(五者 求者隨意), 기도하고 발원하는 사람은 뜻대로 이룰 수 있습니다.

여섯째, 물과 불의 재앙이 없을 것이며(六者 無水火災), 우리가 사는 세상을 사바세계라 하는데 자연재해 등의 어려움이 수시로 일어납니다. 부처님께 귀의하고 수행하는 불제자는 이러한 재해로부터 70% 이상 벗어난다는 분석이 있습니다. 이 같은 분석이 있듯이 불제자들은 여러 재앙에 대해 두려워하고 무서워할 필요가 없습니다. 살아가면서 직면하는 문제들을 정면으로 받아들이고 이해하고 나의 삶의 일부라고 인식하면 됩니다. 우리에게는 열 가지 이익이 있는데 어찌 두려워할 필요가 있겠습니까? 보살행을 실천하고 기도 발원하는 불제자들은 더 이상 업에 끌려다니지 말고 선업을 지어 이익을 늘려나가는 자신[我]이 되어야 합니다.

일곱째, 재물이 헛되이 소모되는 것이 없을 것입니다(七者 虛耗辟除). 혹여 헛된 것에 휘둘리는 경험을 하신 적이 있을 겁니다. 그럴 때마다 큰 소리로 지장보살을 염하십시오. 높은 소리로 염불하면 열 가지 공덕[高聲念佛十種功德: 첫째, 수면이 없어진다(一者功德 能排睡眠). 둘째, 천마가 두려워한다(二者功德 天魔驚怖). 셋째, 염불소리가 주위에 퍼진다(三者功德 聲邊十方). 넷째, 3악도의 고통이 쉰다(四者功德 三途息苦). 다섯째, 잡란한 소리가 들어오지 못한다(五者功德 外聲不入). 여섯째, 염불하는 마음이 흩어지지 않는다(六者功德 念心不散). 일곱째, 용맹스런 정진심이 난다(七者功德 勇猛精進). 여덟째, 제불이 환희하신다(八者功德 諸佛歡喜). 아홉째, 삼매력이 깊어진다(九者功德 三昧現前). 열째, 정토에 왕생한다(十者功德 往生淨土)]이 있습니다.

여덟째, 악한 꿈을 막아서 끊어지게 합니다(八者 杜絶惡夢). 악

지장경을 읽는 즐거움

몽과 망상·가위 눌리는 일 등에서 벗어납니다. 안·이·비·설·신이 움직일 때 현실에서는 마음대로 할 수 있지만 꿈속에서는 자기 마음대로 되지 않습니다. 그럴 때 지장보살을 부르면서 "이고득락(離苦得樂)하십시오."라고 축원하면 다시는 그 같은 꿈을 꾸지 않게 됩니다. 지장보살 수행을 깊이 하게 되면 꿈도 다스릴 수 있습니다. 꿈은 현상의 반영이기 때문에 의식을 제대로 갖추고 있으면 악한 꿈은 사라지게 됩니다. 간혹 "지장기도를 잘못하면 장애가 생긴다."는 말이 들리는데 이는 다 잘못된 말입니다. 지장보살을 염송해서 이익이 될지언정 잘못 되는 경우는 절대 없습니다.

아홉째, 출입할 때 신장(神將)이 보호할 것입니다(九者 出入神護).

이 대목에서 재미있는 일화를 하나 말씀드리겠습니다. 입꼬리를 올리고[미소] 눈을 지긋이 하면 온화한 표정이 되는데 눈도 크게 뜨고 입도 크게 벌리면 사나운 모습이 됩니다. 본래 입을 출입공(出入孔)이라 합니다. 모든 재앙이 입으로부터 나오고 돈도 입으로 나오는 것이며 행·불행이 다 입에서 비롯됩니다. 제가 평소 "입을 크게 벌려 웃으십시오. 모든 복이 들어옵니다."라는 얘기를 해드렸더니, 어떤 보살님은 입을 크게 벌리고 주무신다고 해서 웃음을 자아낸 적이 있습니다. 입을 통해서 복이 들어오므로 입단속을 잘해야 선신이 외호해 줍니다. 나를 수호해 주는 옹호신장이 있음을 알고 출입공의 쓰임을 잘 활용해 보십시오.

열째, 좋은 인연을 많이 만나게 됩니다(十者 多遇聖人).

3혼7백의 진정한 의미

위와 같은 열 가지 이익 중에서 죽은 선조가 천상에 난다는 대목에 대해서 좀 더 보충해서 설명해 드리겠습니다. 절에서 돌아가신 조상들을 위하여 49재를 지내드리고 천도재를 지내드리는 것이 다 이러한 지장신앙과 관련이 있습니다. 흔히 제사를 지낼 때 "'3혼'은 어디로 가시나이까?" 하고 묻는데, 먼저 3혼7백에 대해 간략하게 말씀드리겠습니다.

3혼7백(三魂七魄)은 도교에서 사람의 혼백을 통틀어 총칭하는 말로 정신을 관장하는 '혼'이 셋이 있고 육신을 관장하는 '백'이 일곱이 있다 해서 명명된 것입니다. 3혼은 '태광(胎光)', '상령(爽靈)', '유정(幽精)'을 말합니다. 7백의 제1백은 '시구(尸拘)'요, 제2백은 '복시(伏矢)'이며, 제3백은 '작음(雀陰)', 제4백은 '탄적(呑賊)', 제5백은 '비독(非毒)', 제6백은 '제애(除碍)', 제7백은 '취폐(臭肺)'입니다.

불교에서는 다음과 같이 설명합니다. 3혼은 제1혼이 영혼, 제2혼이 생혼, 제3혼이 각혼입니다. 또한 '7백'은 5관(五官 : 눈·귀·코·혀·피부)에 의식과 말라야식을 합친 것입니다. 혼백은 죽은 이와 살아 있는 사람의 합체를 말하는데, 사람이 죽으면 3혼은 환지본처하고, '7백'이 흐트러집니다. 의식이 없다는 것은 죽음을 의미합니다. 반야심경에 '무안이비설의'라 하는 것은 '안·이·비·설·신'이 없다는 말인데, 이를 가만히 풀어보면 우리 인간은 살아 있는 동안에는 '7백'으로 산다는 것을 알 수 있습니다.

좀 더 자세히 말씀드리면, 제1 영혼은 유전인자라 말할 수 있습니다. 즉 유전이 부모로부터 받은 것이라 한다면 인자는 자기 씨앗으로부터 받은 것입니다. 부모로부터 받은 영혼의 유전은 유한한 반면 자기 씨앗으로부터 받은 인자는 무한합니다. 그래서 자기 영혼은 금생에만 살고 끝나는 게 아니라 살면 살수록 영롱한 빛을 더해가는 것입니다. 그러므로 늙고 병들고 죽는 것을 걱정할 이유가 없습니다.

제2 생혼은 무엇이든지 나게 해 줍니다. 사람이 죽으면 생혼만 남습니다. 땅에서 나온 것을 생명이라고 한다면 물려받아 태어난 혼이 생혼입니다. 생혼은 죽어도 유지가 됩니다.

제3 '각혼'은 깨닫고 이해해야 합니다. 깨닫고 이해하지 못하면 착각 속에서 살 수밖에 없습니다. 흡사 장님이 눈을 감고 세상을 다니는 것과 같습니다.

한편 영혼은 '빛'에서 왔습니다. 그래서 '불광(佛光)', 부처님의 빛으로 표현하기도 합니다. 생혼은 '불능(佛能)'·'불육(佛育)'으로 표현할 수도 있는데, 생명을 기르고 훈육하는 기능입니다. 성문과 연각·보살·부처의 세계로 나아가도록 길러주신다는 뜻입니다. 각혼은 '불신(佛信)'으로 표현됩니다. 부처님에 대한 믿음을 가져야 한다는 얘기입니다. 부처님의 말씀을 믿고 그 가르침으로 마침내 성불해야 합니다.

3혼은 제7식 말라야식, 제8식 아뢰야식에 잠재되어 있습니다. 우리 불교식으로 말하면 본래부터 저장되어 있는 것입니다.

사람은 처음 수태(受胎)될 때 제1혼이 들어옵니다. 또 고고성이라 하여 태어나면서 첫소리를 낼 때 제2혼이 들어옵니다. 세 번째는 사람이 성장하면서 자아(自我)가 생길 때 제3혼이 들어옵니다. 이렇게 사람으로 완성이 되는 것입니다. 간혹 일찍이 천재성을 보이는 사람들이 있는데, 이들은 전생의 업이 일찍 찾아왔기 때문입니다. 어린 나이에 제3혼까지 들어왔다면 자아가 빨리 성숙했다는 것이고 이것은 전생의 선업으로 말미암았다는 증거이기도 합니다.

반면 3혼이 들어와야 사람 구실을 제대로 하는데 사람이 사람 구실을 못하는 것은 아직 혼이 제대로 들어오지 않았기 때문입니다. 그런데 한 가지, 영계(靈界)에서도 3혼이 존재하고 현계(現界)에서도 3혼(하나의 생명체를 말함)을 가지고 있다는 것을 바로 인식해야 합니다. '7백'은 안·이·비·설·신 5관을 중요시 하고 좋게 보셔야 합니다. 그래야 제7식인 말라야식에 좋게 저장됩니다. 이는 본원력으로도 영향을 미치기 때문에 존재성과 보장성과 확인성으로 연결됩니다. 그렇기 때문에 무엇이든 좋게 보고 좋은 일을 하면서 깨달아야 합니다.

참 보리로 살아가는 자세를 견지해야…

여러분은 열 가지 이익에 대해 의심하면 안 됩니다. 이 열 가지의 은혜 공덕은 지장보살을 한 번 부르는 기도로도 다 채워집니다. 거듭 말씀드리지만, '참 보리[眞菩提]'로 살아가는 자세를 견지하십시오.

어떻게 살아가는 것이 '참 보리'로 살아가는 자세인가 궁금하시죠? 가장 먼저 열 가지 이익이 이미 우리 안에 내재돼 있다고 보시면 됩니다. 우리 스스로를 '불성의 존재'로 이해하시면 됩니다. 우리는 무궁무진한 위신력을 가진 불성 존재임을 믿고 이해하고 실천하여 증명해 보여야[信解行證] 합니다. 가장 중요한 것은 자기 생각에 대한 믿음이 아닌, 우리 안에 불성이 내재돼 있다는 것을 믿는 것입니다.

무한공급의 불성 존재임을 잘 아는 것이 해(解)입니다. 무한공급의 불성세계를 믿고 이해하면 행동으로 옮기게 됩니다.

행(行)이란 자비롭고 부드럽고 따뜻하고 행복한 행동을 말하는 것입니다. 보고 듣고 말하고 행동하는 것은 '나'입니다. 마음에 우러나서 자발적이고 적극적으로 발복(發福)할 수 있는 행동을 하셔야 합니다.

행동은 증(證)을 낳습니다. 증은 확인하는 것, 증명해 보인다는 말입니다. 바르게 믿고 바르게 알고 바르게 행동하면 '불성 존재'를 확인할 수 있습니다. 다시 말해 불성 존재로서의 복과 지혜가 충만해 집니다.

그러므로 여러분은 스스로 불성 존재라는 자각성을 믿고 끝까지 올바른 행동을 하면 복락을 누릴 수 있습니다.

누차 말씀드렸지만 믿는 대로 세상은 이루어집니다. 우리가 믿는 대로 복과 지혜를 만들어 낼 수 있습니다. 위대한 불성이 내 안에 내재돼 있는데 다만 우리가 자각률이 모자라기 때문에 깨닫지 못할 뿐입니다. 그러니 지금 이 순간부터라도 불성의 인자를 저금하듯이 쌓아 가십시오. 무한한 복과 지혜가 공급될 것입니다. 이것[공급]이 지금부터 이루어지고 있음을 확인해 나아가시면 됩니다. 자기 자신을 '못난이'로 보지 말고 위대한 '불성 존재'로 봐야 합니다. 좋은 생각은 좋은 말·좋은 행동으로 연결되는 창구이며 원인으로도 작용합니다.

석가모니 부처님께서 "오늘 내가 공덕의 씨 하나를 뿌린 것은 미래세의 모든 중생과 현재 모든 사람들이 머무는 모든 곳에 이익이 되고 도움이 된다."고 하신 말씀을 잊지 마십시오. 부처님의 말씀을 기억하고 생각하고 부처님의 가르침을 실천하면서 부처님을 닮아갈 때 우리가 머무는 곳마다 이익이 되고 다른 사람들에게 도움이 되는 것입니다.

견뢰지신의 위신력은 어디에서 왔는가

견뢰지신이 다시 부처님께 여쭈었다.
"부처님이시여, 미래세에 어떤 선남자 선여인이 자기가 사는 곳에서 이 경전과 보살의 형상을 모시고 경전을 읽고 외우고 공양하면, 제가 언제나 저의 본래의 신력으로써 이 사람을 보호하여 불이나 물, 도둑과 크고 작은 횡액이나 일체 악한 일은 모두 없도록 하겠습니다."

부처님께서 말씀하셨다.

"견뢰지신이여, 그대의 큰 신력은 다른 신들은 따르기 어렵도다. 왜냐하면 염부제의 토지가 다 그대의 보호를 받으며, 초목·모래·돌·곡식·보배 등의 모든 물건이 다 이 땅에 있으니 모두 그대의 힘을 입기 때문이니라. 더욱이 그대가 지장보살의 공덕을 찬탄하고 있으니 그대의 공덕과 신통은 다른 보통 지신보다도 백천 배가 되느니라.

만일 선남자 선여인이 지장보살에게 공양하며 이 경을 읽고 외우며, 『지장보살본원경(地藏菩薩本願經)』을 의지하여 다만 한 가지라도 행한다면, 그대의 힘만으로도 모든 재해에서 보호받고, 또 뜻대로 되지 않는 일은 귀에 들리는 것조차 하지 않을 것인데, 어찌 하물며 악한 일을 겪게 하셨는가? 난지 그대만이 이 사람들을 보호하는 것이 아니라 제석, 범왕의 권속, 제석천의 권속들도 모두 그 사람을 옹호하느니라.

이것은 지장보살을 우러러 예배하고 이 지장본원경을 독송한 까닭이며 그로 인해 자연히 고통의 바다를 건너 열반의 평안을 얻게 되므로 큰 보호를 받는 것이니라."

견뢰지신이 지장보살과 부처님께 예경하고 지장경을 독송하면 자신의 신력으로 불이나 물, 도둑과 크고 작은 횡액이나 일체 악한 일은 모두 없도록 외호해 주겠다고 다짐하고 있습니다. 이에 부처님께서는 견뢰지신의 위신력은 다른 신들이 따르기 어렵다고 하셨습니다. 또한 견뢰지신이 지장보살의 공덕을 찬탄한 덕분에 그 신통과 공덕이 보통 신들의 백천 배가 된다고 칭찬하셨습니다. 찬탄의 공덕은 이렇게 놀라울 정도로 큽니다. 마음에서 우러나온 찬탄은 이렇듯 기적 같은 신통과 공덕을 불러옵니다.

"만일 선남자 선여인이 지장보살에게 공양하며 이 경을 읽고 외우며, 『지장보살본원경(地藏菩薩本願經)』을 의지하여 다만 한 가지라도 행한다면, 그대의 힘만으로도 모든 재해에서 보호받고, 또 뜻대로 되지 않는 일은 귀에 들리는 것조차 없을 것인데, 어찌 하물며 악한 일을 겪게 하겠는가? 단지 그대만이 이 사람들을 보호하는 것이 아니라 제석, 범왕의 권속, 제석천의 권속들도 모두 그 사람을 옹호하느니라."라고 하였습니다.

제석[帝釋天王]은 수미산 꼭대기에 있는 도리천(忉利天)의 왕으로 사천왕과 32천을 통솔하면서 불법에 귀의하는 사람을 보호하는 으뜸 호법신입니다. 범천(梵天王)은 경전의 '범천권청(梵天勸請)', 즉 부처님께서 깨달음을 얻으신 후 불법을 널리 펴려 하였으나 자신이 깨달은 법이 너무 오묘하고 깊고 깊어서 중생들이 알기 어려울까 염려되어 그냥 열반에 드시려 하자, 부처님께 설법해 주시기를 세 번이나 간절히 청한 것으로 유명한데, 색계 초

선천(初禪天)의 왕입니다. 범천왕은 제석천왕과 더불어 부처님을 좌우에서 모시는 불법의 수호신인데, 우리가 지장보살에게 공양하며 지장경을 읽고 외우면 우리를 옹호해 준다고 분명히 말씀하셨습니다.

사실 우리가 보고 듣고 말하는 것, 일거수일투족에 따라 공덕이 성취됩니다. 지장경을 보고 듣고 말하며 지장보살을 예배하고 공양하는 것이 다 큰 공덕이 된다고 하였습니다. 이렇게 항상 경의 말씀에 따라 실천하면 불보살과 지신들은 물론이고 제석, 범천, 그의 권속들의 옹호를 받아 고통에서 벗어나 열반의 큰 안락을 얻는다고 하였습니다.

지장경의 말씀을 믿고 실천하면 됩니다. 믿는 것에는 반드시 앎[解]이 있고 지혜가 깃듭니다. 행동하는 순간 복과 지혜가 생기고 불보살과 제석천과 범천의 옹호를 받아 기적 같은 신통과 공덕이 내 삶에 깃들어 진정한 행복을 누릴 수 있습니다.

밥이 주는 교훈

우리의 육신은 밥을 먹어야 살고, 정신은 법을 먹어야 합니다. 지금까지 계속 법에 대한 얘기를 했으니 잠깐 밥에 대해 말씀드리겠습니다.

여러분, 밥은 어디에서 나왔을까요? 밥이 어디에서 나왔느냐고 물으면 각양각색의 답이 나옵니다. 논에서 나왔다 하고, 입에서 나왔다 하고, 일에서 나왔다 하며, 자연에서 온 것이라고도 하고, 마음에서 나왔다고 하는 등 갖가지 소견이 나옵니다. 그 모든 것이 각자 먹고 사는 방식이 다른 데서 기인하기 때문이라고 할 수 있습니다. 여러분의 이해를 돕기 위해 옛날 이야기를 한 가지 들려드리겠습니다.

과거에 '볍씨 한 톨'이 300년 동안 기도를 했습니다. 지장보살님께 발원하기를, '3백 년 동안 기도해서 내가 사람이 되기를 원하옵니다'라고 하였습니다. 잘 안 믿어지시죠. 사람 되기를 발원한 '볍씨 한 톨'은 300년이 되는 해를 맞아 혹시라도 썩을까 걱정하고, 지난해만 해도 새가 날아와서 쪼아가기도 하고 탈곡하는 과정에서 무너지고 깨져나가는 동료 볍씨들을 보고 두려워하며, 겨울에는 얼어서 터질까 노심초사하면서 지나온 시간을 생각했습니다. 결국 살아남은 '볍씨 한 톨'은 못자리까지 가게 되었습니다.

풍족한 자양의 논에 심어진 '볍씨 한 톨'은 잘 자랐습니다. 드디어 어른 벼가 되었습니다. 논에서 기생하는 진드기 등의 해충 피해도 잘 견디고 성숙한 벼이삭으로 자랐습니다. 농부의 기쁨도 컸습니다. 그러나 위험한 과정이 다 끝난 것은 아니었습니다. 성숙한 벼이삭으로 있을 때나 탈곡을 맞아 대기하는 순간에 있어서도 참새가 쪼아 먹으면 사람이 되겠다는 300년의 발원이 한낱 수포로 돌아가게 됩니다. 그렇게 애쓰고 애쓰다가 마침내 정미소에서 '쌀'이 되기를 기다리고 있었습니다. 탈곡기가 돌아갈 때도 몸이 으깨져 떨어져 나가는 동료 볍씨들이 한둘이 아니었습니다.

다행히 우여곡절 끝에 '볍씨 한 톨'은 쌀이 되어 팔려 나갔는데, 어느 사찰의 공양간으로 들어가게 되었습니다. 거기에서 '볍씨 한 톨'은 법당의 '마지밥'으로 올라갔습니다. 그리곤 선방 수좌의 발우에 담겨졌습니다. '볍씨 한 톨'은 기뻤습니다. 선방 수좌가 수저를 들어 '볍씨 한 톨'이 섞여 있는 밥을 담아 입에 넘기려는 순간이었습니다. '볍씨 한 톨'은 너무 기분이 좋아 만세를 불렀습니다.

그러다 순간 수저에서 미끄러져 바닥으로 떨어졌습니다. '볍씨 한 톨'은 펑펑 울었습니다. 300년을 기다려 사람이 되기를 소원했건만 이렇게 될 수가 있나 자신의 처지가 슬펐습니다. 그러자 제석천이 내려와 들여다보며 물었습니다. 자초지종 얘기를 들은 제석천은 마주앉은 노스님에게 부탁했습니다. 그러자 노스님이 "사미야, 네 앞에 떨어진 밥알을 보아라. 울고 있지 않느냐?" 이에 사미승이 깜짝 놀라 '볍씨 한 톨'을 주워 먹었습니다. 마침내 위험과 역경을 극복하고 사람이 되겠다는 볍씨 한톨의 소원이 이루어진 것입니다.

볍씨 한 톨이 왜 그리 기뻐했겠습니까? 사람 몸에 들어가는 것만으로도 기쁜데 수행하는 선방 수좌의 몸에 들어가게 됐으니 기쁨이 배가됐던 것입니다. 그런데 너무 기쁜 나머지 만세를 부르다 바닥에 떨어지게 됩니다. 물론 제석천의 도움으로 수좌의 입에 들어가기는 했지만 우리도 이처럼 성공을 눈앞에 두고 떨어지는 경우를 경험할 수 있습니다.

이와 같이 쌀 한 톨이 주는 교훈은 결코 가볍지 않습니다. 우리는 단순한 사람이 아닙니다. 물과 바람과 불과 땅, 이 대자연은 모두 사람과 교류하며 관계를 유지합니다. 이를 동량이라고도 하며 에너지라고도 표현합니다. 사람이 사람 노릇을 하기 위해서는 수많은 공을 들여야 가능합니다. 마치 볍씨 한 톨이 사람 몸 안에 들어가는데도 지난한 인고의 시간을 공들여야 하는 것처럼 말입니다. 그런데도 사람이 사람 노릇을 못하면 어찌 하겠습니까?

그러나 볍씨 한 톨의 3백년의 발원이 헛되지 않았듯이 우리가 열심히 기도하며 앞에서 말씀드린 '신해행증'을 잘 지켜나가면 이 일도 못하고 저 일도 못하는 무능력한 존재라 하더라도 불보살님이 나를 지켜봐 주시고 성취할 수 있게끔 도와주십니다.

지장경을 읽는 즐거움

제12 견문이익품
見 聞 利 益 品

—

보고 듣는 것만으로도 이익이 된다

見聞利益品

제12 견문이익품
見 聞 利 益 品

—

보고 듣는 것만으로도
이익이 된다

 지장경의 말미에 제12 「견문이익품(見聞利益品)」을 배치했는데, 글자 그대로 보고 듣는 것만으로도 이익이 있다는 것입니다. 특히 관세음보살이 등장하여 지장보살의 서원과 공덕과 위신력을 찬탄하며 부처님께 지장보살의 부사의한 일을 여쭙고 그에 대해 부처님께서 생각으로 헤아릴 수 없을 정도로 큰 이익에 대해 상세하게 말씀해 주시는 모습이 매우 인상적입니다. 지장보살과 지장경의 가르침에 대한 이익을 강조함으로써 맨 마지막 품인 제13 촉루인천품에 앞서 지장신앙을 더욱 더 고취시키는 내용임을 알 수 있습니다.

보고 듣는다는 뜻을 지닌 '견문'만 놓고 좀 더 자세히 살펴보면, '견(見)'에서의 '목(目)'은 '눈 목'자로 본질·현실·이치를 의미합니다. 어린아이의 눈처럼 가장 순수한 눈으로 들여다 볼 수 있어야만 현실이 있는 그대로 보여집니다. '견'은 살아 있는 것을 말합니다. 보고 있는 대로 존재의 가치를 드러냅니다. 과거의 인이 있어야 현재의 '나'가 있듯이 이 견해를 적용해 '견문이익'의 내용을 공부하도록 하겠습니다.

지장경을 보는 것만으로도
이익이 생긴다

경전에서는 지장경을 보는 것만으로도 이익이 생기기 시작한다고 설하고 있습니다. 실제로 지장경을 보는 대로 공덕이 생깁니다. 다만 보는 사람이 탐내고 성내고 어리석은 탐·진·치 3독심에 가려져 있는 것이 문제입니다. 3독심과 의심(疑心), 교만(驕慢)한 마음이 바로 보고 바로 듣는 것의 장애가 됩니다. 이 다섯 가지를 잘 다스리면 부처의 길로 들어설 수 있습니다. 어떻게 다스려야 할까요? 부처님께서 이미 다 말씀해 주셨습니다. 즉 욕심을 부리는 이들에게는 보시를 강조하고, 성을 잘 내는 사람들에게는 자비심을 강조하며, 어리석은 이들에게는 지혜로운 처신을 강조하고, 의심하는 이들에게는 믿음을 강조하고, 교만한 이들에게는 겸손함을 강조하셨습니다.

그릇된 것을 그칠[止] 줄 알아야 바르게 볼 수 있고 공덕을 짓

지장경을 읽는 즐거움

게 되고 이익이 생깁니다. 대다수의 사람들은 부자가 되려고 욕심을 냅니다. 그러나 정말 부자가 되고 싶다면 욕심을 그쳐야 합니다. 내 기쁨보다 '당신을 먼저 기쁘게 해 드리겠습니다'라는 마음이 앞서면 일마다 다 잘 보입니다. 이익을 보고 손해를 보는 일들이 훤하게 들여다보인다는 것입니다. 욕심을 앞세우면 사기꾼을 만나 손해를 보게 되지만 욕심을 버리면 도와주는 이들이 몰려들어 이익을 봅니다. 또한 어리석음도 그쳐야 합니다. 어리석음을 그쳐야 보는 대로 이로움이 생기고, 듣는 대로 '더함[益]'이 생깁니다. 이것도 하고 저것도 하는데 안 된다고 하는 분들은 이 욕심과 어리석음을 그치지 못했기 때문입니다.

탐·진·치 3독과 함께 의심(疑心)과 교만을 버려야 합니다. 자기 내면에 불성이 있고, 복과 지혜가 충만하고, 원만한 생명을 가지고 있다는 것을 절대로 의심하지 마십시오. 그리고 다른 사람도 나와 똑같이 불성 생명이므로 교만하지 마십시오.

그런데 '키워드'는 '지금부터'라는 것입니다. 지금부터 내가 좋아지고 있고, 부처님의 세계로 나아가고 있다는 믿음을 갖고 행동으로 옮기세요. 바로 이때 이익이 있게 됩니다. 나빠지고 좋아지고, 예뻐지고 미워지는 것은 다 자기 안목에서 비롯되는 것입니다. 내가 살아 있다는 것은 진리를 본다는 것이며, 앎을 갖는다는 것이며, 생명체계를 이해한다는 것입니다. 자기 안에 한없는 무량수 무량광의 지혜 공덕이 가득 차 있다는 것을 알아야 합니다. 사바세계는 지은 대로, 인과의 법칙대로 진행됩니다.

다시 정리해서 말씀드리자면 '견(見)'은 '이(利)'이며 '문(聞)'은 '익(益)'입니다. 내가 바르게 보고 듣는다면 '상광(相光)'이 서립니다. 여기에 나오는 부처님의 온갖 '상광'은 내가 바르게 보고 들을 때 생기는 이익을 상징합니다.

나의 불성생명은 원만하고 완전하다

그때 부처님께서 머리 위로부터 백천 만억의 크고 미세한 광명을 비추셨다. 그 광명은 이른바 백호상광명, 대백호상광명, 서호상광명, 대서호상광명, 옥호상광명, 대옥호상광명, 자호상광명, 대자호상광명, 청호상광명, 대청호상광명, 홍호상광명, 대홍호상광명, 녹호상광명, 대녹호상광명, 금호상광명, 대금호상광명, 경운호상광명, 대경운호상광명, 천륜호광명, 대천륜호광명, 보륜호광명, 대보륜호광명, 일륜호광명, 대일륜호광명, 월륜호광명, 대월륜호광명, 궁전호광명, 대궁전호광명, 해운호광명, 대해운호광명이었다.

이와 같은 광명을 발하시고 미묘한 음성으로 모든 대중과 천신·인간·용·8부신중과 인비인(人非人)들에게 말씀하셨다.

"내가 오늘 이 도리천궁에서 지장보살이 인간과 천상을 이익케 하는 불가사의한 일과 성스러운 지위에 오르는 일

과 10지(十地)의 지위를 증득하게 하는 일과 아뇩다라삼
먁삼보리에서 물러서지 않게 하는 일들을 모두 드높이
찬탄하리라."

　부처님께서 백천 만억의 광명을 비추시면서 지장보살이 인간
과 천상을 이익케 하는 불가사의한 일 등에 대해 찬탄하는 것
으로 제12 견문이익품이 시작됩니다. '광(光)'은 밖으로부터 오는
외부적인 것입니다. 흡사 태양빛이 식물을 비추면 생기를 띠는
이치와 같습니다. 나의 모양새는 광명이 지키고 보호해 줍니다.
이 모양이나 현실은 광명이 있어야 합니다. 나라는 존재가 어떤
것을 듣거나 볼 때 광명으로 보고 들어야 한다는 것입니다. 광
명으로 보기 시작하면 모든 것을 칭찬하고 찬탄할 수 있는 여유
가 생깁니다. 이것이 반야(般若), 분별없는 지혜입니다. 이것이 또
한 바라밀(波羅蜜)입니다. 열반의 세계에 도달하는 완성의 삶이
라는 것입니다. 또 다른 말로 이것이 해탈(解脫)입니다. 번뇌의
얽매임에서 풀리고 미혹의 괴로움에서 벗어나는 것입니다.
　그러므로 나의 모양[相]을 긍정적으로 보는 태도가 무엇보다
중요합니다. 우리가 지혜라는 말을 다른 식으로 풀이하자면 긍
정적 사고방식이라 할 수 있습니다. 이러한 인식을 바탕으로 우
리가 나의 '상(相)'을 광명으로 받아들이면 풍요와 행복, 부처님
세계가 깃들기 시작합니다. 광명세계는 불성세계, 곧 복과 지혜
가 충만한 부처님의 세계입니다. 복과 지혜는 나 자신을 원만하

고 완전하게 이루어주는 바탕입니다. 나의 불성생명(佛性生命)은 원만하고 완전합니다. 이것은 명상언어로도 활용할 수 있습니다. 여러분이 잠자리에서 일어난 직후거나 잠자리에 들기 전 "나의 불성생명은 원만하고 완전합니다."라고 외우면 분명히 달라질 것입니다. 운명이 바뀝니다.

육체와 영혼의 이익이
동시에 이루어지는 일

이와 같이 말씀하셨을 때 그 자리에 있던 관세음보살(觀世音菩薩)이 자리에서 일어나 무릎을 꿇고 합장하며 부처님께 여쭈었다.

"부처님이시여, 지장보살은 큰 자비심으로 죄업의 고통을 받는 중생을 가엾게 여기시어 천만 억 세계에 천만 억 몸으로 나타나시며 지니신 공덕과 불가사의한 위신력을 저는 알고 있습니다. 또 부처님께서 시방의 모든 부처님과 더불어 지장보살을 찬탄하심을 들었습니다. 어찌하여 과거·현재·미래의 모든 부처님이 한결같이 지장보살의 공덕을 말씀하셔도 오히려 다하지 못하나이까? 또한 앞에서도 부처님께서 대중에게 널리 이르시되 지장보살의 이익에 대한 일을 찬탄하시는 말씀을 들었습니다.

지장경을 읽는 즐거움

부처님이시여, 현재와 미래의 일체 중생을 위하여 지장보살의 불가사의한 일을 말씀하셔서 천신·인간·용·8부신중으로 하여금 예배드리고 복덕을 얻게 하소서."

부처님께서 관세음보살에게 말씀하셨다.

"그대는 사바세계에 큰 인연이 있어서 만약 천신·인간·용·남자·여자·귀신·6도의 죄 지은 모든 중생이 그대의 이름을 듣거나 그대의 형상을 보거나 생각하거나 찬탄한다면, 이 모든 중생들은 다 궁극의 진리에서 물러나지 않고 항상 인간이나 천상에 태어나서 헤아릴 수 없는 많은 낙을 받을 것이다. 또한 인과가 무르익으면 깨달음을 이루리라는 수기(授記)를 부처님으로부터 받게 된다.

그대가 이제 큰 자비심으로써 중생과 천신·인간·용·8부신중을 불쌍히 여겨 내가 지장보살의 불가사의한 이익에 대해서 말하는 것을 듣고자 하는구나. 그대는 자세히 들으라. 내가 이제 그대를 위하여 설하리라."

관세음보살이 부처님께 여쭈었다.

"기꺼이 듣고자 하옵니다."

대승보살 가운데 대표적인 보살이라 할 수 있는 관세음보살이 등장하여 지장보살의 공덕과 불가사의한 위신력을 잘 알고 있다고 부처님께 말씀드립니다. 관세음보살은 중생들의 온갖 상황을 다 살펴보시고 대자비심으로 자유자재한 지혜 방편을 써서 중생을 고난에서 구원하여 대자대비 구고구난 관세음보살이라 불리는 분입니다. 그런 관세음보살이 부처님께서 지장보살의 이익에 대한 일을 찬탄하시는 말씀에 대해 언급하면서 현재와 미래의 일체 중생을 위하여 지장보살의 불가사의한 일에 대해 말씀해 달라고 청하고 있습니다.

관세음보살이 부처님께 대신 법을 청하여 지장보살을 빛내주는 역할을 하고 있습니다. 하지만 관세음보살의 궁극적인 목적은 일체 중생의 이익을 위한 것입니다. 왜 중생들의 이익을 위해 그토록 간곡하게 불보살님들이 서원을 세우셨을까요? 이익이라 하면 금전적 이익 등 경제적인 이익을 먼저 떠올리는 분들이 많을 텐데, 사실 경전에서 이익이라 하면, 경제적인 윤택함뿐만 아니라 정신적으로 수승해지는 것, 복덕이 증장해서 인생 자체가 더 나아지고 좋아진다는 의미입니다.

지장경을 공부하고 지장보살을 한 번이라도 더 염하게 되면 업의 무게가 가벼워지고, 복덕이 넉넉해져서 늘 평안하고 행운이 따른다는 것입니다. 몸에도 행운이 깃들어 건강해집니다. 육체와 영혼의 이익이 동시에 이루어집니다. 이와 같이 부처님의 지혜가 매 순간 작동하므로 스스로에게 사랑스러운 마음이 생기고, 믿는 대로 이루어져서 더욱 행복한 삶을 누릴 수 있습니다. 이렇게 하나씩 알아가면서 수행해 가면 불자들은 더욱 더 수승해져서 위신력 있는 존재가 될 것입니다. 그런데 모르고 공덕을 짓지 않으니 그저 안타깝기만 합니다.

지장경을 읽는 즐거움

질량불변의 법칙과 행복의 법칙

부처님께서 말씀하셨다.

"미래·현재의 모든 세계에서 천상의 사람이 누리던 복이 다하여 다섯 가지 쇠퇴하는 모습〔五衰相〕이 나타나고 혹은 악도에 떨어지게 되었더라도 천상의 사람이 남자나 여자나 지장보살의 형상을 보고 우러러 예배하면 이들에게 천 가지 복이 더해져서 큰 기쁨과 즐거움을 받고 영원히 3악도의 과보를 받지 않는다. 하물며 지장보살을 보거나 듣거나 향·꽃·의복·음식·보배·영락 등으로 보시 공양한다면 이로써 얻는 공덕이 한량없으리라.

관세음보살이여, 또한 만일 미래나 현재의 모든 세계의 6도 중생들이 목숨을 마치려 할 때, 지장보살의 이름을 들려주어 그 한 소리만 귀에 들어가게 하여도, 이 중생들은 영원히 3악도에 들어가지 않느니라. 하물며 임종할 때 부모나 친척들이 그 사람의 집이나 재물·보배·의복 등을 가지고 지장보살의 형상을 조성하거나 그리며, 혹 병든 사람이 죽기 전에 눈으로 보고 듣게 한다면 이 사람의 병은 곧 낫고 오래 살 것이니라.

또 가족이 그의 집과 재산을 가지고 병자를 위해 지장보살의 형상을 조성한 것을 알려서 병자가 직접 눈으로 보고 듣게 하면 이 사람은 지은 업보로 중병을 앓을지라도 마땅히 공덕을 입어서 곧 병이 낫게 되고 오래 살 것이니라.

이 사람이 만일 지은 업보로 말미암아 마땅히 악도에 떨어지게 될지라도 그 공덕을 입어서 죽은 뒤에 곧 인간이나 천상에 태어나서 헤아릴 수 없는 많은 즐거움을 받고 모든 죄업은 소멸되리라."

불교에서는 천상이 6도 중의 한 곳에 불과합니다. 비록 선업을 지어 천상에 태어나서 복락을 누렸다 하더라도 복이 다하면 또다시 지은 업에 따라 악도에 떨어질 수도 있다는 것을 명심해야 합니다. 특히 천상락에 빠져서 수행을 하지 않아 오히려 악도에 떨어지기 쉽다고 했습니다. 그런데 "지장보살의 형상을 보고 우러러 예배하면 천 가지 복이 더해지고 영원히 3악도에 떨어지는 과보를 받지 않는다"고 하였습니다. 지장보살의 형상에 예배하는 것만으로도 이러한 공덕이 되니, 지장보살께 보시 공양하면 그 공덕이 한량이 없음을 강조하고 있습니다.

'오쇠상(五衰相)', 다섯 가지 쇠하는 모습[첫째 머리 위에 꽃이 마르며, 둘째 겨드랑이에 땀이 나고, 셋째 몸에 냄새가 나고, 넷째 옷에 때가 끼며, 다섯째 보는 자가 기뻐하지 않는다]이 매우 인상적입니다.

또한 "임종할 때 부모나 친척들이 그 사람의 집이나 재물·보배·의복 등을 가지고 지장보살의 형상을 조성하거나 그리며, 혹 병든 사람이 죽기 전에 눈으로 보고 듣게 한다면 이 사람의 병은 곧 낫고 오래 살 것”이라고 했습니다. 단 한 번이라도 지장보살의 형상을 조성하거나 불렀거나 들었다면 전생에서 지금까지 받은 업을 모두 소멸하여 병이 낫는다는 것입니다. 진정 단 한 번이라도 자신의 껍데기를 벗어놓고 지장보살의 명호를 부르면 대자대비의 원력으로 3세의 죄업이 소멸된다는 말씀입니다. 이러한 말씀은 지장경에서 반복적으로 나오고 있고, 다른 경전에서도 무수히 증명되고 있습니다.

지장보살에게 공양하는 것이 왜 공덕이 되는 것일까요? 이 세계는 온갖 물질로 이루어져 있습니다. 물질은 화학적 변화는 할지라도 질량은 차이가 나지 않아 질량불변의 법칙이 적용됩니다. 쌀 한 되를 ‘뻥튀기’했다면 부피는 늘어났다 하더라도 질량에는 변화가 없다는 것입니다. 우리가 사용하고 있는 공기는 한정적이지만 나무를 더 심고 바다를 푸르게 가꾸면 이산화탄소는 줄어들고 그만큼 산소는 늘어납니다.

왜 이런 비유를 드느냐 하면, 물질이라는 것이 형태만 바뀔 뿐 멸하지 않는 성질을 갖고 있다는 것을 설명 드리기 위해서입니다. 반야심경의 말씀처럼 ‘부증불감(不增不減)’이요, ‘불생불멸(不生不滅)’입니다. 공한 모습은 늘어나지도 않고 줄지도 않으며 나지도 않고 없어지지도 않습니다. 다른 데 가서 있을 뿐 없어지는 것은 아니라는 말씀입니다.

물질의 운동력과 운동량 역시 마찬가지입니다. 또 모든 물질은 보존력을 가지고 있습니다. 여기에서 더 깊이 들어가면 불생불멸의 논리가 적용됩니다. 이를 불교식으로 표현하면 불공덕(佛功德)입니다. 부처님을 믿으면 이 불공덕이 생깁니다. 이 공덕은 우주 삼라만상에 모두 적용됩니다. 이 세계에 편재돼 있는 모든 물질을 누리고 살면서도 우리는 자꾸 부족하다 결핍됐다고 생각합니다. 즉, 우리의 생각이 잘못된 것입니다. 나는 불행하고 다른 이들은 행복하다고 생각하는 것은 잘못입니다.

앞에서 설명했듯이 복의 운동량은 누구에게나 균등합니다. 당장 자신에게 가용할 물질이 없고 에너지가 없다고 하는 것은 '자기의 마음, 생각, 입장, 환경이 그렇다'라고 생각하고 있기 때문에 복을 보지 못하는 것일 뿐입니다. 우리는 이미 행복의 질량을 가지고 있습니다. 불생불멸입니다. 또한 보존력을 가지고 있기 때문에 갈등하고 의심할 필요가 없습니다.

여러분은 '행복(幸福)'을 말하는데 불교식 표현은 '행복(行福)'이라 할 수 있습니다. 즉, 불교적인 모든 행위는 나를 복되게 합니다. 이 진리를 마음속으로 받아들이고 믿는 것이 중요합니다. 우리 불자들이 이러한 이치를 알고 이 세상을 이어가고 지혜를 나누고 공덕을 나누는 데 앞장서야 합니다. 믿는 마음을 갖는 순간부터 물질의 운동량은 우리의 공덕으로 가득 차게 됩니다.

그렇다면 세상에 꽉 차 있는 물질[福]을 가지려면 어떻게 하면 될까요? 3귀의·5계·8정도·6바라밀이 이것을 마음껏 가질 수 있는 동력입니다. 주인이 따로 없는 물질의 세계에서 자기가 취할 수 있을 만큼 맘껏 누릴 수 있습니다. 여기에서 인간의 삶이

지장경을 읽는 즐거움

갈라지는 것입니다.

지장경은 현실을 복되게 하고 성공으로 이끌어 주고 삶을 윤택하고 아름답게 해 주는 경전입니다. 지장기도는 행복이 충만해지는 행위입니다. 지장보살의 신력이 불가사의하듯이 자비 또한 불가사의하고 지혜(智慧) 역시 불가사의합니다. 지혜로워진다는 것은 지금 이 자리에서 긍정적인 사고방식이 자리 잡을 때 이뤄집니다. 자기에게 주어진 모든 상황을 인정하고 받아들일 때 비로소 지혜가 자라나기 시작합니다.

모든 것을 내려놓고, 지장보살의 명호를 부르며 예배하라

"관세음보살이여, 또한 만일 미래세에 어떤 남자나 여인이 젖먹이 때나 두 살, 세 살, 다섯 살, 열 살도 채 되기 전에 부모가 죽었거나 형제자매를 잃고서 나이가 든 뒤 부모와 가족들을 생각하고 그리워한다면 지장보살의 형상을 조성하고, 그림으로 그려서 모시고, 지장보살의 명호를 부르며 우러러 예배하라. 한 번 절할 때부터 7일이 되도록 처음 일으킨 마음을 흩뜨리지 않고 계속해서 예배하고 공양한다면, 이 사람의 가족이 설사 죄업으로 인하여 악도에 떨어져서 여러 겁을 보내고 있을지라도, 지장보살의 형상을 그리고 조성하여 예배하고 공양한 공덕으로 곧 해탈하게 되느니라.

또한 인간이나 천상에 태어나서 헤아릴 수 없는 많은 즐거움을 누릴 것이다. 죽은 사람이 만약 복력이 있어서 이미 인간이나 천상에 나서 즐거움을 누리고 있다면 곧 그 공덕으로 점점 좋은 인연을 더하여 한량없는 안락을 누리게 되리라.

또한 이 사람이 21일 동안 한마음으로 지장보살의 형상에 예배하며 그 명호를 만 번 염송하면 지장보살이 몸을 나타내어 그 가족들이 태어난 세계를 가르쳐 줄 것이니라. 혹은 꿈속에서 보살이 친히 이 사람과 함께 가족들이 태어난 곳에 데려가 보여 주느니라."

지장경은 읽을수록 효도의 경전이요, 가정을 행복하게 만들어주는 경전이라는 생각이 듭니다. 가정이 황폐화되고 부모 자식 간에 불화가 점점 더 심각해지는 오늘날 지장경은 효심을 기르고 가정을 바로 세우는 데 큰 가르침을 줍니다. 하루빨리 불성을 회복해야 합니다. 피폐해진 마음을 돌이켜서 평안과 안식을 되찾아야 합니다. 우리가 원력을 세우고 실천하는 대로 현실이 됩니다. 그런데 대다수의 사람들은 왜 가난과 불행과 병고와 불안 속에 갇혀 지낼까요? 결핍과 장애는 모두 자기 눈에 탐욕이 가득 들어찼기 때문입니다. 또한 자기의 눈이 바르게 뜨이지 않았기 때문입니다. 현세의 자신은 과거 전세의 업력으로부터 출발한 것입니다. 결코 자신을 비난하거나 자괴할 필요가 없습니다. 자기가 지은 인연으로 온 것이니 받아들이면 됩니다. 그래야 편안해 집니다. 그러나 결코 지금에 안주해서는 안 됩니다. 열심히 기도하고 정진하면 내가 원하는 세상을 열 수 있기 때문입니다. 이것을 우리 스스로 믿어야 합니다. 또한 믿기 위해서는 먼저 볼 줄 알아야 합니다.

견문이익품이라는 제목처럼 듣는 귀가 열리고 보는 눈이 떠져 잘 보는 것만으로도 큰 이익을 얻을 수 있습니다. "가족이 설사 죄업으로 인하여 악도에 떨어져서 여러 겁을 보내고 있을지라도, 지장보살의 형상을 그리고 조성하여 예배하고 공양한 공덕으로 곧 해탈하게 된다."고 하셨습니다. 우리가 보는 대로, 믿는 대로, 말하는 대로, 생각하는 대로, 원하는 대로 이루어진다는 것을 확실히 믿고 지장경의 가르침을 실천하십시오. 바르게 보고 믿고 말하고 생각하고 원하는 게 중요합니다. 이것이 인과의 법칙이며 인연법입니다.

우리의 삶을 근본적으로 바꾸기 위해서 어떻게 해야 할까요? 하심(下心)하고 기도하십시오. 모든 것을 내려놓고 지장보살께 기도하면서 눈에 보이는 대로 다른 사람에게 베풀고 도와주는 보시를 하면 이생뿐만 아니라 내생까지 달라집니다. 누누이 말씀 드리지만 좋은 얼굴[和顏]이 '보시'의 시작입니다. 좋은 얼굴을 하면 복덕과 부귀가 스스로 깃들어 오기 시작합니다. 편안한 마음과 온화한 얼굴로 사람을 대하고 만사를 대하면 복덕과 부귀는 저절로 찾아오기 마련입니다. 현상을 보기는 쉽지만 본질을 보기는 어려운데 이러한 것을 믿고 실천하면 본질을 확연히 깨달을 수 있습니다.

어느 사람이 거울 앞에 서서 부처님께 묻습니다. "제가 잘 살 수 있겠습니까?" 해답은 자신이 더 잘 알 수 있습니다.

거짓된 나[假我]가
고통스러운 허상을 만들어 낸다

"또한 날마다 보살의 명호를 천 번씩 염송하여 천 일이 되면 그가 사는 곳의 토지신을 시켜 몸이 다하도록 보호하게 하느니라. 그에게는 먹고 입는 것이 풍족할 것이고, 모든 병고가 없을 것이며, 어떤 횡액도 그 집 문 안에 들지 못하게 되거늘 하물며 몸에 미치게 하겠는가?

이 사람은 마침내 보살이 머리를 쓰다듬어 주는 수기(授記)를 받으리라.

관세음보살이여, 또한 미래세의 어떤 선남자 선여인이 넓고 큰 자비심을 발하여 일체 중생을 구제하거나 위없는 깨달음을 닦고자 하거나 3계(三界)에서 벗어나고자 한다면, 모두 지장보살의 형상을 보거나 명호를 듣고 지극한

마음으로 예배할지니라. 의복·음식·보물로 공양하고 지
극한 마음으로 예배하면 원하는 일이 속히 이루어지고
영원히 장애가 없어지게 되느니라."

지장경이 세상에 출현한 것은 인과의 법칙을 알려주기 위함이
며, 중생들이 겪고 있는 모든 어려움이 이미 구제돼 있다는 것
을 일깨워 주기 위함입니다. 지옥이 본래 없고 빈곤이 본래 없
고 병고(病苦)가 본래 없음을 아셔야 합니다. 거짓된 나[假我]가
그러한 고통스러운 허상을 만들어 낼 뿐입니다.

그래서 '견문'이 매우 중요합니다. 똑같은 눈을 가지고 똑같은
세상을 보는데 각자 다르게 봅니다. 여기에서 여러분이 확실하
게 알아야 할 것이 있습니다. 내 눈에 보이는 고약함, 어두움은
중생심에 가리어져 있기 때문이라는 것, 좋은 면이 많이 보일
때 비로소 해탈이 된다는 사실입니다.

'견문이익품', 말 그대로 보고 듣는 대로 이익이 생긴다는 뜻
인데, 여기에서 이익이란 물질적 이익을 뜻하기도 하고, 하는 일
이 다 잘 된다, 좋아진다는 의미도 있지만, 복과 지혜가 충만한
부처님처럼 되어가는 것을 뜻합니다. 이것이야말로 '참 이익'입
니다. 우리 모두가 부처가 되고, 스스로 본래 부처임을 증명하기
위해서라도 자기의 즐거움만 추구할 게 아니라 다른 이의 아픔
을 덜어줘야 합니다.

우리나라의 자살율이 OECD국가 중 1위라고 합니다. 교통사

고율과 나랏빚 또한 심각할 정도라고 합니다. 청년 실업 문제, 비정규직 문제, 노인 문제, 장애인 문제 등 각양각색의 사회 문제가 고통스러운 현실을 만들고 있습니다. 그렇지만 이러한 현실을 받아들여야 합니다. 부정한다 해서 없어지는 것이 아니므로 이를 받아들여 극복해야 합니다.

스스로 목숨을 끊는 일은 절대 없어야 합니다. 자살은 지옥행을 못 면한다고 했습니다. 우리나라의 자살률·낙태율·교통사고율이 높은데 이는 젊은 층의 인구 감소를 불러오는데도 악영향을 미칩니다. 그렇지 않아도 어린이 인구가 급격히 감소해 전국적으로 폐교가 늘어나고 있습니다. 젊은 층의 인구 감소는 노동력과 생산력을 떨어뜨리므로 국가경쟁률을 현저하게 약화시키는 결과를 초래하게 됩니다. 요즘 외국인 노동자들은 급증하고, 반면에 젊은이들은 수백만 명이 실업자로 지내고 있다고 합니다. 참으로 심각한 문제가 아닐 수 없습니다. 이러한 문제를 면밀히 살펴보고 하나하나 실마리를 풀어가야 할 것입니다.

어둠 속에서 벗어나려면 '빛'이 필요하듯이 어두운 우리 사회의 어둠을 밝히기 위해서는 지혜의 등불을 밝혀야 합니다. 스스로 견문을 넓히고 지혜의 등불을 밝히고, 지장보살의 가르침대로 보살행을 적극 실천한다면 더 이상 암울한 삶을 살지 않을 것입니다.

지장경을 읽는 즐거움

끝없는 용서와 사랑의
대원본존(大願本尊) 지장보살

"관세음보살이여, 또한 미래세의 어떤 선남자 선여인이 현재와 미래에 백천 만억의 소원과 백천 만억의 일을 이루고자 한다면 오직 지장보살에게 귀의하고 공양 찬탄하라. 모든 소원과 구하는 일이 성취되리라. 또한 큰 자비로써 영원히 나를 지켜주기를 원한다면 이 사람은 꿈속에서 보살이 머리를 만져주는 수기를 받게 되리라.

관세음보살이여, 또한 미래세의 어떤 선남자 선여인이 대승경전을 깊이 존중하여 부사의한 마음을 내어서 읽고 외우거나, 비록 밝은 스승을 만나서 가르침을 받아 익혀서 외웠다가 금방 잊고, 그리고 긴 세월이 지나도록 잘 읽고 외우지 못하는 것은 모두가 전생의 업장을 소멸하지 못한 까닭이니라. 따라서 이 사람은 대승경전을 읽고 외울 성품이 없는 것이니 이와 같은 사람은 지장보살의 명호를 듣고 형상을 보고 지극한 마음으로 공손히 그 사실을 고백해야 하느니라."

계속해서 지장보살에게 귀의하고 공양하고 찬탄하면 모든 소원을 성취할 수 있다는 말씀이 이어집니다. 특히 여기에서 눈에 띄는 대목은 "가르침을 받아 익혀서 외웠다가 금방 잊고, 그리고 긴 세월이 지나도록 잘 읽고 외우지 못하는 것은 모두가 전생의 업장을 소멸하지 못한 까닭이니라." 하는 것입니다.

사람들마다 관심사도 다르고, 학습 능력도 다릅니다. 그런데 사람들 각자 다르게 나타나는 현상의 원인 중에 전생의 업장을 소멸하지 못한 까닭이 있다는 것입니다. 부모로부터 물려받은 유전자가 알고 보면 자기가 지은 업이 저장되어 있는 것입니다. 그런데 지장보살은 이 업을 소멸시켜 주고 소원을 성취시켜 주는 크나큰 위신력을 지닌 분입니다. 다시 한 번 지장보살에 대해 살펴보겠습니다.

지장보살은 석가모니 부처님의 부촉으로 미륵불이 출현하기 전까지 사바세계를 책임지는 교주입니다. 지장보살은 자신의 성불을 포기하면서까지 중생 구제의 대원(大願)을 세운 본존(本尊)입니다. 우리가 대원력을 가질 때 지장보살이 함께한다는 것을 잊지 마십시오. 부처님의 깨달음 중에 자유로운 눈을 얻은 것이야말로 최고의 깨달음이라 할 수 있습니다. 우리도 부처님처럼 지혜롭게 보는 안목을 길러야 합니다.

또한 지장보살은 끝없는 용서와 사랑의 보살입니다. 석가모니 부처님이 베풀어주신 말씀이 지장보살의 실천을 통해 현실에서 구체화될 수 있는 것이 지장경의 가르침입니다. 우리가 이것을 알면 바로 그 자리가 극락정토이고, 알지 못할 때 지옥과 같은 불행이 따라다닙니다.

사바세계는 돈을 아무리 많이 찍어대도 모든 사람이 다 부자

지장경을 읽는 즐거움

가 되지는 않습니다. 물질 자체에도 영감이 있다고 하니, 한 물건이라도 소홀히 하지 말고 소중히 다뤄야 할 것입니다.

지장경의 일곱 가지 이익

"또한 향·꽃·의복·음식으로 지장보살께 공양하고 깨끗한 정화수 한 그릇을 하룻낮 하룻밤 동안 지장보살 앞에 올렸다가 그 물을 마셔야 하느니라. 물을 마실 때에는 남쪽으로 머리를 향하고 지극한 마음으로 마셔야 하느니라. 물을 마시고 나서 오신채(五辛菜)·술·고기·음행·거짓말·살생을 7일 혹은 21일 동안 삼가면 이 선남자 선여인들은 꿈에 지장보살이 원만한 모습을 나타내어 정수리에 물을 뿌려 주는 것을 보게 되느니라. 그 사람이 꿈을 깨면 곧 총명을 얻어서 경전을 한 번이라도 들으면 곧 기억하여 다시는 한 글귀, 한 게송이라도 잊지 않게 되느니라."

재미있고 신기한 방편이 나옵니다. 지장보살께 공양하고 깨끗한 정화수를 지장보살 앞에 올렸다가 물을 마시는데, 지장경의 가르침대로 하면 총명을 얻어서 경전을 한 번만 들어도 다 기억한다는 것입니다. 나이가 들수록 기억력이 떨어져서 걱정하는 분들, 한창 공부하는 자녀를 둔 분들은 눈이 번쩍 뜨일 내용이라는 생각이 듭니다. 지장경은 실제로 기적 같은 일이 일어나는 경전이므로 의심하지 말고 실천에 옮겨 보십시오.

여러분의 신심을 고취시키기 위해서 지장경의 일곱 가지 이익[七種利益]에 대해서 말씀드리겠습니다.

첫째, 빨리 성지에 뛰어 오르게 됩니다(一者 速超聖地). 여기에서 '성지'는 편안한 세계, 즉 열반락의 경지를 말합니다.

둘째, 악업이 소멸됩니다(二者 惡業消滅). 인과의 법칙은 엄연한데, 세세생생 지은 악업이 없어진다는 얘기입니다.

셋째, 모든 부처님이 왕림해서 보호해 주십니다(三者 諸佛護臨).

넷째, 보리심이 물러나지 않게 됩니다(四者 菩提不退). 보리심은 깨달음의 마음인데, 요즘 표현으로 하면 현실 긍정적 사고방식이라고 할 수 있습니다.

다섯째, 본원력이 증가하고 깊어집니다(五者 增長本力). 본원력은 언제든 성장하고 있다는 것을 일러주고 있습니다.

여섯째, 숙세의 운명을 다 통달하게 됩니다(六者 宿命皆通). 지난날의 일들을 모두 참회하고 이해하고 알게 되며 두 번 다시는 그 고통 속으로 들어가지 않게 해 준다는 것입니다.

일곱째, 마침내 성불하게 됩니다(七者 畢竟成佛). 반드시 부처를 이룰 수 있다는 말씀입니다.

아무리 좋은 경전과 가르침이 있어도 알아듣지 못하고 믿음으로 받아들이지 않으면 아무 공덕도 얻지 못합니다. 그래서 『화엄경』에서도 믿음은 모든 공덕의 근원이라고 말씀하신 것입니다.

저는 하루에도 수도 없이 "모든 불자님들이 마음의 평안과 안락이 생겨 삶의 윤택이 갖춰지고 행복해지기를 발원합니다."라고 하며 지장보살에게 발원하고 공양합니다. 저의 발원이 그대로 이루어진다고 믿으면서 간절히 발원하며 공양을 올리고 있습니다. 그래서인지 우리 절 불자님들뿐만 아니라 저와 인연 있는 모든 분들이 행복하게 잘 지내고 있습니다. 여러분도 시시때때로 지장보살님께 발원하고 공양을 올리시기 바랍니다. 지장보살님은 언제 어느 때나 여러분과 함께하시기 때문에 그 위신력으로 여러분의 소원을 다 성취시켜 주실 것입니다.

최집사의 인생 역전 스토리

"관세음보살이여, 또한 미래세의 어떤 사람들이 옷과 먹을 것이 넉넉하지 못하여 구해도 뜻대로 얻을 수 없으며, 혹은 질병이 많거나 흉한 일이 많고 집안이 평화롭지 못하고 가족이 흩어지며 혹은 모든 횡액이 닥쳐서 몸을 괴롭히고 꿈속에서 자주 놀라고 두려운 일이 많아도, 지장보살의 이름을 듣거나 형상을 보고 지극한 마음으로 공

경하고 만 번을 부르면, 여의치 않는 모든 일이 점점 없어
지고 안락을 얻게 되며 옷과 먹을 것이 풍족하고 꿈에서
도 편안하게 되리라."

구한말 어느 대감 집에 40대의 최집사라는 사람이 있었습니
다. 그는 언제부터인가 지장보살께 공양하고 기도하고 싶어져서
지장경을 외우고 공부했습니다. 공부가 깊어지자 이제는 불상을
모시고 싶어졌습니다. 그런데 어느 날 고물장사가 "못생긴 불상
이 있는데 사 가세요." 하고 외치는 소리를 듣고 얼른 나가보니
실제로 못생긴 불상이 있었습니다.

불상을 보자마자 사 가지고 들어와 물로 깨끗하게 씻겨보니
아주 잘생긴 지장보살상이었습니다. 옳거니 좋아하면서 불상을
봉안하려 하니 누군가 점안(點眼)을 한 후 모셔야 한다는 것이
었습니다. 산속 절에 가서 스님을 초빙해서 점안식을 하려고 복
장을 열었는데, 금덩어리가 하나 나오는 겁니다. 한 집안을 일으
킬 만큼 큰 값어치가 있는 금덩어리였습니다.

최집사는 '아, 조상이 후손을 살리려고 금덩어리를 넣어둔 것
인데 이를 모르고 살림이 빈곤하니까 불상을 처분한 것이로구
나.'라고 생각했습니다. 불상 안에 금덩어리가 있는 줄 모르고
당장 한 끼의 식사를 걱정했던 사람, 자기가 복이 있는 사람이
라는 것을 몰랐던 이 사람에게 최집사는 불상을 돌려주기로 마
음먹었습니다.

지장경을 읽는 즐거움

열흘을 기다리고 한 달을 기다리자 고물상이 왔습니다. 그에게 불상을 판 사람이 누구인지 물어서 30리 길을 찾아가 돌려주었습니다. 불상을 처분한 사람은 "내가 판 물건을 당신이 사들였으니 당신 것이지 이게 어찌 다시 내 것이 될 수 있습니까?"라고 하고, 최집사는 "그렇지 않소. 이것은 당신의 선대 어른이 당신을 위해 베푼 것이므로 내 것이 아닙니다."라며 서로 옥신각신한 끝에 최집사는 불상을 돌려주는 대신 가보로 내려왔다는 그 집의 조그마한 종지 하나를 선물로 받아 왔습니다. 그런데 최집사의 주인집 대감은 이 종지를 보자마자 진기한 물건임을 대번에 눈치 채고 큰돈을 주며 사겠다고 했습니다.

이에 최집사는 불상으로 인해 받게 된 것이니 불상 값만을 달라고 했습니다. 이러한 최집사의 정직함을 높이 산 대감은 조정에 천거하였습니다. 이러한 인연으로 최집사는 비록 높은 자리는 아니었으나 평생 관리로서 백성들에게 봉사하며 살았다고 합니다. 물론 최집사는 죽을 때까지 지장기도를 놓지 않고 정진했다는 일화가 전해집니다.

평생 주인집에 고용되어 그 집안의 일을 맡아서 해야 했던 사람이 관리가 되어 백성에게 봉사하며 살게 된 최집사의 인생 역전 스토리를 보면서 어떤 느낌이 드셨습니까? 향을 싼 종이에서는 향내가 나고 생선을 싼 종이에서는 생선 냄새가 납니다. 지장보살님께 공양을 올리고 지장경을 읽으면서 최집사는 지장보살을 닮아가고 지장경의 가르침을 마음에 새겼을 것입니다. 그런 마음가짐으로 생활하니 당연히 정직하고 착실해서 다른 사람을 감동하게 만드는 것입니다.

지장보살이 지니고 있는 신력은 불가사의합니다. 그런데 지장보살의 불가사의한 위신력을 특별한 것이라고 생각하지 마십시오. 최집사처럼 우리도 위신력을 받을 수 있고, 우리 스스로 발휘할 수 있습니다. 아주 작은 행실, 마음씀에서 기적 같은 위신력이 나오기 때문입니다. 한편 우리가 명심해야 할 것은 지장보살의 신력(神力)에 대해 '신력(信力)'을 가져야 한다는 것입니다. 믿는 마음의 힘을 가져야 한다는 말씀입니다. 부처님을 믿고 지장보살님을 믿고 자신을 믿어야 합니다. '내가 지금 좋아지고 있다'는 믿음을 가질 때 실제로 좋아집니다.

일상생활이 곧 스승이다

"관세음보살이여, 또한 미래세에 어떤 선남자 선여인이 생활에 필요하거나 자신을 위해서나 대중을 위해서, 혹은 태어나고 죽는 일 때문에, 혹은 급한 일로, 혹은 산이나 숲속에 들어가거나, 강이나 바다를 건너거나, 혹은 험한 길을 지나게 될 때, 한 사람이 먼저 지장보살의 명호를 만 번 생각하면 그가 지나는 곳의 토지신이 보호해서 가고 서고 앉고 눕는 데 언제나 평안할 것이니라. 호랑이·사자와 같은 모든 맹수들을 만날지라도 능히 해치지 못하리라."

부처님께서 관세음보살에게 말씀하셨다.

"지장보살은 염부제와 큰 인연이 있으니 만약 모든 중생이 보고 들어서 얻는 이익을 말하자면 백천 겁이 지나도 다 말하지 못하리라. 그러므로 관세음보살이여, 그대는 신력으로써 이 경전을 유포하여 사바세계의 중생들로 하여금 백천 만겁토록 영원한 안락을 누리게 할지니라."

인사를 할 때 보통 "안녕하세요?"라고 합니다. 안녕은 아무 탈이나 걱정이 없이 편안한 상태로서 흔히 안부를 물을 때 씁니다. 일상생활에서 안녕한 것이 가장 좋은 일이라 해도 과언이 아닙니다. "지장보살의 명호를 만 번 생각하면 그가 지나는 곳의 토지신이 보호해서 가고 서고 앉고 눕는 데 언제나 평안할 것"이라고 합니다. 바르게 믿고 바르게 행동하면 '행주좌와(行住坐臥)', 즉 일상생활의 모든 순간순간이 평안할 것이고, 그것은 바로 지금 이 자리가 극락정토가 된다는 것입니다. 일상생활이 곧 우리를 진리로 이끌어주는 스승입니다.

제가 아는 불자 중에 '우거사'라는 분이 있습니다. 일본 유학을 한 분인데 직장에서 말단으로 시작해서 성실히 일한 덕분에 순조롭게 진급을 한 분입니다. 그런데 어느 날 많은 이들이 지켜보는 가운데 지점장이 대리 신분의 직원을 신랄하게 비난하는 장면을 보게 되었다고 합니다. 이를 지켜 본 우거사는 '저 직원이 곧 사표를 내겠구나' 하는 생각이 들었다고 합니다.

마침 그날 저녁 회식 자리에서 지점장에게 혼쭐이 난 대리 옆에 앉았다고 합니다. 그런데 뜻밖에도 그 대리가 하는 말이 "지점장님이 왜 나에게 불같이 화를 내셨을까요? 뭔가 제가 잘못했겠지요? 내일부터는 더 열심히 일을 해야겠습니다."라고 하더라는 겁니다. 사표를 내고 하직 인사를 할 줄 알았는데, 직원들 앞에서 더 열심히 일하겠다는 의지를 불살랐던 그 대리를 보면서 많은 생각을 하게 되었다고 합니다.

그렇습니다. 곤란한 일들은 수도 없이 일어납니다. 우리는 이 대리처럼 일이 잘 안 풀리고 상사에게 혼나서 기분이 상하더라도 더욱 마음을 다잡아 부처님께 기도하면서 자신을 성찰하는 자세가 필요합니다. 자신이 부족하다고 느끼면 스스로 자신을 들여다보게 되고, 그동안 잘못이 없었는지 살펴보게 되고, 더 바람직한 길을 생각하면서 역경을 헤쳐 나가려 노력하게 되는 것입니다.

처음 마음 물러서지 않는다면
마정수기 받게 되리

이때 부처님께서 게송으로 말씀하셨다.

내가 이제 지장보살 위신력을 관하나니
항하사겁 말하여도 다 말하기 어렵도다.
보고 듣고 우러르고 예배하기 일념 간에
하늘과 땅 이익하기 헤아릴 길 없느니라.

혹은 남자 혹은 여자 혹은 어떤 용과 신이
3악도에 떨어지게 되더라도 지심으로
지장보살 거룩한 분 귀의하면 수명 늘고
모든 죄업 남김없이 없어지네.

어떤 사람 어릴 때에 양친부모 다 잃고서
부모님이 태어난 곳 어디인지 알 길 없고
형제자매 여러 가족 풍비박산 흩어져서
태어나고 성장해온 그 사연을 다 모를 때

지장보살 그 형상을 만들거나 그림 그려
삼칠일 중 예배하고 잠시 동안 쉬지 않고
삼칠일 중 끊임없이 지장보살 부른다면
지장보살 가없는 몸 그들 앞에 나타나서

그의 가족 태어난 곳 고루고루 보여주며
악도 중에 떨어져도 모두모두 건져내니

만약 능히 처음 마음 물러서지 않는다면
어김없이 머리 만져 마정수기 받게 되리.

경전마다 뒷부분에 이해하기 쉽고, 외우기 쉽고, 마음에 깊이
새길 수 있도록 운문(韻文) 형식의 게송으로 만들어 놓는 경우가
많습니다. 지장경에서는 제12 견문이익품과 맨 마지막 품인 제
13 촉루인천품 뒷부분에 게송으로 내용을 정리해 놓았습니다.
　게송은 산스크리트어의 Gatha를 음차(音借)하여 한자(漢字)로
게타(偈陀)·가타(伽陀)라 하고, 그 뜻을 번역하여 송시(頌詩) 또는
송가(頌歌)·송구(頌句)라고 하는데, 각각 첫 자를 가져와 합성한
말입니다.
　여기에서도 거듭 강조하고 싶은 말씀은 "처음 마음 물러서지
않는다면 어김없이 머리 만져 마정수기 받게 되리."라는 게송의
한 구절처럼 처음 마음을 물러서지 않도록 열심히 정진하라는
것입니다. 공부를 하다 보면 잘 안 되기도 하고, 초발심 때에 비
해 신심이 약해지는 경우도 있습니다. 간혹 공부에 진전이 없으
면 '포기(抛棄)'하는 분도 있습니다. 하지만 불자들은 포기라는
말 자체를 하지 말아야 합니다. '포기', '아니다', '부족하다', '재수
가 없다', '안 된다', '불행하다', '어둡다' 등등의 언어는 아예 사용
하지 마십시오. 이런 말들은 불교의 가르침에서 보면 옳지 않은
용어입니다. 부정적인 데 익숙해져 있는 사람은 '이것도 안 돼'
'저것도 안 돼'에 젖어 삽니다. 이러한 사람의 삶이 어떻겠습니

　　　　　　　　지장경을 읽는 즐거움

까? 반복해서 실패만 부를 뿐입니다.

　요즘 우리 국민들 중 많은 분들이 우울증을 겪고 있다고 합니다. 물질적으로 상대적 박탈감에 빠져 있는 사람들은 이웃을 원망하고 나라를 비난한다고 합니다. 실패·우울·박탈감·포기·부정·원망·비난 등등 부정적인 것은 생각에서, 마음에서, 근원에서 지워 버리십시오. 이는 모두 껍데기[虛像]에서 온 것입니다.

　실상(實相)에서 보면 우리는 모두 부처가 될 수 있는 불성 존재입니다. 게다가 우리가 살고 있는 사바세계는 공부하기 좋은 곳입니다. 고통만 있어도 즐거움만 있어도 공부하기 힘듭니다. 고통 속에 몸부림치다 보면 지옥에 떨어지기 쉽고, 즐거움에 빠지다 보면 더 큰 즐거움을 추구하다가 결국 지옥에 떨어지게 되기 때문입니다. 그런데 고통과 즐거움을 넘나들면서 견뎌내며 살아가야 하는 사바세계야말로 공부하기 아주 좋은 조건을 갖추고 있는 것입니다.

　어떠한 생각과 말과 행동을 하면서 살아가느냐에 따라 이 땅이 지옥이 되기도 하고 극락이 되기도 합니다. 어떻게 해야 할까요? 지장경에서 말씀하고 있는 것처럼 대긍정의 마음으로 살면 됩니다. 석가모니 부처님께서 관세음보살에게 지장보살에 대해 이루 말할 수 없는 칭양과 찬탄을 하시는데, 이것은 우리 중생 모두를 향한 칭양과 찬탄입니다. 화엄경에서 "심불급중생(心佛及衆生) 시삼무차별(是三無差別), 마음과 부처와 중생 이 셋은 차별이 없다."고 한 것을 회상하면 이해가 잘 되실 것입니다.

저는 만해 한용운 스님을 존경합니다. 스님은 주옥같은 시와 빼어난 글들을 남기셨고 민족의 독립을 위해 헌신하셨습니다. 저는 스님의 수많은 글 중에서도 『불교대전』을 남겨주셔서 더욱 스님을 존경하게 되었습니다. 스님이 1914년 4월 30일 부산 금정산 범어사에서 처음 간행한 이 책은 현암사에서 재출간하였는데, 경전에 나오는 각종 말씀을 엄선하여 주제별로 정리하고, 불교를 일목요연하게 꿰뚫어볼 수 있도록 이끌어준 역작으로 평가됩니다.

만해 스님을 기리고자 '만해사상실천선양회'를 발족하여 해마다 만해축전을 개최하고 있는 설악산 신흥사의 오현[雪嶽霧山] 큰스님께서 언젠가 이런 말씀을 하셨습니다.

"우리가 밖에서 보면 설악산이 보이고 존재하나 안으로 들어가면 나무와 온갖 꽃과 풀, 계곡들이 널브러져 있다. 안에서 들여다보는 그곳엔 설악산이 존재하지 않는다."

선기(禪氣)가 배어 있는 오현 큰스님의 이 말씀은 우리에게 핵심적인 메시지를 던져주는 역설이 담겨 있습니다. 이러한 논리는 인생 공부에 적용해도 꼭 들어맞습니다. 우리 인생에서 겉으로 드러난 죄와 가난과 병과 불행 등은 그저 이름일 뿐입니다. 안으로 들어가면 우리의 실상은 불성의 존재라는 것입니다. 이것을 가슴 깊이 새기고 당당하게 살아야 합니다.

예를 하나 더 들어보겠습니다. 시골에서 농사지을 때 소몰이를 해 보셨습니까? 나름의 '노하우'가 없으면 소몰이가 정말 쉽

지장경을 읽는 즐거움

지 않습니다. 소 따로 쟁기 따로 사람 따로 노는 경우가 허다합니다. 그런데 어느 농부의 귀띔에 의하면, 자신이 소를 몰 때는 길 건너 풀이 잘 자라는 곳을 소에게 미리 암시해 준다는 것입니다. 그러면 소는 싱싱한 목초를 생각하며 주인의 지시를 다소곳이 따른다고 합니다.

우리의 삶도 그와 같습니다. 희망이 있고, 곧 좋은 일이 있을 거라고 생각할 때 더 큰 힘을 발휘할 수 있는 것입니다. 여기에서 주인은 우리 마음입니다. 마음속 깊이 '우리는 불성 존재'임을 확신하고 더욱 원대한 목표 의식을 세우고 정진해야 합니다. 특히 정진할 때 중요한 것이 부처님의 법을 온전히 받아들이는 것입니다. 부처님의 가르침대로 행하는 것이 모두 다 나에게 이익이 된다는 것을 믿고 정진하십시오.

세세생생 지은 업습(業習)이 장애가 되어 흔들릴 때도 있겠지요. 하지만 이러한 장애를 이겨낼 수 있는 방법 또한 다른 데 있는 것이 아니라 내 마음에 있습니다. 마음의 힘은 자기 자신에게서 나옵니다. 복을 짓는 것도, 털어버리는 것도, 받아들이는 것도 다 자기 자신입니다. 그저 처음 마음 물러서지 않고 정진하면 마침내 마정수기를 받고 불도를 이룰 것이라는 확신을 가지고 정진하십시오.

지장보살의 부사의한 위신력

어떤 사람 만약 능히 깨달음을 구하거나
3계 속의 고통바다 벗어나려 하올진대
이 사람은 모름지기 대자비심 발하고서
지장보살 거룩한 몸 우선 먼저 예배하면

여러 가지 일체 소원 하루 빨리 성취되며
그 앞길을 가로막는 모든 업장 사라지리.
어떤 사람 마음 내어 이 경전을 염하면서
여러 중생 제도하여 저 언덕에 가보고자

비록 능히 부사의한 원력 세워 읽고 읽고
또 읽어도 모두 모두 금세 금세 잊게 되면
이 사람은 지난 동안 지은 업장 장애되어
거룩하온 대승경전 능히 외지 못함이니

향과 꽃과 옷과 음식 여러 가지 모두 갖춰
지극정성 기울여서 지장보살 공양하고
깨끗한 물 한 그릇을 지장보살 앞에 올려
하루 한 밤 지난 뒤에 이 청정수 마실 때에

지장경을 읽는 즐거움

지극한 맘 발하고서 오신채를 먹지 않고
술과 고기 삿된 음행 거짓말도 삼가하며
살생 또한 하지 않고 삼칠일을 지내면서
지장보살 그 이름을 지심으로 부른다면

꿈속에서 대보살의 거룩하신 모습 보고
깨고 나면 총명이근 빠짐없이 갖추어져
이 경전의 가르침이 귓전에만 지나가도
천만 생이 지나가도 길이길이 안 잊으니

이 모두는 부사의한 지장보살 위신력이
이 사람을 능히 시켜 큰 지혜를 얻게 하네.

　게송으로 다시 한 번 정리해 보면 지장보살과 지장경이 얼마
나 대단하고 신비한 경전인지 더욱더 실감이 됩니다. 지장경은
석가모니 부처님이 말씀하신 내용을 보현보살, 문수보살, 관세음
보살, 견뢰지신보살, 허공장보살 등을 등장시켜 문답식으로 정리
해 풀어놓은 경전입니다. 마치 소설 속의 화자와 주인공이 그림
처럼 구성되어 있습니다.
　부처님께서는 지장보살을 부르고 듣고 하는 것만으로도 중생
구제가 이루어진다고 하시면서 지장보살의 생각으로 헤아릴 수
없는 위신력에 대해 말씀하고 계십니다. 또한 지장경은 인과를

분명히 밝히고 설한 경전입니다. 인과는 반드시 내게서 나간 것은 내게로 돌아온다는 법칙입니다. 모든 생명체는 크든 작든, 귀하고 천함에 상관없이 다 똑같습니다. 자신을 비우고 3독심을 내려놓고 "자비를 실천하고 사랑을 실천하겠습니다."라고 원을 세운다면 '주세요, 주세요' 하지 않더라도 지장보살님이 복을 한량없이 주실 것입니다.

지장보살의 자비와 사랑을 실천하는 불자들이야말로 지장보살의 화신입니다. 이러한 불자들에게 지장보살은 먼저 건강한 몸부터 주십니다. 지장보살의 자비와 사랑을 실천하기 위해서는 건강한 몸이 우선이기 때문입니다. 그리고 물질적인 풍요로움을 주시고 행운을 주십니다. 중생이 필요한 것을 일일이 챙겨서 주시는 분이 지장보살입니다. 지장보살을 찾아 예경하고, 공양을 올리고 발원하는 것은 세세생생 받을 수 있는 복덕과 이익을 저축하는 것입니다. 아무리 멀고 시간이 없다 하더라도 꼭 찾아뵙고 공양하고 첨례하셔야 합니다.

기도는 밝은 미래를 약속하는 새로운 시작입니다. 아니 기도하는 그 순간부터 우리의 삶이 나아지고 좋아집니다. 기도의 궁극적 목표는 우리 모두 이미 지장보살이요, 부처라는 것을 확인하는 것입니다. 지장보살과 부처님의 가르침대로 부처의 행을 살기 위함입니다. 이렇게 발원하면 지장보살이 앞에서 말씀 드린 세 가지, 건강과 풍요, 행운을 꼭 주실 것입니다. 이제 더 이상 세상의 온갖 고통 때문에 신음하고 헐떡일 필요가 없습니다.

지장경을 읽는 즐거움

우리는 불성 존재로서 지장보살의 대원력 속에서 무한한 가피를 받으며 살아가고 있는데 무엇을 걱정하십니까? 지장경, 지장보살과의 인연만으로도 미래세가 편안하고 지혜롭고 풍요롭고 행운에 가득 찬 삶이 펼쳐진다는 사실을 잊지 마십시오.

불가설의 도리를 알라

어떤 사람 빈궁하고 병고까지 많고 많아
집안 운세 기울어져 가족들이 흩어지며
꿈속에도 어느 때나 편안하지 아니하고
구하는 일 어그러져 뜻하는 일 못 이룰 때

지장보살 존상 앞에 지성 다해 예배하면
세상살이 그 속에서 모든 불행 다 없애며
깼을 때나 꿈속이나 어느 때나 편안하고
의식 모두 풍족하고 착한 신이 호위하리.

산과 바다 지날 때에 독기 품은 금수들과
악한 사람 악한 신들 악풍들이 여러 가지
재난 주어 온갖 고통 닥쳐올 때 거룩하신
지장보살 거룩하신 존상 앞에 이르러서

일심으로 예배하고 정성 다해 공양하면
어떠한 산 속이나 어떠한 바다 속에
우글대던 여러 가지 모든 재난 소멸하네.

관음보살 그대 또한 나의 말씀 잘 들으라.
지장보살 위신력은 끝이 없고 부사의하니
이와 같은 보살의 힘 만약 널리 설하려면
백천 만겁 지나도록 다 설할 수 없다 하네.

지장보살 그 이름을 어떤 사람 혹 듣거나
거룩하신 형상 앞에 지성 다해 예배커나
향과 꽃과 의복음식 두루 갖춰 공양하면
백천 가지 미묘한 낙 어김없이 받게 되리.

만약 능히 이 공덕을 온 법계에 회향하면
필경에는 부처 이뤄 생사윤회 벗어나리.
그러므로 관음이여, 빠짐없이 이 법 알아
항하사의 모든 국토 널리 알려 줄지니라.

이미 앞에서 말씀하신 내용을 한 번 더 게송으로 정리한 것이기 때문에 경전에 대한 해석보다는 지장경에서 밝히고 있는 중요한 가르침에 대해 짚고 넘어가겠습니다. 지장경에서는 모든 생

지장경을 읽는 즐거움

명체는 무한한 공급 속에서 살고 있다는 점을 강조하고 있습니다. 모든 사람은 무한 공급의 세계에서 살고 있습니다. 이는 불가설(不可說)로서 말로는 설명할 수 없습니다. 사찰에서 제사를 지낼 때마다 독송하는 '불가설 불가설전 불가설(不可說 不可說轉 不可說)'이란 '가히 설할 수 없는'이라는 뜻입니다.

또한 '항하사 불찰미진수(恒河沙 佛刹微塵數)'라 하는 것은 항하의 모래수 같은 불찰 미진수로서 헤아릴 수 없는 경계를 의미합니다. 한마디로 불가사의(不可思議)한 것인 바, 말로 표현하거나 마음으로 생각할 수 없는 오묘한 이치, 가르침입니다. 실로 언어로써는 표현할 수 없는 상태가 불가사의인 것입니다. 『화엄경』에도 "부처님의 지혜는 허공처럼 끝이 없고 그 법신은 불가사의하다."는 말이 나옵니다.

우주 삼라만상에서 모든 생명체에 대해 '이렇다'라고 정해진 규칙은 없습니다. 만일 여러분이 사주팔자대로 정해진 운명이 있다고 한다면, 그래서 평생 어둡고 불행한 삶을 살 수밖에 없다고 한다면 그 인생은 무슨 의미가 있으며 어찌 행복하게 살아갈 수 있겠습니까?

부처님의 가르침은 분명합니다. 아무리 나쁜 운명이라도 좋은 운명으로 변할 수 있고, 기가 막힌 삶의 질곡 속에 있다 하더라도 지장보살의 명호를 부른 공덕으로 모든 것들이 좋게 변할 수 있다는 것이 부처님의 말씀이고, 지장경에 분명히 나타나 있습니다.

부처님의 말씀은 운명을 바꾸는 법입니다. 구체적으로 살펴보면, 그 첫째는 인과를 믿는 것입니다. 둘째는 모든 생명체계가 그 근본뿌리가 하나라는 것입니다. 셋째는 무엇이든 무한공급의 세계 속에 산다는 것입니다. 이를 말로 설명하기 어려우므로 불가설이라 하는 것입니다. 우리는 공기 속에 살면서도 공기를 보지 못합니다. 물고기가 물에 살면서 물을 보지 못하는 이치와 같습니다. 사람들은 대부분 풍요로운 삶을 살고 싶어 합니다. 그런데 물질을 추구하며 살고 있는 인간이 거꾸로 물질을 보지 못합니다. 돈이 지천에 널려 있는데도 돈을 보지 못하고 돈 때문에 허덕이며 삽니다. 문제는 노력하지 않고 잘 되기를 바라는 욕심에 있습니다.

기도 역시 마찬가지입니다. "뭘 바랍니다. 이루어 주세요."라고 하며 간구하는 기도는 옳지 않습니다. 그래서 우리 심원사에서는 생지장보살님께 "자비 사랑을 실천하겠습니다." 하는 발원을 기도로 삼고 있습니다. 지장보살님께 목탁을 두드리며, 뒤를 졸졸 쫓아다니면서 '주세요, 주세요.' 한다면 지장보살의 입장에서 봤을 때 어떻겠습니까?

지장경의 마지막 품을 앞두고 있습니다. 이제 이 정도 공부했으면 스스로 불성 존재임을 확신하고, 자비 사랑을 실천하는 불자가 되어 있으리라 믿어 의심치 않습니다.

지장경을 읽는 즐거움

제13 촉루인천품

嘱 累 人 天 品

—

인간계와 천상계의 중생들을
지장보살에게 부촉하시다

囑累人天品

제13 촉루인천품

囑 累 人 天 品

—

인간계와 천상계의 중생들을 지장보살에게 부촉하시다

제13 「촉루인천품(囑累人天品)」은 지장경의 맨 마지막 품입니다. 결론에 해당하는 부분입니다. '촉(囑)'은 부탁한다는 것이고, '루(累)'는 '거듭, 자주, 포개다'라는 뜻입니다. 즉 부처님께서 지장보살에게 거듭 인간계와 천상계를 맡기신다는 말입니다.

부처님께서는 시종일관 지옥중생을 다 구제하기 전에는 성불하지 않겠노라는 지장보살의 대원(大願)과 그 불가사의한 위신력과 자비와 지혜와 변재를 찬탄하시면서 인간계와 천상계의 고통 받는 중생들을 구원하라는 부탁을 거듭거듭 간곡히 하시는 것이 주된 내용입니다. 그 다음에 이어서 허공장보살이 등장하여 지장경의 공덕과 지장보살의 명호·예배·공양의 공덕에 대한 물음에 대해 부처님께서 자상하게 답변해 주고 있습니다. 그러는 가운데 지장보살의 28종의 이익과 지장경의 7종의 공덕 등 여러 가지 이익과 공덕을 밝혀 놓았습니다.

지장보살의 위신력 천만 겁 동안 찬탄하여도 다하지 못하리라…

그때 부처님께서 금빛 팔을 다시 들어 지장보살의 이마를 어루만지시며 말씀하셨다.

"지장보살이여, 그대의 위신력은 불가사의하도다. 그대의 자비, 그대의 지혜, 그대의 변재는 불가사의하도다. 시방의 모든 부처님께서 그대의 불가사의함을 천만 겁 동안 찬탄하여도 다하지 못하리라.

지장보살이여, 내가 오늘 이 도리천에서 백천 억의 말로도 다 말할 수 없는 모든 부처님·보살·천신과 인간과 용·8부신중이 모인 자리에서 그대에게 다시 부촉하노라. 그대는 불타는 집과 같은 3계의 나고 죽음에서 아직 벗어나지 못한 중생들이 하루라도 악도에 빠지지 않도록 하라. 5무간지옥이나 아비지옥에 떨어져서 천만 겁이 지나도록 벗어날 기약이 없도록 하지 말라."

지장경을 읽는 즐거움

경전을 읽으면 그 당시의 모습이 연상이 됩니다. 마치 소설이나 영화 속의 인물이 된 것처럼 경전에 들어가 부처님의 말씀을 음미하다 보면 더욱 가슴 깊이 새겨지는 맛이 있습니다. 여러분도 한번 해 보시면 감흥이 새로울 것입니다.

부처님 당시 2천 6백 년 전 지장경을 설한 도리천궁은 연상하기 힘들 터이니, 부처님께서 가장 오래 머무시면서 금강경을 설하신 기원정사나 법화경을 설하신 영축산 영산회상의 법석에 모여 있다고 가정해 봅시다.

부처님께서 백천 억의 말로도 다 말할 수 없는 모든 부처님·보살·천신과 인간과 용·8부신중이 모인 자리에서 지장보살에게 마정수기를 내리면서 다시 부촉하는 장면입니다. 마정수기(摩頂授記)는 부처님께서 정수리를 어루만지시면서 보살들이나 중생들에게 "당래에는 반드시 부처가 되리라."라고 하시며 수기를 내려주시는 것을 말합니다. 수기는 수없는 겁을 통해서 지은 모든 업장이 수기를 받는 찰나에 모두 소멸된다 하여 큰 인연을 지어드리는 의식이기도 합니다. 경전에서 이러한 장면을 읽는 순간은 2천 6백 년 전에 부처님의 마정수기와 가르침을 지금 우리가 그대로 받아들이고 있는 순간이기도 합니다.

부처님께서 지장보살의 불가사의한 위신력을 칭찬해 주시면서 "그대의 불가사의함을 천만 겁 동안 찬탄하여도 다하지 못하리라."라고 하셨습니다. 그런데 사실 이러한 지장보살의 모습이 바로 우리 중생의 본래 면목입니다. 우리 중생에게 말로 설명할 수 없는 불가사의한 신통력과 방편이 있습니다. 지장보살이 중생을 구원할 수 있는 것은 중생에게 그 구원을 받아들일 수 있는 불가사의한 신통력이 있음을 확인해 주는 말씀입니다. 구원하는 지장보살과 구원 받는 중생이 온전히 하나임을 깨달을 때 진정한 의미의 불국토가 성취되는 것입니다.

악한 인연을 만나면 생각 생각마다
악업을 더하게 되니…

"지장보살이여, 이 남염부제 중생들은 뜻과 성품이 정한 바가 없으니 악한 업을 짓는 이가 많고 비록 착한 마음을 내었다고 할지라도 잠깐 사이에 곧 퇴보하며, 만약 악한 인연을 만나면 생각 생각마다 악업을 더하게 되느니라. 그러므로 내가 분신을 나투어서 교화하고 제도하되 그 근성을 따라서 해탈의 길로 인도하느니라. 지장보살이여, 내가 지금 그대에게 간곡히 하늘과 인간의 중생들을 부탁하느니라.

만약 미래세의 어떤 하늘과 어떤 선남자 선여인이 불법 안에서 털끝 하나, 모래알 하나, 한 방울의 물보다 작은 선근을 심더라도 그대는 도력으로 이 사람을 보호하여 점점 위없는 궁극의 진리를 닦아 물러서지 않게 할지니라.

　　　　　　　　　　　　　　　　　　지장경을 읽는 즐거움

지장보살이여, 또한 미래세에 천인(天人)이나 사바의 중생들이 죄업대로 악도에 떨어지게 된다면 악도에 떨어질 때에나, 혹은 지옥의 문 앞에 이르러서도 이 중생들이 한 부처님과 한 보살의 이름, 대승경전의 한 구절, 한 게송만 생각하더라도 그대는 위신력과 방편으로써 구제할지니라. 가없는 몸을 나타내어 지옥을 부수고 천상에 태어나게 하여 미묘한 낙을 누리도록 할지니라."
부처님께서 게송으로 말씀하셨다.

현재와 미래의 모든 중생들을
내 이제 그대에게 부촉하나니
대신통과 방편으로 제도하여서
악도에 떨어지지 않도록 할지니라.

그때 지장보살이 무릎을 꿇고 합장하여 부처님께 여쭈었다.
"부처님이시여, 바라옵건대 염려하지 마옵소서.
미래세의 선남자 선여인이 불법 안에서 한 생각이라도 공경스러운 마음을 내면, 제가 온갖 방편으로 그들을 제도하여 나고 죽는 윤회에서 한시바삐 벗어나게 하겠습니다. 하물며 모든 착한 일들을 듣고 생각 생각 닦아 행하는 사람이야말로 말할 나위가 있겠습니까? 이 사람은 자연히 위없는 궁극의 진리를 닦아 물러서지 않을 것입니다."

　부처님께서 특별히 인간계와 천상계의 중생들이 악도에 떨어지지 않게 하라는 부촉을 지장보살에게 내리신 까닭이 경전에 나옵니다. "남염부제 중생들은 뜻과 성품이 정한 바가 없으니 악한 업을 짓는 이가 많고 비록 착한 마음을 내었다고 할지라도 잠깐 사이에 곧 퇴보하며, 만약 악한 인연을 만나면 생각 생각마다 악업을 더하게 된다."는 말씀이 바로 그것입니다.

　부처님의 말씀처럼 남염부제 중생, 즉 우리 인간은 흔들리기 쉬워 악한 업을 짓기 쉽습니다. 착한 마음을 냈다가도 금세 삿된 마음이 되기도 합니다. 그래서 악한 인연을 만나면 마치 불쏘시개가 불을 만나 활활 타오르는 것처럼 더 큰 악업을 짓게 됩니다. 이 말씀은 곧 좋은 인연을 만나면 정 반대의 경우가 된다는 것입니다. 그 말씀을 증명이라도 하듯이 부처님께서는 "한 방울의 물보다 작은 선근을 심더라도 그대는 도력으로 이 사람을 보호하여 점점 위없는 궁극의 진리를 닦아 물러서지 않게 하라."고 부촉하셨습니다.

　이제 수행하고 보살행을 실천하면서 선근을 심어야 하는 까닭을 아시겠습니까? 우리가 지장기도를 하는 것은 궁극의 진리를 깨닫기 위해서입니다. '지장보살'에 집중하여 기도하게 되면 우리의 목적이 명료해지기 시작합니다. 더 이상 혼돈이 생기지 않습니다. 그럴 때 감사한 마음을 갖고 더욱 열심히 정진하면

　지장경을 읽는 즐거움

지장보살의 위신력으로 물러서지 않고 깨달음으로 성큼 나아갈 수 있습니다.

금생에 더 큰 선업을 지으면
운명을 바꿀 수 있다

지장경에는 인과응보, 업보에 대한 말씀이 자주 나옵니다. 그런데 지장보살멸정업진언에서도 알 수 있듯이 지장경은 정해진 업도 소멸할 수 있는 경전입니다. 업을 반드시 해소하게 하려는 뜻에서 업보에 대한 이야기를 자주 언급하셨을 것입니다.

'쥐잡이 뱀'에 대해 알고 계십니까? 쥐들은 쥐잡이 뱀 앞에서 덜덜 떤다고 합니다. 그런데 인과가 참 신기합니다. 쥐잡이 뱀은 새끼를 쥐 집에 갖다 놓습니다. 이를 보면 자연계에서 참으로 오묘한 것을 배우게 됩니다. 이 쥐잡이 뱀의 천적은 '콩고스'라고 합니다. 쥐잡이 뱀이 '콩고스'를 만나면 벌렁 뒤집어 누운 채 죽은 척합니다. 참 희한하죠. 그러면 죽은 줄 알고 그냥 지나갑니다.

쥐 집에 놓은 쥐잡이 뱀의 새끼들은 쥐들이 잡아먹습니다. 그런데 쥐들이 잡아먹으려 하면 쥐잡이 뱀의 새끼들이 뒤집어 누워 죽은 척한답니다. 가르쳐 주지도 않았을 텐데 거의 본능에 가까운 것이지요. 이러한 것만 보더라도 과거 전생의 업식이 없어지지 않는다는 것을 알 수 있습니다.

쥐잡이 뱀을 비유로 말씀드렸습니다만, 우리 안에도 이와 같은 기운이 있습니다. 가르쳐 주지 않아도 화를 내기도 하고, 짜증도 내고, 웃기도 하고, 즐거워하기도 합니다. 누군가를 만났을 때 그저 좋은 사람도 있고, 해 준 것도 없는데 미운 사람도 있습니다. 눈으로 확인할 수는 없지만 전생의 업연(業緣)이 작용한 것입니다. 업만 있을 때는 잠재해 있다가 연을 만나면 발현되는 경우도 많습니다. 예를 들어 화초가 바람과 물과 햇빛이라는 연을 만나게 되면 꽃을 피우는 이치와 같습니다.

우리 인간도 마찬가지입니다. 과거 전세의 숙세(宿世)에 휘둘리지 않을 수도 있습니다. 금생에서 불행하거나 우울하거나 어둡거나 신음하고 고통 받는 것 모두 금생에 만드는 것입니다. 즉 과거 전생에 아무리 나쁜 업을 지었다 하더라도 금생에 더 큰 선업을 지으면 운명을 바꿀 수 있습니다. 앞날이라는 것, 미래도 매일매일 내가 만들어 가는 것입니다. 그러므로 내일, 미래가 좋아지려면 오늘 당장 수행해야 합니다. 오늘 지금 이 순간 수행하고, 공부하고, 기도하고, 공양하고, 예경하면 바로 지금부터 좋은 일이 생깁니다.

절대 인과를 무시하면 안 됩니다. 또한 업은 반드시 해소해야 합니다. 그렇지 않으면 해탈을 얻을 수 없습니다. 살아가면서 다투는 경우가 많은데, 앙금이 남기 마련입니다. 아무리 작은 일도 다툰 데 대한 감정·앙금을 해소해야 악업을 남기지 않는 것입니다. 그와 마찬가지로 작은 선업도 자신의 앞날을 밝게 열어

지장경을 읽는 즐거움

줍니다.

불교는 운명을 바꾸어주고 진정한 행복을 열어주는 종교입니다. 불교의 위대함을 확신하고 불교를 통해 삶의 지혜를 깨우쳐야 합니다. 부족하고 불행한 삶을 살아가는 사람은 그럴 만한 이유가 있습니다. 불교는 잘못된 것을 근본적으로 일깨워 주고 새로운 삶의 길을 열어주는 지혜와 자비의 종교입니다.

부처님께서는 우리 중생들 모두 부처님과 똑같은 불성(佛性)이 있다고 하셨습니다. 금생에 인간으로 태어난 것 자체가 큰 공덕의 소산이고, 우리는 그만큼 위대한 존재입니다. 따라서 어렵게 살거나 어둡고 칙칙하게 살아갈 이유가 없습니다. 어떠한 한(恨)도 남기지 마십시오. 오직 지장보살님께 "자비와 사랑을 실천하겠습니다."라고 발원하시면 됩니다. 혹여 복과 지혜가 부족하다고 여기시는 분들은 지장보살을 공경하고 지장보살의 명호를 부르면 됩니다. 이 몸 그대로 지장보살의 화신이 됩니다.

그때 자리에 있던 허공장보살(虛空藏菩薩)이 부처님께 여쭈었다.

"부처님이시여, 제가 도리천에서 부처님께 지장보살의 위신력이 불가사의하다고 찬탄하심을 들었습니다. 미래세에 선남자 선여인과 모든 천신과 인간·용들이 이 경전과 지장보살의 명호를 듣거나 형상을 우러러 예배한다면 무슨 이익을 얻게 되옵니까? 바라옵건대 부처님이시여, 미래와 현재의 중생들을 위하여 간략히 말씀해 주시옵소서."

부처님께서 말씀하셨다.

"자세히 들으라. 내가 마땅히 그대를 위하여 분별해 설하리라. 만약 미래세에 선남자 선여인이 지장보살의 형상을 보거나 이 경전을 보거나 이 경전을 읽고 외우며 향·꽃·의복·음식·보배로써 공양하고 찬탄 예배하면 스물여덟 가지 이익을 얻게 되느니라.

첫째, 천인과 용이 지킴이요,

둘째, 좋은 과보가 날로 더함이요,

셋째, 착한 인연을 만남이요,

넷째, 보리심(菩提心)에서 물러나지 않음이요,

다섯째, 옷과 먹을 것이 풍족함이요,

여섯째, 질병이 닥치지 않음이요,

일곱째, 수재와 화재를 만나지 않음이요,

여덟째, 도적의 액난이 없을 것이요,

아홉째, 모든 사람이 보고 흠모하고 존경함이요,

열째, 귀신이 도울 것이요,

열한째, 여자가 남자 몸으로 태어날 것이요,

열두째, 여자라면 국왕이나 대신의 딸이 될 것이요,

열셋째, 모양이 단정할 것이요,

열넷째, 천상에 많이 태어날 것이요,

열다섯째, 제왕이 될 것이요,

열여섯째, 숙명통(宿命通)을 얻을 것이요,

열일곱째, 구하는 바를 뜻대로 이룰 것이요,

열여덟째, 가족들이 화목할 것이요,

열아홉째, 모든 횡액이 소멸할 것이요,

스무째, 업의 길이 영원히 없어질 것이요,

스물한째, 가는 곳마다 통달할 것이요,

스물두째, 꿈이 편안할 것이요,

스물셋째, 선망부모가 괴로움에서 벗어날 것이요,

스물넷째, 이미 지은 복을 타고 날 것이요,

스물다섯째, 모든 성현이 찬탄할 것이요,

스물여섯째, 총명하고 근기가 수승할 것이요,

스물일곱째, 자비심이 충만할 것이요,

스물여덟째, 마침내 성불하는 것이니라.

　허공장보살이 지장경과 지장보살의 명호를 듣거나 형상을 우러러 예배한다면 무슨 이익을 얻게 되느냐고 여쭈었습니다. 이에 부처님께서 스물여덟 가지 공덕이 있다고 하시면서 일일이 조목조목 설명해 주셨는데, 그야말로 세상 사람들이 원하는 모든 것이 총 망라되어 있습니다.

　맨 마지막 품인 촉루인천품에 허공장보살이 등장하는 것 또한 의미심장합니다. 지혜와 자비가 저 광대무변한 허공과 같이 크다 하여 허공장보살이라고 합니다. 또한 허공장보살은 지장보살처럼 대자비심으로 사람들의 재난을 물리쳐 주고 지옥에 가는 중생을 제도한다고 합니다. 하늘과 같은 허공장보살과 땅과 같은 지장보살의 만남은 중생들을 완전하게 구제하겠노라는 상징처럼 보입니다. 땅이 만물을 기르려 해도 하늘이 도와주지 않으면 결코 기를 수 없습니다. 하늘과 땅이 서로 도와야 만물을 기를 수 있는 것처럼 지장보살과 허공장보살이 서로 도울 때 완벽한 중생 제도를 할 수 있습니다.

모든 불보살과 모든 경전은 다 수승합니다. 그 중에서도 지장보살과 지장경은 '대 긍정의 실천', 모든 고통의 질곡으로부터 벗어나 행복과 풍요의 부처님 세계로 이끌고 있다는 점에서 매우 특기할 만합니다. 본래 사람은 다 비어 있는 존재요, 완전한 불성 존재입니다. 다만, 어리석고 어둡고 반복된 습관적 언어·행동이 자신을 괴롭히고 나쁜 업을 만드는 것입니다. 불성 존재로서 우리의 본성을 회복하려면 마음을 밝게, 기쁨으로, 복과 지혜로 가득 차게 하면 됩니다. 마음을 밝게 가지고 복과 지혜로 가득 차 있다 생각하면서 기뻐하고 감사하면 실제로 그렇게 됩니다.

잠깐 여기에서 '신(神)'에 대해 말씀드리겠습니다. 사실 '신'은 감사체(感謝體), 은혜체(恩惠體)로 봐도 무방하다고 봅니다. 집의 크기로 행복과 불행을 구분할 수 없듯이, 비록 월셋방일지언정 감사하게 여기면 공덕이 됩니다. 즉, 내가 처해 있는 일상생활에 감사해야 한다는 말입니다. 집에도 신령스러움이 있고 사람에게

지장경을 읽는 즐거움

도 신령스러움이 있습니다. 따라서 그렇게 인식하고 살게 되면 더욱 밝아지고 번영하고 풍요로워집니다.

진정한 불자는 어떤 상황에서든 인연 따라 이루어진 것을 알기에 결코 억울해 하지 않습니다. 마음을 끓일 일도 없습니다. 편한 마음, 따뜻한 마음으로 여여하게 살아갑니다. 누가 무슨 말을 하든 상관하지 않고 그냥 놔둡니다. 충청도 말로 그냥 냅둘 수 있는 마음의 여유가 있습니다. 그러면서 있는 그대로 감사하면 됩니다. 누군가 폭력을 휘두를 때 무서운 것은 폭력을 휘두르는 사람 때문이 아니라 내 마음속의 두려움 때문입니다. 마음 법을 아는 사람은 자신에게 주어진 현실에 감사하고, 세상에 소중하지 않은 생명은 없다는 것을 알고 아주 사소한 것이라도 소중히 여깁니다. 감사함과 소중함으로 세상을 들여다보면 하는 일마다 풍요롭고, 윤택하고, 행복하고 고마운 일이 됩니다.

이와 같이 라면 끓이는 냄비 하나로도 만족하는 대 긍정의 사고가 필요합니다. 누군가 '빌어먹을 수 있는 힘'이라도 있다는 것을 감사해야 한다고 했는데, 맞는 말씀입니다. 이 세상을 살펴보면 빌어먹는 것마저도 못하는 사람이 많습니다. 언제 어떤 상황에서든 고맙다고 말해야 합니다. 내가 사는 집을 은혜 공덕의 체(體)로 여기고, 작은 집이라도 감사해 하십시오. 이렇게 하면 점차 집이 커지게 돼 있습니다.

그러므로 작은 것, 모자란 것에 대해 불평하지 말고 무엇이든 자신에게 오는 것에 대해 감사하며 살아야 합니다. 부족한 것을 부족하다고 말하는 사람은 그 순간부터 마음이 불행해지고 굳어집니다. 일례로 10평짜리 조그만 집에서 사는 것에 대해 불만과 불평을 갖게 되면 그 마음이 굳어져 작은 집에서 벗어나는 데 10년~20년 이상 걸리는 법입니다.

'가난'을 생각하면 절대로 '가난'에서 벗어나지 못합니다. 그래서 업의 굴레, 사회적 억압의 세계가 생기는 것입니다. 나쁜 상황에서 벗어나려면 마음의 세계를 배움으로써 흔들리지 않는 견고한 세계를 점점 키우십시오. 원하는 대로 이루어집니다. 이러한 이치를 빨리 깨달아야 합니다. 물론 사람이 변하는 것이 쉽지 않습니다. 거지가 깡통을 버리지 못하는 것처럼 그간 살아온 고질적인 습관이 남아 있기 때문입니다. 하지만 마음의 법칙을 가슴 깊이 새겨서 언제 어느 때나 긍정적으로 감사하며 살아갈 때 마침내 스물여덟 가지 이익을 누릴 수 있을 것입니다.

믿는 대로 이루어진다

"허공장보살이여, 또한 현재와 미래의 천인과 용·8부신중이 지장보살의 이름을 듣거나 그 형상에 예배하거나 혹은 지장보살의 본원(本願)에 관한 법문을 듣고 수행하며 찬탄하고 예배하면 일곱 가지 이익을 얻게 되느니라.

첫째, 속히 성스러운 지위에 오름이요,

둘째, 악업이 소멸됨이요,

셋째, 모든 부처님이 곁에서 옹호하여 주심이요,

넷째, 깨달음의 길에서 물러나지 않음이요,

다섯째, 본원력이 더욱 커짐이요,

여섯째, 숙명통을 얻음이요,

일곱째, 필경에 부처를 이루는 것이니라."

이때 시방세계에서 모인 모든 부처님과 천인·용·8부신중들이 석가모니 부처님께서 지장보살의 불가사의한 위신력을 찬탄하시는 설법을 듣고 일찍이 없었던 일이라고 찬탄하였다.

도리천에는 한량없는 향·꽃·의복·영락·보배구슬이 비오듯 내려 석가모니 부처님을 공양하였으며 법회에 모인 대중들은 다시 우러러 예배하고 합장하며 물러갔다.

총 13품으로 이루어진 지장경은 지장신앙의 일곱 가지 이익과 그 자리에 모인 이들의 찬탄으로 마무리를 짓고 있습니다. 부처님께서 지장보살의 위신력을 찬탄하고, 그것을 들은 청중들이 부처님을 따라서 지장보살을 찬탄하는 내용이 시종일관하는 것도 지장경의 특징이라 할 수 있습니다. 경전에서 이렇듯 비슷한 내용을 반복하는 것은 그만큼 중요한 내용인지라 중생들이 마음에 새겨 체득할 수 있도록 돕기 위해서일 것입니다.

지장경은 현세 이익의 대긍정의 경전이요, 생명 존중 자비복지의 경전이요, 효도와 보은의 경전이요, 무불시대(無佛時代)의 중생 구제의 경전이요, 말세의 지옥을 극락으로 변화시키는 신통 묘용의 경전이요, 정해진 업도 소멸시켜 운명을 바꾸어 주는 기적의 경전입니다.

　이 책 『지장경을 읽는 즐거움』을 통해 지장보살을 만난 지금, 여러분 어떠십니까? 많이 좋아지셨지요? 에너지가 충전된 것 같지 않으십니까? 혹여 그렇지 않더라도 좋아져 가고 있다고 믿으십시오. 우리 스스로가 지닌 생명력이 지장보살의 위신력과 전혀 다르지 않다, 말할 수 없이 훌륭하다고 믿으십시오. '나는 한계적 존재이다'라는 생각을 버리고, '완전 원만한 생명체'임을 믿으십시오. 스스로 잘할 수 있다는 사실을 믿고, 지금 이 순간에도 나아지고 있다는 사실을 믿으십시오. 어떤 궂은일이라도 기꺼이 해낼 수 있다는 사실을 믿어야 합니다. 믿는 대로 이루어집니다.

　진정으로 행복하게, 기쁨 가득한 행운 속에서 살려면 간장 종지 같은 마음은 버리고 저 허공처럼 넓은 마음이 되어야 합니다. 간장 종지처럼 작은 그릇에 물질을, 명예를, 사랑을, 행복을 얼마나 담을 수 있겠습니까? 우리의 마음자리를 넓고 크게 키우고, 자신의 생명력을 믿고 일상생활 속에서 삶을 감사하고 소중하게 대하십시오. "내가 보기에도 아까울 정도로 예쁘다, 멋지다, 좋다."고 자기 자신을 바라보고, 또 다른 사람 역시 그렇게 보십시오. 이러한 마음가짐이 생활화되면 감사하고 소중하고 좋고 멋진 일이 내게 다가옵니다.

지장경의 가르침은 한마디로 표현하자면 바로 '인과법칙(因果法則)'입니다. 지장경은 처음부터 끝까지 인과법칙에 대해 설명해 주고 있습니다. 인과는 살아 있는 법칙입니다. 세상에 인과만큼 분명한 법칙은 없습니다. 또한 인과법칙은 누구에게나 평등합니다. 업감을 배웠듯이 우리는 업감도 평등하다는 사실을 잘 알아야 합니다. 사람들은 살아가면서 선업의 씨앗을 뿌려야 하는데 끊임없이 복덕을 거두려고만 합니다. 뿌리는 것 없이 거둘 수 있겠습니까?

이러한 인과의 법칙을 잘 헤아려 많이 뿌리고 적게 거두는 것에 대해서 오히려 감사하십시오. 더 큰 저축을 하는 셈이기 때문입니다. 특히 앞에서도 말씀드렸듯 좋은 말, 웃는 얼굴이 최상의 보시입니다. 뿌리고 뿌릴수록 기쁨과 행복이 충만해집니다. 사바세계의 생명체는 서로가 도와주게 되어 있습니다. 지혜로운 자는 이를 알아서 미리미리 자기 안에서 순화하고 교정합니다. 그런데 바람대로 이루어지지 않는 이유는 '지금부터 해야 하는데' 이 '지금'을 소홀히 하여 뿌리는 것에 인색했기 때문입니다.

어떤 문제든지 자기로부터 출발했다는 것을 알면 원망할 것도 없고 미워할 일도 없습니다. 그저 참회하면서 기쁘게 받아들이고, 업장을 맑히고 삶을 발전적으로 변화시킬 수 있는 일만 남았다 생각하고 기뻐하면 삶이 근본적으로 업그레이드됩니다. 설령 전생에 지은 복이 없어서 이생에 물질의 결핍과 질병으로 고통 받는다 해도 더 이상 괴롭지 않습니다. 원인을 모르니 피하려 하고 다른 사람을 원망하게 되니 고통스러운 것입니다. 가난도 병도 불행도 인과의 법칙을 알고 잘 들여다보면 물러가고, 피하지 않을 때 조복(調伏)받을 수 있습니다. 스스로 자각하고, 이해하면 고통은 없어집니다. 또한 돈을 주는 것도 잘해야 하지만 받는 것도 잘해야 합니다. 잘 주고 잘 받으면 재운이 따르게 되고, 나눌 수 있고 베풀 수 있는 공덕이 생기게 됩니다. 이러한 것을 믿는 마음 또한 중요합니다.

업은 나를 고통스럽게도 하지만, 업의 주인이 되면 내게 모든 것을 갚아 준다는 사실을 분명하게 인식할 수 있습니다. 이것이 인과응보의 법칙이며, 지장경은 이러한 원리를 가르쳐 주고 고통에서 벗어나 영원한 행복으로 나아가는 길을 열어주는 희망의 경전입니다.

부처님께서는 무수히 많은 부처님의 말씀 가운데 한 구절이라도 지녀서 암송하고 실천하면 칠보를 보시한 것보다 낫다고 하셨습니다. 물질을 베푸는 재보시보다 한 구절의 경전이라도 전하는 법보시가 훨씬 공덕이 크다는 말씀입니다. 재보시는 육신을 살리지만 법보시는 영혼을 살리기 때문입니다. 모든 사람의 이익과 행복과 안락을 위해 이 책을 통해 지장경의 가르침을 널리 전하고 생활 속에 실천하여 바로 지금 이 땅을 불국정토로 만드는 지장보살의 화신이 되시길 합장 발원합니다.

지장경을 읽는 즐거움

지장보살의 거룩한 서원과 위신력(地藏大聖威神力)
어떤 말로도 다 표현할 길이 없네(恒河沙劫說難盡).
잠깐 우러러 뵙고 예배만 하여도(見聞瞻禮一念間)
한량없이 온 세상을 이롭게 하시네(利益人天無量事).

지장경을 읽는 즐거움

초판 1쇄 발행 | 2017년 9월 5일
초판 2쇄 발행 | 2017년 9월 25일

지은이 | 정현 스님

펴낸이 | 윤재승
펴낸곳 | 민족사

주간 | 사기순
기획편집팀 | 사기순, 최윤영
영업관리팀 | 김세정

출판등록 | 1980년 5월 9일 제1-149호
주소 | 서울 종로구 삼봉로 81 두산위브파빌리온 1131호
전화 | 02)732-2403, 2404 팩스 | 02)739-7565
홈페이지 | www.minjoksa.org
페이스북 | www.facebook.com/minjoksa
이메일 | minjoksabook@naver.com

ⓒ정현, 2017

ISBN 978-89-98742-90-4 03220